これからの教師と学校のための

教科外教育の理論と実践Q&A

教職問題研究会 編

ミネルヴァ書房

はしがき

　今日ほど社会の変化が激しい時代はかつてなかった。それにともなって，大人も子どもたちも価値観を大きく変えている。しかし，「学校」や「教師」はどうだろうか。確かに，学習指導要領の改訂などによる変化はあるだろうが，それは自ら進んで変わろうとしたのではなく，変わらざるをえなかったところが大きいのではないだろうか。

　本書はそうした「変化」をキーワードに，これからの学校に望まれる改革，これからの教師に求められる資質とは何か，を考えることを目標とした研究会のメンバーによって編集されている。とりわけ，教科外教育に注目したのは，最近の多くの答申や，学習指導要領などにも明確であるように，これまでの「教師＝教科指導をする人」，あるいは，学校では，「教科教育＞教科外教育」という単純な概念図式を用いることが誤りであることを理解していただくためである。したがって，これまでくり返されてきたような，学校や教師の在り方といった型通りの議論はできるだけ避け，これからの時代に，本当に求められる教育をめざすためには，教師が何をどのように考えて行かねばならないのかに焦点化することを目標とした。

　また，本書はＱ＆Ａの形式をとっていることも大きな特徴である。これは，検索したい項目に即してすぐに対応できるという読者への利便性を考えながら，大学などでの講義資料としても使用しやすいことを前提としたものである。

　いずれにしても，多くの方々にお読みいただき，建設的なご意見をご教示いただくことが，今後も，教職問題に関する本研究会の議論を発展させていくものと確信している。

　最後になったが，本書の出版と編集にあたって，格別のご配慮をいただいたミネルヴァ書房の浅井久仁人氏に研究会一同からお礼を申し上げたい。本研究会とは，『教職論』を上梓した時からのお付き合いをいただいた。企画の段階から時間をかけて議論してきたが，それを途中で投げ出さずに温かく見守っていただいたことが，本書の刊行の影にあったことも附記しなければならない。

教職問題研究会

これからの教師と学校のための
教科外教育の理論と実践 Q&A

目　次

はしがき

教科外教育とは
- Q1 [教科外教育とは①] 教科外教育とは何か ……………………… 2
- Q2 [教科外教育とは②] 教科外教育の変遷 ……………………… 4
- Q3 [教科外教育とは③] 教科外教育の構造 ……………………… 6
- Q4 [教科外教育とは④] 教科外教育の課題 ……………………… 8

生徒指導
- Q5 [生徒指導①] 生徒指導とは何か ……………………………… 10
- Q6 [生徒指導②] 生徒指導の歴史と概念 ………………………… 12
- Q7 [生徒指導③] 生徒指導の原理と機能 ………………………… 14
- Q8 [生徒指導④] 生徒指導の意義 ………………………………… 16
- Q9 [生徒指導⑤] 生徒指導の課題 ………………………………… 18
- Q10 [生徒指導⑥] 生徒指導の方法論 ……………………………… 20
- Q11 [生徒指導⑦] 生徒指導の考え方 ……………………………… 22
- Q12 [生徒指導⑧] 生徒指導の目標 ………………………………… 24
- Q13 [生徒指導⑨] 生徒指導の内容 ………………………………… 26
- Q14 [生徒指導⑩] 生徒指導の組織 ………………………………… 28
- Q15 [生徒指導⑪] 生徒指導の実践（小学校）…………………… 30
- Q16 [生徒指導⑫] 生徒指導の実践（中学校・高等学校）……… 32
- Q17 [生徒指導⑬] 生徒指導の評価 ………………………………… 34
- Q18 [生徒指導⑭] 生徒指導上の諸問題 …………………………… 36
- Q19 [生徒指導⑮] ホームルーム …………………………………… 38
- Q20 [生徒指導⑯] 生徒指導に関わる法規 ………………………… 40
- Q21 [生徒指導⑰] 生徒指導と問題行動 …………………………… 42
- Q22 [生徒指導⑱] 学校教育に関する統計 ………………………… 44
- Q23 [生徒指導⑲] 文部科学省通知 ………………………………… 46

進路指導
- Q24 [進路指導①] 進路指導と職業指導 …………………………… 48
- Q25 [進路指導②] 進路指導主事と職業指導主事 ………………… 50
- Q26 [進路指導③] 進路選択（自己理解と進路適性）…………… 52
- Q27 [進路指導④] 職業の定義と種類 ……………………………… 54
- Q28 [進路指導⑤] 職業教育とは …………………………………… 56
- Q29 [進路指導⑥] 職業訓練施設 …………………………………… 58
- Q30 [進路指導⑦] 職業適性 ………………………………………… 60
- Q31 [進路指導⑧] 普通高校・専門高校・総合高校 ……………… 62
- Q32 [進路指導⑨] 単位制高校・定時制高校・通信制高校 ……… 64
- Q33 [進路指導⑩] 専修学校とは …………………………………… 66

Q34 [進路指導⑪] キャリアカウンセラー……………………………………68
Q35 [進路指導⑫] フリーター……………………………………………70
Q36 [進路指導⑬] インターンシップ………………………………………72
Q37 [進路指導⑭] 進路保障……………………………………………74

教 育 相 談
Q38 [教育相談①] 教育相談とは何か……………………………………80
Q39 [教育相談②] 教育相談と生徒指導の関係………………………………82
Q40 [教育相談③] 3つの教育相談活動………………………………………84
Q41 [教育相談④] 担任教員の行う教育相談…………………………………86
Q42 [教育相談⑤] 教育相談における養護教諭の役割………………………88
Q43 [教育相談⑥] カウンセリングの理論と技法………………………………90
Q44 [教育相談⑦] カウンセリング・マインド…………………………………92
Q45 [教育相談⑧] 子どもの理解……………………………………………94
Q46 [教育相談⑨] 不登校の心理とサポート…………………………………96
Q47 [教育相談⑩] いじめ・非行などの問題行動の心理とサポート……………98
Q48 [教育相談⑪] スクールカウンセラー……………………………………100
Q49 [教育相談⑫] スクールカウンセリングの実際……………………………102
Q50 [教育相談⑬] コンサルテーション………………………………………104
Q51 [教育相談⑭] 外部との連携……………………………………………106

特 別 活 動
Q52 [特別活動①] 特別活動とは……………………………………………112
Q53 [特別活動②] 特別活動の歴史…………………………………………114
Q54 [特別活動③] 特別活動の現代的意義…………………………………116
Q55 [特別活動④] 特別活動の基本的性格…………………………………118
Q56 [特別活動⑤] 特別活動の改善・改訂…………………………………120
Q57 [特別活動⑥] 特別活動の目的原理と方法原理………………………122
Q58 [特別活動⑦] 望ましい集団形成と集団活動の進め方…………………124
Q59 [特別活動⑧] 特別活動の活動内容（小学校）…………………………126
Q60 [特別活動⑨] 特別活動の活動内容（中学校・高等学校）………………128
Q61 [特別活動⑩] 特別活動の全体計画の作成……………………………130
Q62 [特別活動⑪] 特別活動の年間指導計画の作成………………………132
Q63 [特別活動⑫] 特別活動の学習指導案の立て方（学級活動を中心に）……134
Q64 [特別活動⑬] 学級活動学習指導案例（小学校生活の充実と向上に関すること）…136
Q65 [特別活動⑭] 学級活動学習指導案例（中学校）………………………140
Q66 [特別活動⑮] 学級活動の特質と指導…………………………………142
Q67 [特別活動⑯] 児童会・生徒会活動，クラブ活動の特質と指導…………144
Q68 [特別活動⑰] 学校行事の特質とその指導……………………………146
Q69 [特別活動⑱] 国旗・国歌の指導………………………………………148

Q70 [特別活動⑲] 特別活動の評価 …………………………………………… 150
Q71 [特別活動⑳] 指導要録の記入の仕方と扱い方 ……………………… 152
　道 徳 教 育
Q72 [道徳教育①] 道徳教育の改訂 …………………………………………… 156
Q73 [道徳教育②] 道徳教育の考え方 ………………………………………… 158
Q74 [道徳教育③] 道徳教育の特設 …………………………………………… 160
Q75 [道徳教育④] 道徳教育の内容 …………………………………………… 162
Q76 [道徳教育⑤] 道徳教育の指導計画と内容 …………………………… 164
Q77 [道徳教育⑥] 道徳の時間の指導方針と内容 ………………………… 166
Q78 [道徳教育⑦] 道徳の時間の内容と指導（小学校）………………… 169
Q79 [道徳教育⑧] 道徳の時間の内容と指導（中学校）………………… 172
Q80 [道徳教育⑨] 道徳教育の評価の内容と方法 ………………………… 174
Q81 [道徳教育⑩] 教科指導と道徳教育 …………………………………… 176
Q82 [道徳教育⑪] 特別活動と道徳教育 …………………………………… 178
Q83 [道徳教育⑫] 総合的な学習の時間と道徳教育 ……………………… 180
Q84 [道徳教育⑬] 家庭，地域社会との連携 ……………………………… 182
　総合的な学習の時間
Q85 [総合的な学習の時間①] 総合的な学習の時間の創設の経緯と趣旨 ……… 184
Q86 [総合的な学習の時間②] 総合的な学習の時間のねらいと課題と評価 …… 186
Q87 [総合的な学習の時間③] 総合的な学習の時間の実践例(1) ……………… 188
Q88 [総合的な学習の時間④] 総合的な学習の時間の実践例(2) ……………… 190
Q89 [総合的な学習の時間⑤] 総合的な学習の時間の実践例(3) ……………… 192
　最近のトピックス
Q90 [最近のトピックス①] 子どものストレスと非行・問題行動 ……… 194
Q91 [最近のトピックス②] 最近のいじめ行為の特徴といじめの構造 … 196
Q92 [最近のトピックス③] 不登校問題と心の居場所づくり …………… 198
Q93 [最近のトピックス④] ボランティア教育と心の教育 ……………… 200
Q94 [最近のトピックス⑤] 「開かれた学校」と学校開放をめぐる問題 …… 202
Q95 [最近のトピックス⑥] ジェンダー・フリー教育 …………………… 204
Q96 [最近のトピックス⑦] 学級崩壊 ………………………………………… 206
Q97 [最近のトピックス⑧] 少年非行 ………………………………………… 208
　教員採用試験
Q98 [教員採用試験①] 教科外教育の学習と受験準備 …………………… 210
Q99 [教員採用試験②] 教科外教育と教員採用試験問題例 ……………… 212
Q100 [教員採用試験③] 教科外教育の論作文問題と解答例 ……………… 214

資料編
索　引

これからの教師と学校のための
教科外教育の理論と実践

Q&A

[教科外教育とは①]

教科外教育とは何か

教科外教育とはどのような教育活動なのでしょうか。その概念と理論はどのようなものでしょうか。

A

▶**教科外教育とは何か**

　教育の大きな目的とは，「知的文化遺産の伝達」と「人格の陶冶」であるといわれる。つまり，教育は，知識や技能を修得することと同時に，広く人格を完成させるという営みなのである。そこで，学校においては，授業を中心とした教科だけでなく，教科以外の教育も重視される必要がある。そうした，教科教育以外の教育活動を，一般に「教科外教育」と定義する。学習指導要領では，特に「特別活動」の部分で教科外教育について述べられており，その他，各所でも触れられている。また，学習指導要領の総則において，生徒指導に関し次の3点が記されている。①生徒指導の充実として，教師と生徒の信頼関係・生徒相互の好ましい人間関係の育成，生徒理解を深める。②計画的，組織的な進路指導として，学校の教育活動全体を通じて，生き方を主体的に考え進路選択できるようにする。③ガイダンス機能の充実として，学校・学級でよりよく適応し，現在・将来の生き方を考え行動できる態度・能力を育成する，である。

　今日，多様化する学校においては，もっぱら教科指導に力を入れていればよいという学校は少なく，むしろ教科を教えること以外に，大きく時間をかけざるを得ないという学校のほうが増加している傾向にある。

　教科教育と教科外教育とは，よく車の両輪にたとえられる。すなわち，一方のバランスが悪いと，車はまっすぐ前に進まないのであるから，学校においては，その両者に均等に比重をかけなければならないというのが大原則である。たとえていえば，自分の教える教科の教材研究にばかり時間をかけて，児童・生徒とふれあう時間をとらないことは誤りであり，反対に，教科指導をおろそかにして生徒指導にばかり時間をかけることも誤りである，という指摘である。

▶**教科外教育とは具体的にどのような活動を指すか**

　それでは，教科外教育とは具体的にどのような活動を指すのだろうか。ここ

でも、それを大きく2つの構造に分類して定義する。ひとつは、意図的、限定的な活動であり、もうひとつは、無意図的、広領域的活動である。

前者は、生徒指導や進路指導、教育相談といった教育活動や、特別活動、道徳教育といった時間があげられる。これらは、はじめからそれぞれに意図された重要な役割をもち、学級会（ホームルーム）や、学校行事などの限定された場所や時間をもっている教育活動といわれる場合もある。後者は、具体的にこれという活動を指すわけでも、カリキュラム上この時間という定義をもつわけでもない。いいかえれば、学校の内外において、教員が児童・生徒と関わるすべての無意図的な教育そのものを指すのであり、すべての時間がその対象となる。

一般的に教科外教育という場合には、具体的には前者のような活動を、後者のような意識をもって展開される教育活動であるということが多い。教科外指導は、学校教育全体が目的とする児童・生徒一人ひとりの自己実現の達成、そのための自己教育力の伸長を援助し、促進するという積極的な教育目的を有しているのである。

▷教科教育と教科外教育

学校において教科外指導という場合には、「生徒指導」（あるいは生活指導）と、「特別活動」をひとくくりにして述べられることが多い。これらは、すべて学校教育における「教科」のソトの領域に属するものである。すなわち、教科指導が子どもたちの「知」の発達を担うのに対して、教科外指導は、「情」や「徳」、あるいは「体」の部分の育成を意図したものであるといえる。

下の図にあるように、学校は大きく分けると3つの組織課程から成り立っており、この三角形のバランスが良いことが望ましい。しかし、最近の傾向としては、図の破線に示したように、生徒指導への比重が大きくなってきているという実態がある。とりわけ、指導困難校といわれる中学校や非進学校型に分類される高校の多くでは、タバコやバイクをはじめとする校則違反の「取り締まり」のような生徒指導が、教員の教育活動の大きな部分を占めていることも少なくない。教科外指導にそこまでを求めるのは、日本の学校教育に独特の特質であるともいえよう。　　　　　（原　清治）

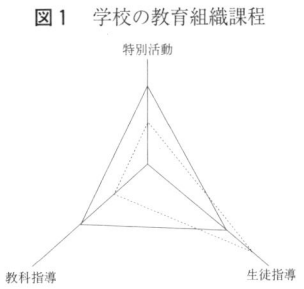

図1　学校の教育組織課程

[教科外教育とは②]

2 教科外教育の変遷

教科外教育はどのように変遷してきたのでしょうか。また，その趣旨について，学習指導要領での位置づけ，関わりはどのようなものでしょうか。

A

▶**学習指導要領の変遷と教科外教育**

　教科外の教育活動としては2000（平成12）年10月に改定された学校教育法施行規則では小学校，中学校では道徳，特別活動，総合的な学習の時間，高校の場合は特別活動，総合的な学習の時間から編成されている。この内道徳は教科の指導と同様の方法で教育活動が行われている場合が多く，高校では設置されていない。ここでは教科外の教育活動のなかでも変化の著しい特別活動に焦点を絞り，高校を中心にしてその変遷を説明したい。総合的な学習の時間は今回の改訂により新しく設けられたものであり，Q85-89を参照してほしい。

　まず中学校と高校での特別活動であるが，これは戦後の学制改革により新しく教育課程に位置づけされた教育活動である。当初は教科以外の学校教育とは直接に関係のない活動であるという視点から課外活動と呼ばれていた。その後，中学校は1953（昭和28）年，高校は1960（昭和35）年の学習指導要領の改訂から課外活動は特別教育活動並びに学校行事等となった。さらに，中学校は1969（昭和44）年，高校では1978（昭和53）年から特別教育活動と学校行事等を統一して特別活動と称されることになった。

▶**特別活動を中心にした教科外教育の変遷**

【昭和22年版改訂学習指導要領】

　教科と教科外教育の区別はない。教科課程として自由研究があげられている。その内容はつぎの3点に集約されている。

　　① 　個人の興味と能力に応じた教科の発展としての自由な学習
　　② 　クラブ組織による学習
　　③ 　当番の仕事や学級委員の仕事

【昭和26年版改訂学習指導要領】

　教育課程の名称が初めて使用される。教育課程は教科と教科外に分けられて

いる。昭和22年改訂の自由研究のなかの①は教科活動となり，②③の内容にそれまで課外活動であった児童・生徒会活動，行事・集団生活などの自治的活動を加えて教科外活動の領域が設定される。この領域は学校の責任の下に行われる正規の教育活動であるとされ，特別教育活動（小学校では「教科以外の活動」）と呼ばれることになった。

【昭和31年版改訂学習指導要領】
　それまで特別教育活動は全体で週1－3時間でありHR（ホームルーム）についての時間規定がなかったがHRを週1時間以上設定することが明文化された。

【昭和35年版改訂学習指導要領】
　学校教育法が改訂され，高校の教育課程は教科並びに特別教育活動及び学校行事などにより編成されることになる。また学習指導要領が教育課程の基準であることが明示される。

【昭和45年版改訂学習指導要領】
　前回に改定された特別教育活動と学校行事などを統合し，各教科以外の教育活動とし，高校の教育課程は各教科に属する科目と各教科以外の教育活動の二領域の編成となる。各教科以外の教育活動はHR，生徒会活動，クラブ活動および学校行事から編成されることになる。クラブ活動に必修制が導入され，全生徒のクラブ加入が強制されることになる。

【昭和53年版改訂学習指導要領】
　高校の教育課程は，各教科に属する科目と特別活動の二領域に整理される。「特別活動」はHR，生徒会活動，クラブ活動，学校行事から編成される。

【平成元年版改訂学習指導要領】
　高校の教育課程は各教科に属する科目と特別活動の二領域であることに変りはないが，特別活動でのクラブ活動必修制が弾力化される。

【平成11年版改訂学習指導要領】
　高校の教育課程は「各教科に属する科目」と「特別活動」に「総合的な学習の時間」が加わる。特別活動からクラブ活動がなくなる。

　以上特別活動を中心にした教科外教育の変遷を記したが，学校の管理下で行われる正規の課程の教育活動である点は現在でも変わっていない。

（伊藤一雄）

[教科外教育とは③]

3 教科外教育の構造

Question 教科外教育の構造とは何を指しているのでしょうか。とくに構造の意味について知りたいのですが。

A ▷教科外教育の構造

　一般に構造とは『広辞苑』によれば，①いくつかの材料を組み合わせてこしらえられたもの，またそのしくみ，くみたて。②全体を構成する諸要素の互いの対立や矛盾，また依存の関係などの総称となっている。

　この構造の概念は社会学においてもよく使用され，社会構造というのは社会システムの要素間の関係のうち安定したパターンを維持する原理や規範として使用されている。

　ここで学校で行われる教育活動の構造というものを考えてみたい。学校というのは教育活動を行うための機関である。そこには教員と児童もしくは生徒という教育活動の主体と客体が存在する。その両者が互いの接触交渉を通じて教育という営みが行われるのである。その学校では定まった教育課程が設けられており，それには明確な教育目標がある。この教育目標の実現のために教科教育と教科外教育がある。

　教科教育というのはカリキュラムにもとづき教科書があり，年間授業計画，月間授業計画，そして日々の授業の指導案があるのである。また担当する教員も免許状により，一定の資格が定められている。そのため教科教育というのは教科外教育に比較して，教員資格，教科書，授業計画，などが明らかなものが多いためその構造は把握しやすい。教科書の進度にしたがって授業が進まなければその遅れは明らかになるし，教員のいわゆる指導力についても生徒の評価が得やすいものである。一方で教科外指導の構造ということになると，漠然としている要素が多い。教員と生徒の接触交渉の関係といっても教科書があるわけではない。また担当者といっても国語の教員もいれば数学や体育の教員もいる。しかし，教科外教育の目標とする所は今日の学校教育においてきわめて重要な内容なのである。その目的を大別すると，教科教育は生徒の知的な側面を育て鍛えるという要素が大きいのに対して，教科外教育の目標は「望ましい人

間形成」を目標とするからである。この「望ましい」が問題なのである。学校教育の目的の一面は児童・生徒に対して彼らが生まれ育った社会に適応するのに必要な価値や規範を獲得させることである。これは学校の社会的な役割のうち現状維持的な保守的側面といえる。これに対してもう一方の役割は，既存の社会の維持のみでなく，それを改革していく人材を育成するという機能も合わせ持つことになる。これは互いに矛盾した役割である。前者は受動的な教育活動になるし，後者は能動的な教育活動になる。学校教育はこのように既存の社会の価値や規範を受入れ，それを順守しその社会の一員として生活できると同時に，その社会の矛盾を改革し改良することのできる人材を育成するという役割も要請されるのである。前者はどちらかといえば教科教育の目標に近いし，後者は教科外教育の目標に近い。この両者は矛盾しているようであるがこの両方を止揚するところに学校教育の難しさがあるといえる。

　1998（平成10）年に中央教育審議会が答申した学校教育に対する答申にはつぎの4点が示されている。
  ①　豊かな人間性や社会性，国際社会に生きる人間としての自覚を育成すること。
  ②　自ら学び，自ら考える力を育成すること。
  ③　ゆとりのある教育活動を展開する中で，基礎，基本の確実な定着を図り，個性を生かす教育を充実すること。
  ④　各学校が創意工夫を生かし特色ある教育，特色ある学校づくりを進めること。

　このなかで①の豊かな人間性や社会性は学級活動，ホームルーム活動や児童会活動，生徒会活動と関わっている。②の自ら学び考える力の育成には総合的な学習の時間の活用が求められている。③のゆとりのある教育活動と個性を生かす教育では特別活動のなかの学校行事，学芸的行事，健康安全体育的行事，旅行・集団宿泊的行事，勤労生産・奉仕的行事などと密接に関わっている。

　教科外教育の目的を実現するためには，教科教育と比較しその柔構造を生かした教育活動が必要となっている。

（伊藤一雄）

[教科外教育とは④]

教科外教育の課題

「学力低下」が叫ばれたり，これまでの学校教育を見直す動きなどがみられます。そのなかで，教科外教育は何を目標とし，どのような課題を抱えているのでしょうか。

▷**教科外教育の目標とは**

1998（平成10）年改訂の学習指導要領にもとづき教科外教育に含まれる道徳（高校には設置されていない），特別活動，総合的な学習の時間の目的とするところを中学校の場合を例にして記すと次のようになる。小学校や高校の場合も基本的には共通している。

【道徳（中学校学習指導要領 第3章第1 目標）】

道徳教育の目標は第1章総則の第1の2に示すところにより，学校の教育活動全体を通じて道徳的な心情，判断力，実践意欲と態度などの道徳性を養うこととする。道徳の時間においては，以上の道徳教育の目標に基づき，各教科，特別活動及び総合的な学習の時間における道徳教育と密接な関係を図りながら，計画的，発展的な指導によってこれを補充，深化，統合し，道徳的価値及び人間としての生き方についての自覚を深め，道徳的実践力を育成するものとする。

【特別活動（中学校学習指導要領 第4章 目標）】

望ましい集団活動を通じて，心身の調和のとれた発達と個性の伸長を図り，集団や社会のよりよい生活を築こうとする自主的，実践的な態度を育てるとともに，人間としての生き方についての自覚を深め，自己を生かす能力を養う。

【総合的な学習の時間（中学校学習指導要領 第1章 (3)以下は略）】

総合的な学習の時間はつぎのようなねらいをもって指導を行うものとする。
(1) 自ら課題を見付け，自ら学び，自ら考え，主体的に判断し，よりよく問題を解決する資質や能力を育てること。
(2) 学び方やものの考え方を身に付け，問題の解決や探求活動に主体的，創造的に取り組む態度を育て，自己の生き方を考えることができるようにすること。

▷**教科外教育の課題とは**

教科外教育の目標に共通しているのは自主的，主体的，実践的という言葉で

ある。逆説的にいえば，それまでの教育は自主的，主体的，実践的に考え行動する児童・生徒を育成することを重視していなかったということにもなる。

これは受動的で指示された問題は解決できるが，自分で問題を発見し解決していくことは苦手な児童・生徒を多く輩出してきたということにもなる。

学力とは何かを簡単に定義することは難しいが，与えられた課題を理解し指示された問題を解くことができる学力を「問題解決型の学力」とし，自己を取り巻く環境のなかで何が問題であり，解決すべき課題は何かということを発見する学力を「問題発見型の学力」とするならば，前者に力点をおいてきたのがこれまでの日本の学校教育であったともいえる。もちろん与えられた課題を理解し，指示された問題を解決できる学力は大切である。7・5・3教育といわれているように小学校では7割，中学校では5割，高校では3割しか授業についてこられない現実からすれば，いたずらに「問題解決型の学力」を軽視すべきではない。しかし，国際化が進み価値観が多様化し，変化の激しい時代に生きていくためには，後者の「問題発見型の学力」がより強く要請されている時代になってきていることは明らかである。この「問題発見型の学力」を育てるものとして教科外教育の占める立場は大きい。この社会的現実に応えるべく，従来の教科外教育であった特別活動に加えて，小学校，中学校，高校に共通して「総合的な学習の時間」が設けらた。

ところが，この「問題発見型の学力」というのは，教員が熱心に取り組めば取り組むほど児童・生徒が教員に頼ってしまい受動的になるという矛盾も含んでいる。そのため，インターンシップや学外講師の指導による実践的なボランティア活動など，従来の学校教育の枠を離れた体験が児童・生徒の自主的，主体的，実践的な「問題発見型の学力」を育成するのに必要になってくる。教員はその舞台の黒子役に徹するのが教科外活動を指導する場合の基本課題といえる。

（伊藤一雄）

[生徒指導①]

生徒指導とは何か

生徒指導とはどのような指導でしょうか。その定義と基礎理論はどのようなものでしょうか。

▶**生徒指導とは何か**

　生徒指導は，教科指導と並ぶ重要な教育機能をもつ活動であるといわれる。それは，生徒指導が，学校教育の全般にわたって，「すべての生徒のそれぞれの人格のより良き発達を目指すとともに，学校生活が，生徒の一人一人にとっても，また学級や学年，更に学校全体といった様々な集団にとっても，有意義にかつ興味深く，充実したものとなるよう」(『生徒指導の手びき』)指導する営みだからである。生徒指導の定義もそこにある。

▶**生徒指導の位置づけ**

　生徒指導の位置づけには，次のような2つの相反する考え方がある。

　ひとつは，生徒指導は，教科の教育とは異なって，ある特定の価値を直接的に追求するものではないとする考え方であり，もうひとつは，生徒指導も直接的に教育目標達成に関与するという考え方である。

　前者の立場に立てば，生徒指導は学習面の指導と対になるものとして考えられる。学習が，ある特定の価値を直接的に追求するものだとすれば，生徒指導は，その教育的価値の背景をなすような，全体的で，基本的な価値の獲得を促進させる営みだといえる。そのため，生徒指導は，いわば教科指導などの教育活動全体をより効果的に行うための，条件整備ともいえるのである。

　一方で，後者のように，生徒指導そのものにも，教科と同様に教育目標が明確に存在するという考え方がある。たとえば，日常の生活習慣や躾を身につけさせること，進路の選択や決定が主体的に行えるようになること，異性関係についての知識や態度を理解させることなどの指導は，明確に教育のひとつの目標であり，それらの達成に，生徒指導が直接関与するという考え方である。

　しかし，教育は，教科教育の領域や，特別活動の領域など，ひとつひとつの指導領域を明確に区別できるものではない。それらすべての要素が，効果的に連携し，機能することによって，教育の目標が達成されると考えられる。

つまり，生徒指導は，教育の全般に関与する活動であって，教育そのものといっても大きな誤りではないのである。生徒指導というと，すぐに問題行動や非行の指導であるとか，校則を守らせるための指導であるかのようにみなされる傾向がないわけではない。しかし，それは，あくまでも生徒指導の一部でしかないことを忘れてはならないのである。

▷ **生徒指導の基礎理論**

　生徒指導論の系譜としては，大きく分けて4つの理論の流れがある。

　まず，ヘルバルトの指導理論は，道徳的人格の形成をめざすために，管理・教授・訓練の3つの概念から指導活動の体系を形成するとしている。教授や訓練のための条件整備である「管理」，道徳的性格を育成する「教授」，そして，教授活動を円滑に行うための学習態度の形成と，修得した知識を基に行動できる力を養う「訓練」の3つが機能して，教育目的を達成できるとしている。

　次に，マカレンコの指導理論は，集団の組織化という視点から教育を考えている。集団の発達を3段階に分けており，第1段階は規律構築の段階，第2段階は規律維持の段階，第3段階は個々の要求が集団の要求となり，規律が確立する段階として，この理論を教室における教師と生徒にあてはめている。また，相互に協力できる教師集団があって，はじめて効果的に教育活動が行えるとして，教師集団の協力的組織体制の確立の有用性も説いているのである。

　デューイの指導理論は，学校の道徳教育の目的を市民性の獲得としており，教育課程が子どもの生活を中心にして編成されることで達成できるとしている。学校教育が単なる知識の注入に終わるのではなく，社会生活に関わる問題を解決できる力の育成も重要である。また，教育とは経験を再構成することであり，そうすることで，社会性や社会的奉仕の精神を獲得できるとした。

　最後に，ロジャースの指導理論は，教師と子どもの人間関係を改革することで，子どもは自己指導力を身につけることができることを強調している。つまり，教師の子どもに対する受容の態度が，精神的安定を生み，生活意欲や学習意欲を喚起できるとした。そして，教師の態度として重要なことは，一致・共感的理解・受容であると指摘している。それは，同じひとりの人間として子どもと接し，子どもの立場から理解し，ありのままの子どもを受けとめることである。そのことで子どもは学習意欲を高め，学習活動を積極的に行えるとしている。

　　　　　　　　　　　　　　　　　　　　　　　　　　　（原　清治）

[生徒指導②]

6 生徒指導の歴史と概念

Question 生徒指導は，歴史的にどのような流れをもっているのでしょうか。また，今日の生徒指導の概念と形態は，どのようなものでしょうか。

A

▷戦前の生徒指導

戦前の教育の根底にあったものは，忠君愛国といった道徳などであり，具体的には，日本の教育方針を明示した「教育勅語」（1890〔明治23〕年）がその支柱となっていた。そのため，戦前の生徒指導は，「教育勅語」に流れる儒教論理に基づいた，上意下達の注入的指導であったといえる。

その一方で，1910～20年代における大正自由教育運動では，国家統制的な公教育に反対する立場からの運動が展開されている。これは，19世紀末の欧米における児童中心主義や，教育制度の民主化をめざす新教育運動の影響を受けたものといえる。この自由教育運動により，全国各地で個性尊重の教育実践が展開された。その最たるものとしては，秋田県から端を発し，その後，東北地方の教員を中心にして実践された生活綴方教育運動があげられる。この運動は，大正時代の芸術主義的な文章表現の批判から出発し，国語科における子どもの作文指導を通して，個性尊重と豊かな人間性の育成，そして鋭い社会認識の目を養い，生活意識や行動の仕方を指導するものであった。しかし，戦時体制下における錬成主義の高まりと，1940（昭和15）年から翌年にかけての生活綴方教員の検挙により，児童中心主義的な生徒指導は衰退していくことになる。

▷戦後の生徒指導

戦後の日本は，敗戦にともない，それまでの教育のあり方を大きく転換する必要があった。日本の教育再建の基本方針は，①人格の尊重，②個性重視の教育計画，③個々の児童・生徒の発達，とされ，アメリカの教育使節団の来日（1946〔昭和21〕年）を契機としてさまざまな取り組みが始まった。具体的には，教育基本法・学校教育法の制定（1947〔昭和22〕年）や，1949（昭和24）年から翌年にかけてのCIE（対日占領軍総司令部内民間情報教育局）によるガイダンスの導入，IFEL（教育指導者講習会）による全国的な教員の再教育活動などがあげられる。

また，この時期，文部省（現文部科学省）は『児童の理解と指導』や『中学校・高等学校の生徒指導』（共に1949〔昭和24〕年）を発刊し，生徒指導の基本方針の普及に努めている。加えて，日米講和条約（1951〔昭和26〕年）を契機に，生徒指導のあり方を改善する動きが再燃し，生活綴方による生活指導が復興・発展した。その代表的な実践記録には，無着成恭の『山びこ学校』（1951年）などがある。その後，文部省は，1965（昭和40）年に『生徒指導の手びき』を刊行し，生徒指導の概念の統一を図った。また，翌年に中央教育審議会「後期中等教育の拡充整備について」答申が出され，そのなかで「期待される人間像」について言及した。そこでは，個性尊重や，人間性の育成が教育活動の中心におかれていたのである。この時期の学校は，学歴主義による知育偏重の教育が重視され，子どもの個性や自立性を育む教育活動は力を失い，画一的な教育に向かっていったことも否定できない。高度経済成長により物質的に豊かになったにもかかわらず，精神的には決して豊かになったとはいえず，その後，教育現場においては，暴力やいじめの増加，不登校現象の蔓延といったさまざまな病理現象に悩むこととなる。生徒指導のあり方も，理念よりもそうした問題への対応に翻弄されるようになった。

▷生徒指導の概念と形態

　生徒指導とは，『生徒指導の手びき』（1965〔昭和40〕年）に示されているとおり，児童・生徒の人格を尊重しつつ，個々人の個性の伸長を最大限にはかり，総合的な人間形成をめざした教育活動といえる。つまり，一人ひとりの児童・生徒の置かれている環境や社会的諸条件に即して，これに主体的に対応し，集団での人間関係の改善や協調性の向上を図り，自己指導能力や自己教育力を高めて自己実現が可能となるような資質と態度を育てる教育的な指導・援助である。そのため，生徒指導は，教科指導とともに教育における大きな機能をなしているのである。

　生徒指導の形態としては，大きく個別指導と集団指導の2つがあげられる。個別指導の典型としては，教育相談などがあり，生徒指導担当教師や学級担任教師が，児童・生徒を個別に指導するもので，心理的な援助技術を用いることが期待されている。また，集団指導の典型は，学級指導，学級会活動，児童会・生徒会活動，クラブ活動，部活動，学校行事などであり，一人ひとりに集団の成員としての役割を果たすことが期待されている。　　　　（原　清治）

[生徒指導③]

7 生徒指導の原理と機能

生徒指導とは何を行うのでしょうか，その原理と機能は，どのようなものでしょうか。

▶生徒指導の原理

1965（昭和40）年に発刊された，文部省（現文部科学省）の『生徒指導の手びき』は，それまでさまざまに解釈されてきた生徒指導の概念を統一し，一定の方向性を示したものといえる。それは，「生徒指導の意義と課題」の末尾に記されているとおり，非常に多義に使用されていた「生活指導」という用語を，「生徒指導」に統一したことからもうかがえる。

また，生徒指導の基礎となる人間観について，「人間の尊厳という考え方に基づき，ひとりひとりの生徒を常に目的自身として扱うことを基本とする。これは，内在的な価値をもった個々の生徒の自己実現を助ける過程であり，人間性の最上の発達を目的とするものである。」と述べられている。

そして，生徒指導の原理として4点をあげており，それは，①自己指導の助成のための方法原理，②集団指導の方法原理，③援助・指導の仕方に関する原理，④組織・運営の原理，であるとしている。

まず，①自己指導の助成ための方法原理においては，自発性・自律性・自主性の促進があげられる。欲求や情緒を直接的に行動につなげる自発性，目的に沿って行動を規制し節度あるものにする自律性，人間関係において相互に権利の主張と義務の遂行を可能にする自主性である。

②集団指導の方法原理においては，学級や友人関係といった集団における相互作用の尊重や，集団の力の利用，人間尊重・友愛と自由の尊重，規律の維持などがあげられる。成員の集団に対する所属感や，成員同士の連帯感を高め，相互に理解し尊敬できる環境を形成することがよい結果を生む。

③援助・指導の仕方に関する原理においては，特に問題解決能力を育成する援助の重要性があげられる。また，指導にあたっては賞罰を用いる場合は，細心の注意を払う必要がある。加えて，生徒の人格のより良い発達のためには主観的資料だけでなく，客観的資料の利用が必要である。

④組織・運営の原理においては，全教師の参加と専門職分化の必要性があげられる。生徒指導は全生徒を対象とし，学校生活の全領域に関するものであるため，全教師が協力し取り組むべきである。また，それぞれの指導に対し，責任を分化することも指導の効果をあげることにつながる。

▷**生徒指導の機能**

　教育における最も大きな目標は，子ども一人ひとりの人格の完成にあるといえる。学校においても，めざすべき目標の達成に向けて，すべての教育活動が有機的に働くことが期待される。生徒指導も，その教育目標を達成するために機能する，ひとつの教育活動だといえる。それは『生徒指導の手びき』に「生徒指導は，学校がその教育目標を達成するための重要な機能の一つである」と明示してあることからも明確である。

　生徒指導の特徴は，教科指導のように知識の習得に重点をおいた教育活動というよりは，情意的な面を中心に展開する教育的な指導であるといえる。また，生徒指導は，学校のある場所・時間といった特定の部分のみで完結するという性格の教育活動ではない。

　学校には，大きく分けると教科課程に位置づけられている教育活動と，それ以外の教育活動があるといえる。一般的に生徒指導は，各教科の授業，道徳の時間や特別活動などといった教科課程ではなく，それ以外の部分で機能するものであるととらえられる場合が多い。また，教科課程以外の部分でしか機能しないのだととらえられる場合もある。しかし，それらは生徒指導の性格を正しく理解していないといえる。生徒指導は特定の場面だけで機能するものではない。学校におけるすべての場面において機能する教育活動だといえる。それぞれの教科の授業時間や休憩時間，登下校，放課後なども生徒指導が機能する大切な時間である。このように，さまざまな場面で働く機能を有している生徒指導を考えると，教育課程の編成にあたっては，すべての領域において，生徒指導の機能が十分に発揮できるように配慮をする必要があるといえる。

　また，子ども一人ひとりの人格の完成ということを考えるならば，生徒指導は単に学校内部だけで完結する教育活動ではなく，児童・生徒の生活全体を通して機能するものであるともいえるだろう。そのため，学校内部における指導の組織化はもちろん，家庭や地域社会とも密接に連携を保ち，子どもの発達を最大限に支援できるようにすることが大切である。　　　　　（原　清治）

[生徒指導④]

8 生徒指導の意義

生徒指導の意義とは何でしょうか。

A ▶生徒指導の意義

　文部省（現文部科学省）の『生徒指導の手びき』（1965〔昭和40〕年）では、生徒指導を「学校がその教育目標を達成するための重要な機能の一つ」と位置づけた上で、青少年の非行に対する対策という消極的な面だけでなく、全生徒の人格のより良い発達をめざした教育活動であるとしている。

　生徒指導の意義には、以下の5つがある。①生徒指導は、個別的かつ発達的な教育を基礎とするものである、②生徒指導は、一人ひとりの生徒の人格の価値を尊重し、個性の伸長を図りながら、同時に社会的資質や行動を高めようとするものである、③生徒指導は、生徒の現在の生活に即しながら、具体的、実際的活動として進められるべきである、④生徒指導は、すべての生徒を対象とするものである、⑤生徒指導は、総合的な活動である。

　まず、①についてみると、学校における多くの活動が集団を通して行われるが、すべての生徒に対して同一の指導がなされるのではない。個々の生徒のもつ素質や能力、興味・関心など、また、生まれ育ってきた環境などを考慮する必要がある。つまり、生徒一人ひとりの人格の特性を把握し、それぞれがより良く発達することを目的としているのである。

　次に②は、個々人の人格の発達をめざすが、生徒それぞれが個別に存在しているだけではない。よりよい社会生活を営む上では集団というものが重要になる。個人としての良さを発揮しながら他者と協調し、より良い集団や社会を築くことができる社会性の発達をもめざしている。

　③では、生徒指導が、学校という限定された空間のみの教育活動ではないことを示している。自己実現できる資質や態度の育成ということも、将来子どもが社会のより良い成員になることを念頭において進められなければならないといえる。

④で指摘されているように，生徒指導はある特定の生徒に対する教育活動ではない。たとえば，問題行動を起こす生徒を矯正するために指導するといった，消極的なものでない。確かに，問題を抱えている生徒に対しては，より多くの指導や援助が必要になる。しかし，あくまで生徒指導は，すべての生徒を対象とし，それぞれの発達や向上をめざしているのである。

　最後に⑤では，生徒指導が他の活動と区別された個別の活動ではないことを指摘している。生徒指導の目的は，生徒の人格の発達である。人格の発達をめざすことから，その活動は総合的なものであるといえる。つまり，生徒が社会生活を営める人間としての資質を向上するための諸活動の一部分なのであり，それらの教育活動はつながりをもっているものである。そのため，生徒指導も単体として存在する教育活動ではない。

▶生徒指導の今日的な意義

　現在，教育現場では多くの問題に直面し，その解決のためにさまざまな取り組みがなされている。噴出する多くの教育問題の要因やその背景について，中央教育審議会の答申「21世紀を展望した我が国の教育の在り方について」（1996〔平成8〕年7月19日）では，教育制度の限界，著しい経済成長や急速な交通・情報網の整備といった社会の変貌，生活における「ゆとり」の喪失，家庭や地域社会における教育力の弱体化などをあげている。

　また，同じく中央教育審議会の答申「新しい時代を拓く心を育てるために—次世代を育てる心を失う危機—」（1998〔平成10〕年6月30日）では，現代社会を，科学技術の発展と高度情報通信社会の実現による大きな変動期にあるととらえている。そして，その変動にともない，環境・エネルギー・食糧問題など人類にとって厳しい問題が起こり，その解決を迫られている時代であるとしている。

　そして，以上のような現代社会の認識に立ったうえで，現代社会のさまざまな問題を解決し，よりよい社会を構築するには，自律的学習能力・豊かな人間性などといった「生きる力」が重要であるとしている。今後は，この「生きる力」を身につけさせるための取り組みとしても，生徒指導の果たすべき役割はさらに大きくなるであろう。

　　　　　　　　　　　　　　　　　　　　　　　　　　　（原　清治）

[生徒指導⑤]
生徒指導の課題

生徒指導は，児童・生徒の将来をも考慮に入れた指導が必要といわれますが，その課題としてはどのようなものが考えられますか。また，これからの生徒指導には何が求められるのでしょうか。

▶普遍的課題と時代的課題

生徒指導の課題には，大別して，普遍的課題と時代的課題がある。教員が児童・生徒を「指導」するということは，かれらやその未来に対して，一定の方向性あるいは具体的目標をなかば強要することにも等しい。逆から表現すれば，その他の方向性・可能性等を放棄させることにもつながりかねない行為なのである。それだけに，生徒指導にあたっては重ねての慎重さと謙虚さが教員には要求されるといえよう。また，生徒指導は児童・生徒が今まさに直面している危急の問題に対する，いわば対症療法的な働きかけとしての側面も重要であるだけでなく，あわせてかれらの将来を考えた人間形成を意図したものでなければならない。これらは，実際に生徒指導が展開される，その時代のいかんによらない，いわば時代を超えた普遍的課題とでもいうべきものである。

他方，生徒指導やこれを包含するより大きい概念としての教育も，社会的な営みであり，時代や文化の制約を免れ得ない。そこから当然，現代社会に特徴的な生徒指導上の諸課題，いいかえれば時代的課題が生まれるのである。

▶今日における生徒指導の諸課題

ここでは，時代的課題について主に検討してみたい。時代的課題を，より包括的に表現すれば，今日の教師は自信をもち，思い切って生徒指導にあたることが困難な状況に追い込まれている，といえる。すなわち，技術革新にともなう生活の多様化・社会変化の加速化，国際化の進展などによって，従来のような絶対的な価値基準は消失し，多様な価値観が併存する社会状況となった。また，情報化は，人間の生活時間と価値観を変え，人間関係の希薄化などの新たな問題を生み出し始めている。

さらには，家庭や地域社会の教育力の低下やそれにともなう学校への教育集中によって，基本的な生活習慣や社会的行動力の涵養なども学校に委ねられた。

その結果，教員はその職務は膨大なものとなってしまっている。くわえて，指導の対象となる現代の児童・生徒は，核家族化や地域社会の連携の弱化の影響などによって，他者との人間関係を質・量ともに希薄なものとしているだけでなく教員と児童・生徒とのジェネレーション・ギャップも一層の拡大を見せ，相互の共感的理解を踏まえた指導－被指導の関係性の構築そのものが困難になるといった事態も見られるのである。

　また，いわゆる「メル友」や「出会い系サイト」に代表されるような，電子空間上での人間関係の成立は，これまでにない新しい種類の問題を引き起こす。さらには，そこで生じる諸問題は従来までの生徒指導上の種々の問題に比べてきわめて他者から見えにくいために，問題の発見までにかなりの時間が費やされてしまう。教員は今日，どのような価値観に基づき，何を，どこまで指導しなければならないのか，明確な答えを見出しにくい状況に追い込まれている。

▶これからの生徒指導に求められるもの

　こうしたなかで，今後どのような生徒指導が求められるのだろうか。一つには，時代や社会を見つめ，その変化していく部分と変化しない部分とを峻別する洞察力，そして他への愛や正義，誠実といった人間にとって普遍的な価値を尊重しつつも，同時に変化する部分にも臨機応変に主体的に対応できるような柔軟性を児童・生徒がもち得るように導くことであろう。

　また，現代においてはますます現実性の実感をともなわない社会的事実が増大しており，教員は，今後はさらに一層これらへの対応を迫られるであろう。

　そして何より，これらの，教員や大人たちからの「指導」なしでも，かれらが十分に学校生活あるいは社会生活を滞りなく進めていけるような，また周囲からの働きかけにも適切に判断力を発揮し，自らを処していけるような自律性の涵養こそが生徒指導の究極的な目標であり，今後ますます重要視される側面である。

（今西康裕）

[生徒指導⑥]
10 生徒指導の方法論

Question 生徒指導の具体的な方法はどのようなものでしょうか。生徒指導のねらいとは何でしょうか。

A

▶**生徒指導のねらい**

生徒指導のねらいについて，文部省（現文部科学省）の『生徒指導の手びき』には，「一つは，いわゆる積極的な面で，生徒の人格あるいは精神的健康をより望ましい方向に推し進めようとする指導である。これは，すべての生徒を対象として行われる必要がある。もう一つは，いわゆる消極的な面で，適応上の問題や心理的な障害をもつ生徒，いわゆる問題生徒に対する指導である」と大きく2つの側面が示されている。将来，子どもが成長し社会的な生活が営めるようにするためには，さまざまなことを身につける必要があるが，生徒指導はそれを「援助」するための活動なのである。

では，望ましい人間として身につけておく必要がある資質のなかでも，具体的に生徒指導は何をねらいとしているのだろうか。

それは，小学校・中学校・高等学校の学習指導要領によれば，①教師と児童・生徒との信頼関係の構築，②児童・生徒相互の人間関係の構築，③生徒の自主性・判断力・行動力の育成，の3点である。

それでは，そのねらいを達成するために，どのように生徒指導を進めていけばよいのだろうか。まず，①と②における人間関係の構築に関しては，学校全体や学年，学級における普段からの指導が大切になるといえる。そのため，学級全体で行う取り組みや，部活動などの指導を通して，より良い人間関係の構築を図るのである。それは集団的な指導であるといえる。

その一方で，自主性・判断力・行動力の育成については，生徒に対する個人的な指導が中心となる。それは，生徒一人ひとりにより差異があるため，個々に対応する必要があるからである。

▶**具体的な生徒指導について**

具体的な生徒指導としては，どのようなものが考えられるだろうか。それぞれの目的に応じた生徒指導について考えてみたい。

たとえば，生徒の一人ひとりを理解するために，個々人の性格や個性，日々の行動を十分に知ることが大切であるが，その方法としては，教科の授業だけでなく登下校の際や，休憩時間・清掃時間などでも，生徒と接触する機会を多くもつことがあげられる。色々な場面で，個々の生徒と接することが，より良い生徒との人間関係の構築に結びつくともいえる。

　生徒指導を効果的に行うためには，教師から生徒に対する一方的な指導ではなく，生徒が十分に理解し，自立的な行動に結びつくようにしなくてはならない。

　そのためには，実践的な行動を通して指導することが重要である。たとえば，生徒とともに清掃活動を行い，同じ作業を通して，生徒の様子や行動をとらえて随所で指導するのである。このような具体的な場面での指導により，生徒は身をもって学んでいくことができる。

　また，生徒に対する理解を深めるためにも，個々人の生徒に関する情報を得ることが大切である。担任として受け持つ以前の生徒の行動や，担当している教科以外での動向などを知ることが，生徒を理解するため助けになるのである。できるだけ多くの情報を得ることが，生徒を正確に理解することにつながるため，他の教職員との連携や，家庭との情報交換が重要となる。

　学校の教職員だけの力では，生徒の健全な発達のすべてを支援することはできない。家庭や地域における環境や人間関係も，生徒にとって大きな影響力をもつ要素である。たとえば，生徒指導にあたって，学校内における生徒の情報だけでなく，家庭や地域の協力から得られる情報も非常に大きな意味をもつ。家庭や地域と連携することで，学校における生徒指導が有効に機能するのである。

　最近は，特に医師・臨床心理士，警察官などといった専門家のいる組織との連携も必要とされている。学校内における生徒の問題行動だけにとどまらず，凶悪な犯罪や事件に学校現場が巻き込まれるという事態が起こっている。そのような場合には，学校と家庭・地域社会がいかに連携し，問題解決に取り組めるかが重要になってくる。学校・家庭・地域社会が抱える問題も少なくはないが，子どものより良い発達のためにも連携し，問題解決にあたらなければならないといえる。

（高橋一夫）

11 [生徒指導⑦]
生徒指導の考え方

Question 生徒指導を行うあたっての基本的考え方，捉え方はどのようなものでしょうか。

A ▶生徒指導の基本的な考え方

文部省（現文部科学省）の『生徒指導の手びき』第1章第1節において，生徒指導とは教育目標を達成するための機能のひとつであるとし，「積極的にすべての生徒のそれぞれの人格のより良き発達を目指すとともに，学校生活が，生徒の一人一人にとっても，また学級や学年，更に学校全体といった様々な集団にとっても，有意義にかつ興味深く，充実したものになるようにすることを目指す」活動であると示している。

つまり，生徒指導は，問題行動を起こす生徒への対応がすべてであるようにとらえられがちであるが，すべての生徒への教育活動であることがわかる。また，生徒指導を適切に行うことが，「自然に生徒の非行化の防止として効果を上げること」につながり，「いろいろな形態の生徒の集団の指導にも，また非行に走る可能性のある生徒の指導にも，更には非行の兆候を示している生徒の指導にも通ずるものであり，またそのような原理に立つ生徒指導を考えなければならない」としている。

また，「中学校学習指導要領（1998〔平成10〕年12月14日文部省告示）」および「高等学校学習指導要領（1999〔平成11〕年3月29日文部省告示）」の総則においても，指導計画の作成等に当たって配慮すべき事項（中学校），教育課程の編成・実施に当たって配慮すべき事項（高校）として，「教師と生徒の信頼関係及び生徒相互の好ましい人間関係を育てるとともに生徒理解を深め，生徒が自主的に判断，行動し積極的に自己を生かしていくことができるよう，生徒指導の充実を図ること」と記され，生徒指導の重要性が示されている。

以上を整理すると，生徒指導の対象はすべての子どもであり，学校として考える場合は，全生徒ということになる。そして，個々の生徒の人格を尊重した上で指導が行われ，最終的には，個々の生徒の人格が最大限に，健全に発達することをめざすための教育活動であるととらえることができる。

すなわち，生徒指導は，個々の教員が偶発的に行うような性格の教育活動ではなく，生徒指導は，設定された目標を達成するために，全体構想を構築したうえで，個々の指導計画を設計し，学校全体が組織的に取り組まなくてはならない教育活動なのである。

▷**生徒指導の推進**

それでは，実際に生徒指導を推進するために重要なことは何だろう。平成7年度版『我が国の文教施策』では，大きく次の4点をあげている。それは，①教師の指導力の向上と生徒指導体制の強化，②教育相談体制の充実，③学校と家庭，地域社会の十分な連携，④生活体験や人間関係を豊かなものとする学校教育活動の実施，である。

まず，①について，社会の変動が大きく，価値観が多様化している今日のような状況下においては，生徒指導における課題もまた複雑化しているといえる。それに対応するためにも個々の教職員の指導力の向上が必要になる。そのため，さまざまな研修への参加により指導力を高めることや，生徒指導に有効な資料の活用などが考えられる。

また，生徒指導体制の強化をめざし，専任の生徒指導担当教員の配置や，特に問題を抱えている学校には教員定数を加配するなどの対応も行われている。

②教育相談体制の充実としては，学校のおかれた実情に合わせ，さまざまな教育相談体制が整えられている。なぜならば，実際の生徒指導場面において，医学や心理学などの専門的知識が要求される場合が少なくないからである。つまり，外部の専門機関との連携が重要になっているのである。

③について，生徒指導は，単に学校内だけで完結する教育活動ではない。より効果的に生徒指導を行うには，家庭や地域社会との十分な連携が必要となる。そのような協力体制を構築するためには，学級通信や育友会などの発行する情報紙などで，生徒指導に対する学校の取り組みを掲載し理解を得ることなどが考えられる。また直接，保護者会などを通して協力の呼びかけを行ったり，家庭に対する要望などを伝えることも効果的である。

④については，生徒指導は，教員と生徒，生徒同士の人間関係がうまく構築されていてはじめて効果的に機能する。しかし，現状は生活体験が乏しく，人間関係の構築が苦手な生徒も多い。そのため，豊かな生活体験や健全な人間関係の構築をめざすための指導も重要である。

（高橋一夫）

[生徒指導⑧]
12 生徒指導の目標

Question 生徒指導にはゴールとしての目標があるのでしょうか。

A ▷**基本的生活習慣の獲得と対人関係の構築**

　生徒指導の目標は段階的にとらえることができる。まず、基底には、生物種としての「ヒト」としてこの世に生を得た存在を「人間」に仕立てるという、いわゆる「しつけ」の領域に関わる目標があげられる。児童・生徒に基本的生活習慣の定着をはかる、とも換言できるこの目標は、既存社会の社会的要請に応えるものであり、従来そのほとんどを担っていた家庭や地域社会が総じてその教育力を低下させるなかで、近年学校に移行される割合の増加が顕著な教育目標といえる。

　また、これに関してさらに付言するならば、近年は少子化による「甘やかし」や情報化の進展にともなう受動的性格の顕在化がいわれ、いわゆる「すぐにキレる」子が問題視されている。

　そうしたなかで、たとえば物事が自分の思いどおりにならなかったときにも、その状況に耐え得る欲求不満耐性や「負け」を容認する姿勢が求められよう。さらには不安や不満をはじめ自分の諸感情をすぐにストレートに行動化させるのではなく、言語という形に変換し、その適切な処理をはかるといった自律性の訓練の必要性こそ強調されるべきではなかろうか。

　次に、いうまでもなく、人間は「人の間」に存在するのであって、文字通り「人間」となるためには対人関係の構築・維持が不可欠である。その技術を児童・生徒に修得させ、社会的行動や集団生活が可能となるようかれらの社会性を伸長させることも生徒指導の重要な目標の一つである。特に、これまた今日のように、われわれ人間が総じて対人関係の質と量を減じている状況においては、またその弊害として不登校や「閉じこもり」・「引きこもり」が語られる現状においては、なおさらである。

▷**可変的目標としての時代的・社会的適応**

　われわれは人間としての通時代的な普遍的な要件を内面化するとともに、自

らが生きるその時代・社会への適応もまた必須とする。それゆえに、生徒指導においても、学習指導要領にあるところの「社会の変化に自ら対応できる心豊かな人間の育成」がはかられなければならない。すなわち、情報化の進展のなかで、ただ単にパソコン等の情報機器が操作できるというだけでなく、それによって得られる多くの情報のなかから正しい情報、自らに必要な情報だけを取り出し、それらを活用し、また新たな情報を創造して発信するという、いわゆる情報リテラシーの育成は肝要であろう。あわせて、情報化にともなう間接経験の増大は、われわれにイメージ等による対象の即断、一面的な理解を促しがちであるが、これはややもすればその誤解を招きやすい。そこでは、やはり対象を多様な視点から見つめ、多面的・多角的に把握することによって、その本質を正確に理解するよう努める姿勢の創出が求められるのである。

▶ **生徒指導の究極的目標**

　ただ受動的に時代や社会の変化に対応していくだけでなく、いかに個性を発揮し伸長させていくのか、「主体的な適応」の方策も提示されなければならない。重要なのは、これまでにあげてきたような諸資質の伸長が、木刀をもった教師の姿で象徴されるような、教員の物理的な強制力や、いわゆる内申書を楯にとったような、教員の社会的権力に基づいた力の指導による押しつけ・強要ではなく、児童・生徒の納得・自発的変容を促す心の指導でなければならない点である。「馬を水辺まで連れて行くことはできても、水を飲ませることはできない」ということわざの意味をもう一度考えてみるべきなのである。そうした形での生徒指導の究極的な到達点として、自己指導力・自己教育力の確立があげられる。

　すなわち、生徒指導はいかに児童・生徒が「自立」するかを求められる教育的営みである。教員という他者からの働きかけがなくとも、理想的な人間像に照らして適宜自己を矯正していくことのできる資質の獲得。これこそが、生徒指導における最終にして最高次の目標といえるのである。

（今西康裕）

[生徒指導⑨]

13 生徒指導の内容

Question: 生徒指導の内容にはどういったものが含まれるのでしょうか。

A ▶**生徒指導の内容の多様性**

　生徒指導の内容は多岐にわたる。人間として一般的・基本的な生活習慣を身につけさせるといった具体的なものから，人としていかに生きるか，あるいは生きなければならないか，などについてともに思索を深めるといった観念的なものまで，あるいは児童・生徒個々人の個性を伸ばすことを目的にしたものから，かれらの社会性や社会適応を重視したものまで，また児童・生徒が今まさに直面している問題の解消を図る対症療法的な取り組みから長期的な視点に立ちかれらの将来に焦点を合わせた働きかけまで，実に多様である。

▶**教員に望まれること**

　教員には，多領域にわたる豊富で深みのある知識や知恵，情報，あるいは技術が必要とされる。また，そのためには，生徒指導に関する学校としての統一された方向性を個々の教員が十分に把握・認識したうえで，学校としての一貫性を保持しつつ，相互に有機的に連携・協力していくこと，あるいは役割分担していくことが不可欠である。

　また，「人を見て法を説く」の言葉どおり，同じ内容の指導を行う際にも，紋切り型で通り一遍の指導ではなく，その対象たる児童・生徒の発達段階や個性，かかえている問題状況などを考慮し，その形態や展開方法，強調点などを臨機応変に変化させる柔軟な姿勢も必要とされよう。

　そのためにはさらに，教員には児童・生徒の的確な現状把握が望まれる。

　すなわち，「正確な現状把握なくして正しい対応・対策なし」なのであり，この現状把握を達成するために，教員にはまた，かれらとのコミュニケーションを通じて共感的理解をはかり，親密な信頼関係すなわちラポール形成に努めるといったいわゆるカウンセリング・マインドや，たとえば「命の大切さ」などの抽象的な事柄をかれらにも理解できるようより具体的により平易に表現す

る技能などが必要とされる。

　あわせて，児童・生徒を先入観や偏見をもって見，誤解することのないよう教員自身が自らの人間性や傾向性を正しく把握しておくこと，すなわち自己覚知の獲得も肝要であろう。

▶実効性ある生徒指導の実現に向けて

　このように，生徒指導は，対象たる個々の児童・生徒の「実像」をとらえ，これに呼応したものであるときはじめて実効あるものとなるのである。

　逆から述べれば，この「実像」を無視し，体罰にもつながりかねない物理的な強制力をともなう，あるいはいわゆる「内申書」など学内評価を楯にとった高圧的な指導によっては，一過性の効力はもち得たとしても，人間性のより深い部分に届く，ドラスティックな成果は望めないであろう。

　児童・生徒とともに歩を進める，共同作業としての生徒指導でなければならないのであり，その過程では教員は，一度指導した内容であっても，その定着度が満足のいくものでない場合は，二度三度と繰り返し指導を行う根気強さを要求される。また，たとえ教師という立場にあろうと，結果としてミスを犯してしまった際には，誤りは誤りとして正直に認め，修正をはかる「勇気」や言葉だけで児童・生徒を説得するのではなく，その行動を通してもかれらに訴えかける「言行一致」の姿勢が求められる。

　このようにして，児童・生徒が「頭で理解，心で納得」できる生徒指導が展開されることによってこそ，かれらの態度変容や人間形成の促進が見られるのである。

　また，これらに関連して，日々生起する生徒指導上の諸問題に対処するのみならず，教員は表面化した問題のあるなしにかかわらず，個々の児童・生徒を「見守る」ことの大切さも忘れてはならない。

　教員が常に児童・生徒に視点を向け，受容的な態度で接することによって，かれらは自らが放任されているのではなく，「いつも傍らで寄り添い見ていてくれる人がいる」という他者との強いつながりを実感でき，孤独感や孤立感から解放されて，より積極的・主体的に自己実現や自己教育力の伸長に向かうことができるのである。

（今西康裕）

[生徒指導⑩]

14 生徒指導の組織

Question 生徒指導には組織づくりが重要とききますが、生徒指導の組織とはどのようなものでしょうか。

A ▶**指導協力体制の構築**

　　生徒指導進めるにあたっては、まず生徒指導が効果的に行われるための組織づくりが重要となる。学校におけるさまざまな部門が、有機的につながり、相互に協力できる組織を形成することが重要である。そのためには、個々の教員が、生徒指導という目標に向け、意欲と自覚をもって協力し、自らの役割を果たせるかをどうかが重要であり、そこに力点をおく必要がある。

　組織として効果的に指導を行うためには、その組織をまとめる立場の者が必要となる。その役割を主として担っているのが生徒指導主事である。生徒指導主事については、学校教育法施行規則第52条の2第3項で「校長の監督を受け、生徒指導に関する事項をつかさどり、当該事項について連絡調整及び指導、助言に当る」と規定されている。

　生徒指導主事は、学校内部において、学校の状況から適切な目標設定を行い、指導の方法や意見決定をすることが必要とされる。また、生徒指導に対する教職員の意思統一を図るため、連絡・調整を行い、組織目標との調和を図るとともに、各教職員の動機づけを高めることも望まれる。また、学校外部においては、学校と協力している専門機関・家庭・地域との連絡などがあげられる。

　その生徒指導主事を中心として構成されている組織が、生徒指導部（学校によっては生徒指導係という）である。これは生徒指導を主に担う校内の下部組織の一つであり、生徒指導についての識見や技能、経験をもった教員を配置することが望まれる。もちろん、生徒指導部のみが生徒指導を担当しているわけではなく、また、学校全体の生徒指導に関する活動を調整する役割が中心となる。学校全体で生徒指導を推進するためにも、各種委員会などに可能な限り生徒指導担当者を含めることが望ましいといえる。

図2　生徒指導部の組織例（A県B中学校）

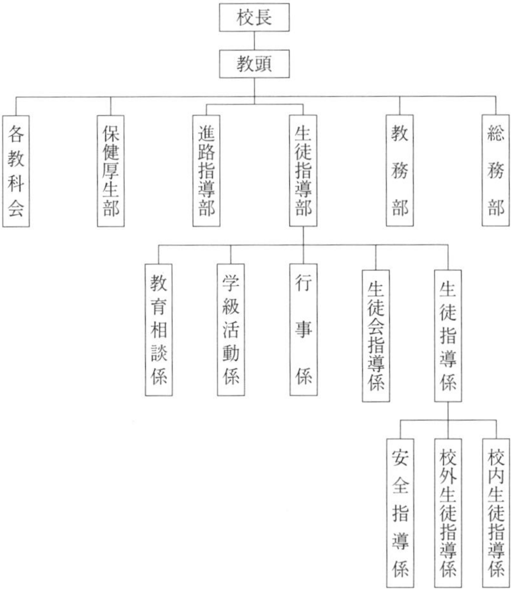

```
                        校長
                        ─┬─
                        教頭
    ┌────┬────┬────┬────┼────┬────┐
  各教   保健   進路   生徒   教務   総務
  教科   厚生   指導   指導   部    部
  会    部    部    部
                      ┌──┬──┬──┬──┐
                    教育 学級 行事 生徒会 生徒
                    相談 活動 係  指導係 指導係
                    係  係
                                  ┌──┬──┐
                                 安全 校外 校内
                                 指導 生徒 生徒
                                 係  指導係 指導係
```

▷ **生徒指導の組織形成について**

　生徒指導の組織を形成するにあたっては，①すべての教職員が生徒指導に関わっていること，②生徒指導に関する問題点の把握とその検討，③校内における組織の協力体制の構築，④生徒指導部内における役割と関連性の明確化（上図を参照），などがあげられる。また，最も重要なことは，生徒指導とは生徒指導主事や生徒指導部だけの活動ではなく，学校全体および父母や地域社会をも含めた組織的活動であるということであり，その視点から生徒指導に関する組織も形成される必要がある。その他，具体的な組織の構築については，上図が参考となるが，各学校により創意工夫が見られる。それぞれの学校の現状を勘案し，適切な組織を構成することが望まれる。　　　　　　　　　（高橋一夫）

[生徒指導⑪]

15 生徒指導の実践（小学校）

Question: 小学校における生徒指導の実践に関して留意すべき点はどのようなことでしょうか。

A

▶**小学校における生徒指導の意義**

　小学校段階（児童期）は、表立った問題行動は見受けられなくとも、社会的な環境が著しく拡大し、心身の目ざましい発達の現れる「変化の時期」である。そこでは、学校での生活を中心に、これまでとは比べものにならないほどの多様な人間関係を経験し、また集団の一員として行動することが求められる。

　また、これらの過程を通して、これまでほぼ全面的に依存していた親からの心理的独立が果たされなければならない。こうした諸課題に適切に対処できない場合には、初発型の問題行動の発現やあるいは以降の学校段階でのそれの芽生えが形づくられる可能性が増すのである。それゆえ、小学校における生徒指導は、幼児期に獲得した人格の基礎に立って、これを発展させるとともに、青年期以降の諸課題に十分対応し得る基盤を培うといった、複数の方向への取り組みが求められる多義的な重要性を有する。また、そこから生徒指導は、学校段階の相違を超えて一貫性・連続性を有し、教育課程のすべての領域・内容に作用する機能概念なのである。

　とくに、近年は発達加速現象により、子どもたちの体と心のバランスがくずれやすくなっており、また情報化の進展により、刺激的でセンセーショナルな情報が大人・子どもの区別なく入ってくる状況のなかで、少年非行・問題行動の多様化・低年齢化がいわれるだけに、なおさらその重要性は強調されよう。

▶**生徒指導実践の際の留意点**

　小学校において生徒指導を実践していく際の留意点としては、まず、近年小学生の体格がより一層大型化したといわれるものの、やはり小学生はまだまだ抽象的な思考に難があるため、生徒指導の内容が正確にかれらに伝わるよう、極力具体性をもたせることが望まれる。つまり、教師には「難しいこと」を「簡単」に表現する話術や例示、あるいは自らが率先して可視的な行動で手本

を示すといった行動力・実践力が必要とされるであろう。

　また，小学校の就学期間は 6 年間と他の学校段階にくらべ長い。そこでの生徒指導においては，学年差に留意しなければならない。各学年の発達課題についての理解を深め，とくにその適時性・順次性を重視した指導に努めることが肝要である。その上で，全体として，子どもたちが基本的な生活習慣を確立し，良好な人間関係を築いて，学校生活・集団生活への適応の度合いを高めながら，自己実現が図れるよう導き，援助していかなければならない。

▶ **生徒指導上の連携の重要性**

　小学校における生徒指導を実践するためには，各種の連携が不可欠となる。まず，学校内の教員間の連携・協力である。小学校では学級担任制がとられる場合が多いことから，学級担任教員は自らの価値観に基づき，独自の見解や方法で指導にあたり，子どもたちにこれを押しつけてしまったり，逆に課題解決の責任を一人で抱え込んでしまったりすることも少なくない。より適切に問題に対応し，より効率的で効果的な指導を行うためにも，関係するすべての教職員は職員会議などを通じて問題を共有し，学校全体の生徒指導の方向性と各学級の実態とを照らし合わせながら，多様な観点から組織的に問題解決に向けて取り組めるよう体制を整えておく必要がある。

　また，「内向き」の傾向の強い学校が，その教育的役割や活動の実態を公開し理解を求めるかたちで，家庭や地域との連携を強めることも重要である。そうすることによって，学校と家庭・地域がそれぞれの教育的役割の違いを認識し，各々の役割を果たした上でさらに共同歩調をとろうとする姿勢がより容易に創出されるようになろう。子どもの「親離れ」や親の「子離れ」を促し，また子どもに，集団生活では，その目標実現のために，ときに個人の要求や願望は一時保留されなければならないのだということを学ばせることなどにも通じ，学校教育のみでは得られない相乗効果が期待できるのである。

　その他，今日においては，教師にカウンセリング・マインドが求められるケースも多い。しかし，必ずしも各教師の相談技術は十分とはいえず，そのような際に地域の相談機関等との連携を密にすることは有効であろう。

　ただし，このような外部機関との連携・協力態勢をとる場合には，児童のプライバシーの流失には十分留意する必要がある。

（今西康裕）

[生徒指導⑫]

16 生徒指導の実践（中学校・高等学校）

Question

中学校・高等学校における生徒指導の実践に関して留意すべき点は，どのようなことでしょうか。

A ▶**生徒指導を実践するにあたっての留意点**

中学校や高等学校での生徒指導を実際に進めるにあたって，重要な視点は生徒理解を深めることである。生徒を理解する上での留意点は大きく以下の4点である。

①生徒は，それぞれが独自の存在であるということを認識しておく必要がある。それぞれの生徒は身体的にも精神的にも異なっており，その生徒を取り巻く家庭環境なども多様である。まずは，そのように個々人で異なる状況を的確に把握することが重要である。方法としては，家庭との連絡を密にすることがあげられる。たとえ些細なことであったとしても保護者と連絡を取りあうことで，より深く生徒を理解することができる。また，学校と家庭が協力することにより，効果的な指導を行うことも可能になる。

②生徒を現在のある一部分だけで把握することは深い理解につながるとはいえない。過去の状態や，未来の展望をも含めた長いスパンで生徒をとらえることが大切である。

また，ある一部の情報だけで生徒を判断せずに，さまざまな価値基準から多面的に生徒を理解しようとする努力が必要である。そのためには，教員間の協力体制を整え，多くの場面で生徒の情報を得られるようにしておく必要がある。

③生徒指導の基本には，共感的な態度で生徒と接することがあげられる。生徒を見下ろすような立場からは，生徒を正確に把握し理解することは難しい。生徒との望ましい人間関係を構築した上で，ひとりの人間として接することが深い生徒理解にもつながるといえる。

④生徒を十分に理解した上で，次は生徒自身がしっかりと自己理解できる状況をつくることが大切である。生徒の自己理解の欠如は，十分な発達を阻害する。そのために生徒自身の発達課題を認識させることと，発展の可能性を最大限に広げるよう援助することが大切になる。自己受容を促し，自己理解を深め

させ，自己実現に向かって努力することができるような指導と援助をする必要がある。

▶問題行動への対応

　生徒のさまざまな問題行動が学校現場では見られるが，特に中学校から高等学校にかけて顕著になる傾向がある。それは，子どもの成長過程においてこの時期が最も身体的に発達する時期であり，それにともない精神的にも成長する時期だからである。さまざまなことに興味関心をもち，その行動範囲も大きくなる。興味関心から，主体的に行動するということは，将来において社会の成員として生活を営む上でも非常に重要なことであるが，それは，時として問題行動へとつながることもある。

　問題行動にはさまざまなものが考えられるが，すべてを学校内部で処理しようとすることは誤りである。その質によっては，警察や病院といった学校以外の関係諸機関の協力を求める必要がある。以下にその具体例を2点あげておく。

　① 喫　煙

　人体に多大な悪影響を与えるといわれるタバコの喫煙は，法律において未成年者に禁じられている。多くの場合は，興味本位から喫煙をする場合が多いため，初期の発見とその対応が大切だといえる。生徒に喫煙の害を充分に理解させ，仲間同士での喫煙も考えられるため，生徒の交友関係にも気をつけておく必要がある。特に，トイレなどで隠れて喫煙する例が多いことから，見回りをすることも肝心である。

　② 喧　嘩

　喧嘩は，校内，校外を問わず注意が必要であり，凶悪な暴力事件につながる可能性もあるので，深刻な場合は，警察などとの協力も必要である。また，怪我をした生徒がいる場合は，命に関わることもあるので病院との連絡を密にしておくことが大切である。同時に家庭への連絡も重要である。

　家出，自殺など専門家の援助が必要な場合は，学校外部の援助機関をリスト化し，緊急の場合はすべての教職員が即座に対応できるように準備しておくことも重要といえる。

　また，同様の事例に対処するためにマニュアル化することも大切である。そうすることで，一連の生徒指導の流れを整理することができるだけでなく，よりよい対処方法について考えることも可能になるのである。　　（高橋一夫）

[生徒指導⑬]
17 生徒指導の評価

Question: 生徒指導における評価とはどのようなものでしょうか

A

▶評価の目的

　学校教育において，評価がともなわない活動はないといっても過言ではない。教育活動が行われるということは，必ずそれにともなって評価が生じるということである。

　教育評価は，達成するために設定した目標と，児童・生徒の現状を照らし合わせ，児童・生徒が望ましい学習活動や発達をしているか，またその方向が誤っていないかなどを確認することを観点として価値判断するものである。その評価が適切に行われるためには，教育に関する諸法規，学習指導要領などや，それに基づく教育課程を十分に理解することが必要となる。その上で，計画的に評価を行うのである。

　また，評価は，教育の成果のみを対象とするものではない。設定した教育目標自体から，その目標達成をめざして行った実践に至るすべての過程が評価の対象となる。

　そして，重要なことは評価をすること自体が目的であってはならないということである。あくまで評価することから得られた結果を，指導改善のためにフィードバックすることが大切である。教育目標設定や教育計画の策定，目標達成のための具体的な実践方法の点検に活用することで，指導は新たに次の段階に進むことができるのである。

▶生徒指導の評価の現状

　生徒指導においても，評価を行うことは非常に重要である。しかし，生徒指導の評価には難しい部分も存在する。特に，教科学習についての評価のみが重視されてきた傾向にあることから，ガイダンスやカウンセリングといった指導・援助の教育指導に関する評価は難しいのが現状である。それは，生徒指導が，教科における評価のように単純に数値化できない性格の教育活動だからである。より良い生徒指導の評価をめざして，常に努力を図る必要があるといえ

る。

▷**生徒指導の評価の領域**

　生徒指導の評価の領域と対象は，児童・生徒だけに限定されるものではない。教師をはじめとする教育関係者，学校における管理体系，家庭・地域社会などの教育環境に至るまでである。つまり，生徒指導に直接的・間接的に関わるものといった，非常に広範囲がその対象となる。

　評価を分類すると，大きく4点あげることができる。それは，①児童・生徒に関する評価，②教職員に関する評価，③学校に関する評価，④教育環境に関する評価である。

　①に関しては，個々の児童・生徒の素質や性格，興味や関心，学力や体力などがあげられる。②については，教職員の適性や人格，学習指導の力量，教育観や人間観，身体的および精神的な健康などがあげられる。③には，学校における教育課程や，教職員の組織体系，教材や教具，PTAなどの諸活動などがあげられる。④は，家庭・学校・地域のもつ教育的な環境である。

▷**生徒指導の評価の機能**

　生徒指導の評価における具体的な機能として4点あり，それは①指導的機能，②学習的機能，③管理的機能，④研究的機能，である。

　まず，①の指導的機能とは，教員からの視点であり，生徒指導における指導計画の立案や，具体的な指導法などの改善に資するための評価である。

　次に，②の学習的機能とは，児童・生徒からの視点であり，児童・生徒自身が自らを評価したり，相互評価を行うことにより，自らの学習活動の改善に役立てる評価である。

　そして，③の管理的機能とは，教員が児童・生徒の選抜や進級の可否に利用するものであり，具体的には成績表の評価である。

　最後に，④の研究的機能とは，教員や学校の管理者だけが利用するのではなく，研究者や教育行政に関わる者が行うものであり，具体的には，文部科学省などの調査研究があげられる。

　以上の機能を踏まえた上で，生徒指導における評価を適切に行うことが肝要だといえる。

（高橋一夫）

[生徒指導⑭]

18 生徒指導上の諸問題

Question

生徒指導上の問題について教員として共通して留意すべき点とはどのようなものでしょうか。

A　学校の教育課程は中学校の場合は，学校教育法施行規則53条により教科，道徳，特別活動および総合的な学習の時間から編成することになっている。高校の場合は同57条により各教科に属する科目，特別活動および総合的な学習の時間から編成することとなっている。

　生徒指導というのは，上記の教育活動のすべてに必要なものである。さらに，今日の学校の現場では学校の教育活動かどうか，その境界が曖昧な問題でも生徒指導上の問題として教員は動かなければならないことが多い。たとえば生徒が家出をした，校外で万引き事件を起こした等の対応がそれである。したがって，生徒指導は学校内外を通じて必要な「生徒指導上の教育活動」になるのであるが，ここでは教科，道徳，総合的な学習の時間などの授業，または準授業といえる教育活動（本文では教科等と略す）での生徒指導については基本的な点を指摘するにとどめ，現在の学校で生じている生徒指導上の問題について共通して留意すべき点を解説する。

▶すべての教員に必要な生徒指導上の基本的課題

　生徒指導の基本は教科等での指導力を各教員がしっかり身につけていることである。これが生徒が教員を信頼する第一歩になる。生徒の言葉でいえば，「A先生の授業はよくわかる」「B先生は授業が上手だ」「C先生は質問にも丁寧に答えてもらえる」ということになる。その反対は「A先生の授業はさっぱりわからない」「B先生は授業が下手だ」「C先生は質問をしても適格な返事をしてもらえない」ということになる。これは教員としての基本的な資質能力になるが，なかなか難しい。地域や学年あるいはクラスにより生徒の状況が異なるためである。「生徒の現実を見て授業をする」一言でいえばこれだけのことであるが，それができれば生徒指導の基本はクリアしたと言える。しかし「言うは易し行うは難し」である。これについては教員としての日々の職務の中で研鑽する以外に方法はない。

▶**学校を忌避する生徒の指導**

　生徒指導の今日の学校での課題は，授業以前のさまざまな問題にどう取り組むかにある。その一つは学校からの忌避である。これは不登校生や高校の場合は中退生徒として表面化する。もう一つ授業からの忌避である。学校には来るが，授業に定着せず授業妨害等をする生徒の問題である。あるいは，授業をエスケープして地域社会で問題行動を起こすなどの場合である。

　前者の学校を忌避する生徒に対しては，専門医師の助言により治療を要する場合を除いては，教員は積極的に生徒に働きかける必要がある。多くの場合，生徒の時間的空間的な居場所はあっても精神的な居場所がないことが多い。教員は基礎的なカウンセリングの技法も学ぶと同時に学級集団に生徒が溶け込むことができるように援助する必要がある。この学校忌避は体育大会や文化祭などの学校行事をきっかけに発生することが多い。クラス担任は集団になじめない生徒に対して個別の援助をする必要がある。

　後者は授業を忌避する生徒の問題である。その原因は大きく２つに分かれる。一つは授業にまったくついていけない生徒である。中学生の場合は小学校の中学年程度の学力が定着していない場合に生じる。生徒は授業が理解できないし，集中もできないのである。それが，私語や授業妨害といった行動になる。高校生の場合は中学校の低学年の学力が定着していない場合が多い。それが中退として現れてくる。これらの生徒に対しては補習授業等の学力を取り戻す取り組みが必要になる。もう一つは学力もあり，授業も理解できるが，自分の進路に対して不安をもつ生徒の場合である。この生徒は自己理解が不十分な場合が多い。生徒の希望している進路先を聞き，それとの関係で具体的な方向も含めて個人指導を徹底することである。無理に学校に引き止めることではなくして，本人の希望する進路の理解も含めた相談活動が必要になる。

　以上は共通した生徒指導上の問題であるが，学校からの忌避のみでなく，社会的な逸脱行為も今日の中・高校生には目立つのである。これについては別項目で詳述するが，学校は社会的存在であるという視点はしっかり押さえて生徒指導にあたることが大切である。父母，地域，場合によっては警察など，外部の機関の協力も得て学校の教育活動は成立するのである。

（伊藤一雄）

[生徒指導⑮]

19 ホームルーム

Question

ホームルームの生徒指導で特に気をつけなければならない問題はどのようなものでしょうか。

A　ホームルーム（中学校の場合は学級，以下HRと略す）は学校の教育活動の基礎集団である。授業，文化祭，体育祭など，すべての教育活動の母体となるのはHRである。新採教員として初めて担任したHRの経験は，教員にとっていつまでも記憶に残るものである。HRは約40人の生徒の私的な問題も含めて日常的に生徒と接する仕事であるから，教科の指導以上に生徒との関わりが深い職務である。また生徒や父母の関心もある。毎年自分の担任は誰がなるのか，わが子の担任の教員は誰なのか，注目されるのである。

　生徒指導上の視点から，HRでの生徒指導上の重要な問題は何になるのだろうか。以下にその基本点を述べることにする。

▷ **集団指導と個別指導を組み合わせたHR指導**

　HRは生徒の基礎集団であるから，学校教育に関するさまざまな伝達はHR担任を通じて各生徒に伝わることになる。この伝達が不十分な場合，生徒の行動がばらばらになり集団の行動が統一したものにならない。一例をあげてみよう。ある中学校の学校行事で遠足が行われた。その学年は5学級あるのであるが，事前に生徒に連絡した集合時間と場所に全員遅れずに集まることのできた学級と，集合時間になってもクラスの1割以上が集まっていない学級があった。なぜこのようなことが起きるのであろうか。教員のなかにはすべてを生徒の責任にする者もいるが，他の学級と明らかな差ができるのは教員の指導が適切でないと理解しなければならない。

　HR担任の仕事の基本は学校の伝達事項を生徒に正確に伝えることである。これは集団指導である。40人の生徒に対して一斉に伝達事項を明確に伝えることがその仕事である。ところがそれだけでことたりとしていると前述のように指導から漏れる生徒が必ず発生する。担任したクラスのなかにはいろんな家庭の生徒がいる。夜の遅い職業で，登校時間に親は睡眠中である生徒などがいる。そ

のような場合には遠足の当日の朝に電話を一本入れるとか，日頃からよく物忘れする生徒に対しては，前日に本人を呼んで再度確認するなどである。これは個別指導である。この集団指導と個別指導を組み合わせた指導が担任には必要である。

▶ HR での生徒指導

HR 内では生徒同士のトラブルがよく生じる。これは「喧嘩」などのように表面化するものもあれば，「いじめ」などのように表出しない問題もある。

体の成長と心の発達がアンバランスとなる中学や高校生の間では，仲間同士でのトラブルはあるのが当然と見るべきである。問題はトラブルが発生した時に，どのようにそれを解決していくのかが重要なのである。そのためには，担任として生徒の行動には常に注意している必要がある。毎日の「短時間 HR」などでの生徒の表情を見ているとそれはよくわかる。「喧嘩」などのように表面化した問題は比較的対処が容易であり本人同士の理解が深まる場合もあるが，「いじめ」などのようになかなか顕在化しない問題もある。それでも生徒との雑談などのなかから，HR の雰囲気の微妙な変化をつかむことができる。これができるようになれば教員も一人前といえる。問題が発生したら，事実の確認が基本である。それが HR 内の生徒同士のもので，担任の指導の範囲で問題が解決できると判断した場合はそれでよい。

しかし，HR の範囲だけにとどまらず，他のクラスや他校の生徒などが関わっている問題もある。恐喝など金銭にからまる行為など社会的に逸脱した問題の場合は，学年主任，生徒指導主任，教頭，学校長に連絡をすると同時に協力を得て，加害と被害の事実関係の確認をする必要がある。その場合，指導期間は被害者に対する保護を徹底することが大切である。登下校，休憩時間が報復行為などの起きやすい時間である。そこで，担任教員や生徒指導の担当教員が被害生徒の保護を中心にした行動を一定期間する必要がある。この行為が問題に対する教員の姿勢を示すことになる。必要な場合は加害生徒に対して，学校長から登校停止を命じることもある。問題行動が成人の場合であれば犯罪に相当する行為については，警察の少年係などとの連携を密にして指導を深めることである。同時に，保護者に対して緊急の学年集会などを開き，情報を正確に伝え，理解と協力を求める必要がある。学校内で解決をと思っているうちに事態が拡大することも多い。問題の内容を隠さず親権者，地域の住民などにオープンにして，解決を図る姿勢が必要となる。

（伊藤一雄）

20 [生徒指導⑯] 生徒指導に関わる法規

Question: 生徒指導にはさまざまな法規に関わりますが，主にどのようなものがあるのでしょうか。

A

▶**教育全般に関する法規について**

　生徒指導に関わる法規にはさまざまなものがあるが，まず，教育全般について触れられているものとして「教育基本法」（法律第120号，2006〔平成18〕年）があげられる。この法律は，民主主義，平和主義といった日本国憲法の原則にそって，教育の目的，基本方針，学校教育や教育行政のあり方などを包括的に定めている。憲法に準じる法律とされ，学校教育法など教育に関する諸法令を基本的に方向づける法律である。

　その他の法規としては，「地方公務員法」（法律第261号，1950〔昭和25〕年），「教育公務員特例法」（法律第1号，1949〔昭和24〕年），「教育公務員特例法施行令」（政令第6号，1949〔昭和24〕年）があり，ここでは，公務員としての教員に関わる部分が定められている。また，少年犯罪に関する法律も生徒指導に深く関わる。2000（平成12）年に改正された「少年法」（法律第168号，1948〔昭和23〕年），をはじめ，「銃砲刀剣類所持等取締法」（法律第6号，1958〔昭和33〕年），「火薬類取締法」（法律第149号，1950〔昭和25〕年），「軽犯罪法」（法律第39号，1948〔昭和23〕年），「酒に酔つて公衆に迷惑をかける行為の防止等に関する法律」（法律第103号，1961〔昭和36〕年）などは教育現場においても確認しておく必要がある。

▶**学校全般に関する法規について**

　学校に注目した法規としては，まず「学校教育法」（法律第26号，1947〔昭和22〕年）があげられる。これは，日本国憲法や教育基本法の教育に関する基本方針をうけて，現行学校教育制度について定めているものである。また，関連して「学校教育法施行令」（政令第340号，1953〔昭和28〕年），「学校教育法施行規則」（文部省省令第11号，1947〔昭和22〕年）がある。なかでも「学校教育法施行規則」は，教育課程の編成・授業時数，教育課程の基準などが定められているため，教員採用試験にもよく出題されている。

それぞれの学校段階に注目した場合に重要なものは学習指導要領である。「幼稚園教育要領」（1998〔平成10〕年），「小学校学習指導要領」（1998〔平成10〕年），「中学校学習指導要領」（1998〔平成10〕年），「高等学校学習指導要領」（1999〔平成11〕年），「盲・聾・養護学校小学部・中学部学習指導要領」（1999〔平成11〕年），「盲・聾・養護学校高等部学習指導要領」（1999〔平成11〕年）であり，直接的な根拠は学校教育法施行規則の第25条などにある。

　学習指導要領については，昭和22年，26年，33年，43年，52年，平成元年，10年と改訂されおり，それぞれの変更点を整理しておく必要があるといえる。特に，昭和33年度版学習指導要領から，法的拘束力を有するようになったことは，教員採用試験でも頻出である。

▷**教職員免許に関する法規について**

　教職員免許状についての法令は，「教育職員免許法」（法律第147号，1949〔昭和24〕年），「教育職員免許法施行令」（政令第338号，1949〔昭和24〕年），「教育職員免許法施行規則」（文部省省令第26号，1954〔昭和29〕年），「教育職員免許法施行法」（法律第148号，1949〔昭和24〕年），「教育職員免許法施行法施行規則」（文部省省令第27号，1954〔昭和29〕年）がある。

▷**児童に関する法規について**

　児童に関しては，「児童憲章」（憲章，1951〔昭和26〕年）と，「児童の権利に関する条約」（条約第2号，1994〔平成6〕年）があげられる。「児童憲章」は，日本において，はじめて子どもの基本的人権を確認し，親や社会の義務として，子どもにとってよい環境を保障すること定めたものである（1951〔昭和26〕年5月5日「子どもの日」に制定）。この憲章には法的拘束力はないが，子どもの教育・福祉に関する法令や施策の策定指針になっている。

　また，「児童の権利に関する条約」は，第44回国連総会（1989〔平成元〕年11月20日）において採択され，日本は1990（平成2）年9月21日に署名，1994（平成6）年4月22日に批准した（効力は1994年5月22日から）。世界の多くの児童（18歳未満の者）が，置かれている状況を鑑み，世界的な観点から児童の人権の尊重，保護の促進をめざしたものである。

（高橋一夫）

[生徒指導⑰]

21 Question 生徒指導と問題行動

生徒の問題行動に対してどのように指導すればよいのでしょうか。

A

▶児童・生徒の問題行動と少年非行

児童・生徒の問題行動という場合の問題行動とはなにかを明確にしておく必要がある。そこで，問題行動の周辺概念である「少年非行」との違いを説明したい。一般に非行とは軽微な犯罪行為，反社会的，非道徳的な行為をさす。この用語は成人に対しても適用される。したがって，少年非行とは未成年の行った非行ということになる。わが国の少年法では少年非行を次のように3区分している。

(1) 犯罪少年…刑法および他の刑罰法令に触れる違法な行為をした14歳以上20歳未満の少年
(2) 触法少年…刑法および他の刑罰法令に触れる違法な行為をした14歳未満の少年
(3) 虞犯少年…(a)保護者の正当な監督に服さない性癖のあること。
(b)正当な理由がなく家庭に寄り付かないこと。
(c)犯罪性のある人，もしくは不道徳な人と交際し，またはいかがわしい場所に出入りすること。
(d)自己または他人の徳性を害する性癖があること。

問題行動とは，教育活動上で児童や生徒に指導・援助を必要とする行為であり，上記の少年非行も含んだ幅広い概念としてとらえられている。

▶児童・生徒の問題行動に対する指導方法

今日の学校で生じている問題行動は大別して2つに分けられる。

第1点は登校しない生徒の問題である。これは特定の授業や行事のエスケープのようなものから不登校までである。この問題は登校しない原因が，いじめや暴力行為の被害者として明らかである場合は，その原因を取り除く必要がある。この問題の解決は第2点で述べる問題行動の指導と基本的に同一である。それ以外の心理的な相談が必要な場合はカウンセラーや専門の医師の判断が必要と

なる。これについては教育相談の箇所を参照してほしい。

　第2点は，登校するが学校生活に定着しない生徒の問題である。この生徒の問題をどのように解決していくかが，わが国の多くの学校の教育課題である。

　この生徒の行動もよく見ると次のように区分できる。

(1)　登校はするが，授業に参加せず校内暴力，器物破壊など反社会的な行動に走る，あるいは授業や行事に出席はするが妨害をする。

(2)　授業には出席し妨害をするなどの行為はない。しかし，授業や質問に対する反応が全くない。授業には参加しないまたは参加できない。

　上記の2点に該当する生徒（以下問題生徒と略す）をどう学校生活に定着させるかが生徒指導上の課題である。

　まず(1)に相当する問題生徒であるが，学校とは集団生活の場であり，集団生活には必ず一定のルールがあることを全生徒に徹底する必要がある。そのために校則などがあるが，できるだけ簡素化して生徒が順守しやすいものにすることが大切である。少なくとも通常の学校生活が維持できない破壊的な行動に対しては，登校停止も含めた措置が必要である。一方で生徒がなぜ問題行動を起こすのかも考える必要がある。この少年たちが学校に定着できない最大の問題は授業内容が理解できていない点にある。小学校と異なり中学校になると教科ごとに教員も変わり，授業のスピードも早くなる。成長段階の生徒が理解できない話を我慢して聞くことは，なによりも辛いことだということを教員は知る必要がある。

　もう一点は問題生徒たちが自分の将来に不安を抱いている点である。これは進路指導と密接に関係する。授業が理解できない。成績が悪くなる。そのため将来の展望がもてない。生徒は短絡的にこう考えている。周囲の大人からもそのような情報が入ってくる。問題生徒が口にだせないこの悩みに対して，教員が人生の先輩としてどれだけ接していけるかが解決の鍵になる。個々の生徒の心にどれだけ迫れるかが大切なのである。

　この問題は(2)の授業には出席はするが参加しない生徒にも当てはまる。この生徒たちは表面上は学校に定着しているかのようにみえるが，その心には学校に対する不満が鬱積している。社会的な逸脱行為については厳しい措置をする一方で，各生徒の進路を見据え，授業内容の工夫などきめ細かい個人指導が生徒指導の基本である。

　　　　　　　　　　　　　　　　　　　　　　　　　　　（伊藤一雄）

[生徒指導⑱]

22 Question 学校教育に関する統計

学校教育に関わる統計資料は多いですが，そのなかで生徒指導に関する統計としてはどのようなものがあげられるでしょうか。

A ▶統計資料についての留意点

生徒指導に関する主な統計としては，文部省（現文部科学省）や警察庁の調べによるものがあげられる。

ただ，統計資料に関しては「過信」は禁物である。なぜなら多くの意味で統計の数字は，現実の「氷山の一角」である可能性を完全に否定することはできないからである。

すなわち，児童・生徒の問題行動のうち，いじめなどは，その事実が，本人のプライドや親など周囲の者に心配をかけたくないといった被害者の側の理由から，あるいは加害者の側の罪の意識から隠蔽され，潜在化しやすい性向を有している。

また，何をどういった状態をもっていじめとし，不登校とするのか，戦後の日本社会の「凶暴化」「凶悪化」を実証するとされる「主要刑法犯の増加」が意味するものの実際は何なのか，といった事象の定義とその統計上の数字との密接な相関関係に無配慮であることは現実を見誤ることにつながりかねない。

さらに，犯罪や非行などに関する統計では，これらに対する警察などの「取り締まり」あるいは社会に存する規範意識の強弱によってもその数字が左右されることとなる。いうまでもなく，それらが強まればその件数は増加するのである。

また加えて，児童・生徒の問題行動に関する統計においては，学校や教育委員会等が体面を考え，「教育的配慮」からその実数を過少報告することもないとはいい切れない。

これらの事由から，統計資料は，あくまで生徒指導をめぐる現状把握のための「参照」にとどめる姿勢が必要であろう。

図3のいじめの発生件数に関しても，個々に示されているものは，教師が認知しているものに限定されるのであり，その変化が実際の件数の減少を意味す

図3　いじめの発生件数の推移

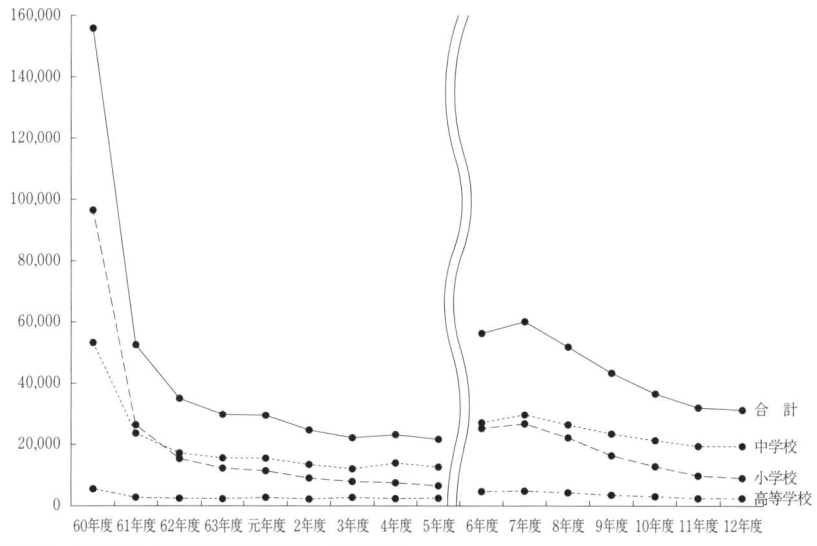

（出所）『平成13年　学校基本調査報告書』文部科学省。

図4　不登校児童生徒数の推移

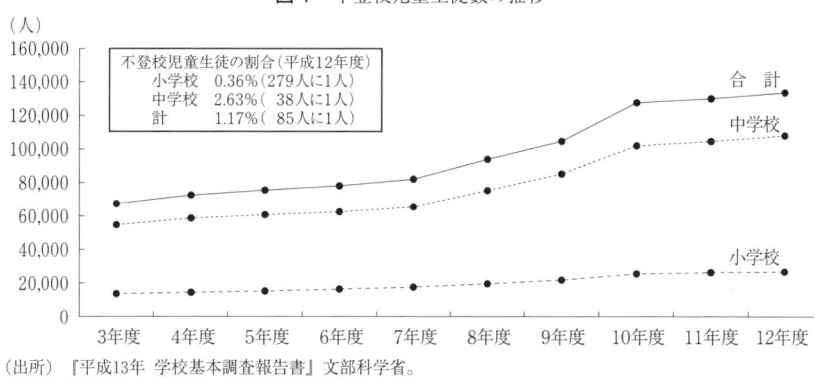

不登校児童生徒の割合（平成12年度）
　小学校　0.36％（279人に1人）
　中学校　2.63％（ 38人に1人）
　計　　　1.17％（ 85人に1人）

（出所）『平成13年　学校基本調査報告書』文部科学省。

るのか，あるいはいじめの巧妙化・潜在化を意味するのかは不明である。

　また，図4や資料1，資料2（後掲76ページ）においても，これらはすべて子どもたちの側の問題や事情だけでなく，その時代その社会の「学校観」や「教師観」が反映されていると解釈できる。すなわち，「学校は絶対に行かなければならないところ」「教師には必ず従うべき」などという従来の認識の「ゆらぎ」がそれぞれの数字に少なからず影響を及ぼすのである。（今西康裕）

45

23 [生徒指導⑲] 文部科学省通知

Question

生徒指導に関わる文部科学省通知として，どのような通知があるのでしょうか。

A ▶生徒指導全般に関する文部科学省通知について

　学校における生徒指導は，文部科学省からの通知や通達により統一のとれた指導がなされている。通知は，いわゆる文部科学省からの連絡事項である。それとは違い，通達は記されている事項に沿った指導を行わなければならないものである。通知のなかで生徒指導全般について触れられているものとしては，「児童生徒の問題行動等生徒指導上の諸問題に関する調査結果について」（1995年），「「児童の権利に関する条約」について」（1994年）などがある。また，「児童生徒の健全育成に向けた学校等と警察との連携の強化について」（1997年），「児童生徒の問題行動等への対応のための学校と関係機関との連携等について」（1998年）などは，専門機関との連携について述べられている重要なものである。

▶暴力行為に関する文部科学省通知について

　暴力行為について触れられているものは，「児童生徒の問題行動の防止について」（1978〔昭和53〕年），「児童生徒の非行の防止について」（1980〔昭和55〕年），「生徒の校内暴力等の非行の防止について」（1981〔昭和56〕年），「校内暴力等児童生徒の問題行動に対する指導の徹底について」（1983〔昭和58〕年），「児童生徒の問題行動に関する指導の充実について」（1985〔昭和60〕年），「青少年によるナイフ等を使用した事件に関する文部大臣緊急アピールについて」（1998〔平成10〕年），「児童生徒の問題行動への対応のための校内体制の整備等について」（1998〔平成10〕年）などがある。

　特に，「青少年によるナイフ等を使用した事件に関する文部大臣緊急アピールについて」は，ナイフを使用した暴力事件が続いたことを受けて出されたもので，重要な通知のひとつである。

▶いじめに関する文部科学省通知について

　いじめに関するものとしては，「児童生徒のいじめの問題に関する指導の充

実について」(1985〔昭和60〕年) をはじめとして,「いじめの問題に関する指導の徹底について」(1985〔昭和60〕年),「最近における「いじめ」等青少年の問題行動に関し当面とるべき措置について」(1985〔昭和60〕年),「いじめの問題について当面緊急に対応すべき点について」(1994〔平成6〕年),「深刻ないじめ問題への対応について」(1995〔平成7〕年),「いじめの問題の解決のために当面取るべき方策等について」(1995〔平成7〕年),「いじめの問題への取組の徹底等について」(1995〔平成7〕年),「いじめの問題に関する文部大臣緊急アピールについて」(1996〔平成8〕年),「いじめの問題に関する総合的な取組について」(1996〔平成8〕年) などがあげられる。

　また,いじめについては文部科学省通知だけでなく,臨時教育審議会や中央教育審議会の答申でも触れられており,その対応についての措置や留意事項が示されている。

▶**審議会の答申について**

　文部科学省におけるさまざまな審議会から重要な答申が多く出されている。すべての答申を列挙することはできないが,生徒指導にも関連して重要なものとしてあげるとすれば,次の2つの答申があげられるといえる。それは,第15期中央教育審議会・第1次答申「21世紀を展望した我が国の教育の在り方について」(1996〔平成8〕年7月19日) と,第16期中央教育審議会答申「新しい時代を拓く心を育てるために－次世代を育てる心を失う危機－(幼児期からの心の教育の在り方について)」(1998〔平成10〕年6月30日) である。

　第15期中央教育審議会の答申では,深刻な教育荒廃現象への早急な対応の必要性が述べられている。さまざまな教育改革が進むなかにおいて,依然として見られるいじめや不登校といった問題を解決するために新たな教育改革の構想について言及している。

　また,第16期中央教育審議会答申は,相次ぐ少年犯罪を背景にして,改めて幼児期からの心の教育の重要性を提言している。これからの社会において「生きる力」を育むことが何よりも大切であるとし,その「生きる力」を構成している自律的な学習態度と,豊かな人間性の獲得をめざす教育のあり方,家庭・学校・地域社会における課題を指摘しており,この答申から「心の問題」について急速に関心が高まったといえる。

(高橋一夫)

24 [進路指導①] 進路指導と職業指導

Question
学校では，一般的に進路指導というと進学指導と思われますが，いずれは社会で働くことから職業指導が重要になってきます。では進路指導のなかでどのようにとらえればよいでしょうか。

A

▷**進学指導と進路指導**

就職するための職業指導，進学するための進路指導ととらえがちであるが，さまざまな進路の選択肢の一つとして就職も進学もある。とくに高等学校においては，進学者の多い学校とそうでない学校との間で進路指導を行う場合，指導するポイントが大きく異なってくる。進学者の多い学校では，高校１年次に職業研究や将来何になりたいかというような生き方指導を，２年次にはなりたい自分を実現するために必要な学問や学部，学科を研究する学問研究指導を行い，高校３年次の受験指導につなげていくという体系的な進路指導を行っているところもあるが，まだ多くの場合偏差値を基準にした進学指導が中心となっている。

一方，就職者の多い学校では，就職を意識した職業観の育成が大きな課題となっており，職業指導に重点をおいた進路指導が行われている。しかし，いずれの場合も職に就くという前提で考えれば，社会の一員として仕事をしていくということを見据えた指導が必要であることはいうまでもない。具体的には，進学指導の場合においても単に将来なりたい自分のための学部，学科選びだけにとどまらず，めざす学部，学科での学問が希望する職業に直接結びつくのか，間接的な結びつきにしかならないのかという問題にまで踏み込んだり，あるいは専門職として思い描いているような仕事が実際にあるのかどうかなど，指導する側にとっても説明できるだけの知識の修得が必要となる。文献や座学での知識を得るだけでなく，実際に仕事の現場に出掛けていき，自らの目と身体で確かめることによりその仕事のもつ事業所内での役割や，社会との具体的な関係を知ることが必要になる。

▷**学校での職業指導の方法**

職業指導は，職業について直接学ぶ方法（例：特定の職業の社会人を招いて体験談を語ってもらう）もあるが，同じ職業であってもその事業所（個人事業

を含む）の規模，基盤とする地域，地元での人間関係などさまざまな要因によって大きな違いが生じる。このように社会では事業所と事業所との関係，社内外での人間関係など，目には見えにくいさまざまな社会的なつながりのなかで仕事が存在している。そのため，従業員が一人だけの個人的な企業であっても，取引上は組織対組織つまり企業対企業ということになる。したがって，職業指導を行う上で必要なことは，そのような社会に存在している基本的なルール，マナーなど知っていて当然とされる事柄を学ぶことからはじめる必要がある。それぞれの基本的なルールが仕事を通じて，どのように作用しあっているのかを事例を検証しながら模擬体験をすることが効果的である。

▶キャリアプランにつなげる進路指導

　経済のグローバル化により日本独特の雇用慣行（年功序列・終身雇用・企業別労働組合制度）は崩れ，働く側の意識も大きく変わってきている。事業所での雇用形態も正社員だけでなく，契約社員，派遣社員の割合も増加傾向にあり，その役割も正社員と同程度の重みをもたせるところもある。グローバル化は，直接海外との競争と無関係に思える事業所にとっても，利益を常にあげるという企業本来の目的に照らし合わせた場合，部品の調達や提供するサービス，リスクの点などから世界中の企業が競争相手になってくる。そのような社会で自ら成長し，より良く生きていけるようにすることが進路指導の目的だと考えられる。指導はあくまでも直接的なものだけではなく，多くの選択肢があることを示さなければならない。卒業後の就職，結婚，子供の誕生など人生にはそれぞれ多くの出来事がある。また，仕事においても転属，転勤，リストラなどさまざまな岐路に立たされる。それゆえ，進路指導は進学や就職に向けての高校の3年間，大学院進学や就職に向けての大学の4年間というようなせまい範囲で考えるべきではない。人生の大きな流れのなかで，現在のステージから次のステージへアップしていくために，自分の財産（専門知識，人脈，実績など）をどのように増やし活用していくのかを自ら考えられるように色々な刺激を与え続けることが重要となる。

　キャリアプランは人生の地図にたとえることができる。目的地に到達する道は幾種類もある。どの道が自分に合っているのか決めるためには，さまざまな物の見方，考え方があることをまず気づかせることから進路指導は始まる。

　　　　　　　　　　　　　　　　　　　　　　　　　　（伊藤彰茂）

25 Question ［進路指導②］
進路指導主事と職業指導主事

中学校，高等学校には進路指導主事の制度が設けられていますが，その趣旨と職務とは，どのようなものでしょうか。

A

▶進路指導主事設置の目的

中学校および高等学校には学校教育法第52条の3および65条により，「進路指導主事を置くものとする」と定められている。また「進路指導主事は教諭をもってこれをあてること」となっている。

その職務は「校長の監督を受け，生徒の就職選択の指導その他の進路の指導に関する事項をつかさどり，当該事項について連絡調整及び指導助言に当たる」とされている。これは学校の校務組織上では主任職に相当するものである。現場では進路指導主任とか進路部長などの名称で呼ばれているところもある。

この進路指導主事の制度は1975（昭和50）年の文部省令第41号「学校教育法の一部を改正する省令」により主任職が制度化される以前から設けられていたが主任職として位置づけされることにより，学校内での立場も明確になった。

その歴史をみると，中学卒業後就職する生徒が多数であった1953（昭和28）年に文部省令第25号「学校教育法の一部を改正する省令」により職業指導主事として制度化されたのに始まる。そこでは「職業指導主事は教諭をもってこれにあてる。校長の監督を受け職業指導をつかさどる」と定められている。

当時の就職難の社会情勢のなかで，義務教育を修了しただけで就職する生徒のために職業指導を充実したいとする関係者の努力が実ったものである。この制度ができることにより，学校内での職業指導の指導者，責任者としての立場が明らかになった。その後，高校進学率の上昇にともない就職する生徒よりも進学する生徒が増加するにつれて，学校現場では就職指導と進学指導を統合して進路指導という呼称が広く用いられるようになってきた。1971（昭和46）年の文部省令で職業指導主事の名称が進路指導主事へと変更された。

▶進路指導主事の職務

2001（平成13）年の段階では高校進学率が97％を突破し，大学等への進学率も50％を超えようとしている。中学を卒業して就職する生徒は2％程度の少数

になった。また高校を卒業して就職する生徒も20％を割っている。こうした社会状況の下で進路指導の方向も高校進学や大学進学に焦点をあてたものになりやすい。また，具体的な生徒の進路をめぐってマスコミや父母の関心も深く，どうしても出口指導に焦点が向くことになる。

しかし，高校や大学に進学しても定着せず転部，転学科したり，中退する生徒，学生の増加や，就職しても数年以内に離転職する者も目立っている。フリーターや無職生徒の問題も社会問題として取り上げられるようになった。

それらのすべてが学校の責任ではないにしても学校での進路指導のあり方が，問われていることは確かである。

進路指導の目標は中学校では1998（平成10）年，高等学校では1999（平成11）年に告示された学習指導要領にはそれぞれ次のように記されている。

○中学校（学習指導要領第6.2.(4)）
　生徒が自らの生き方を考え，主体的に進路を選択できるよう学校の教育活動を通じ計画的組織的な進路指導を行うこと。
○高等学校（学習指導要領第6.5.(4)）
　生徒が自己の在り方生き方を考え，主体的に進路を選択できるよう学校の教育活動全体を通じ，計画的組織的な進路指導を行うこと。

進路指導は高校や大学に進学させることそのものが目的でなく，それは手段なのである。今日の学校では手段が目的化している場合が多く，生徒もそれに同調している。入学することが最終目標になっているのである。生徒や父母の希望する進路先に進めるように努力することは大切なことであるが，進路指導主事は，生徒が「自己のあり方生き方を考え，主体的に進路選択できるようにするために進路指導はある」ことを忘れてはならない。

そのために「進路指導の基本は生徒の自立をめざす教育活動である」ことを，念頭において，進路指導の職務を遂行する必要がある。自立は職業生活と密接に結びついている。この職業に関係する時間が，学校卒業後の生活時間のなかで多くを占める現実を理解させ，職業を通じて自己実現をめざす営みが大切であることを，学校教育を通じて浸透させる必要がある。

（伊藤一雄）

[進路指導③]

26 進路選択（自己理解と進路適性）

Question: 高等学校での進路指導や大学での就職指導では，将来のことを考えるにはまず自己理解を深めることが必要，とよくいわれますが，どのような意味があるのでしょうか。

A

▶ **自己理解の重要性**

最近では，大学の入試方法の多様化が進み，特に私立大学を中心に推薦入試やAO入試などさまざまな形式が取られている。そのため合否の判定は，大学進学の目的や学部を選んだ理由，将来の方向性など自己の特徴に基づいた小論文や面接での受け答えが基準になっている。一方，企業の採用活動においても学校名不問を掲げることにより，特定の学校への先入観を排除し応募者個人の資質を見ようとする企業が増加する傾向にある。採用方法としては，エントリーシートと呼ばれる小論文形式のものや，自己紹介書（自己PR，自己の特徴等）があり，自らの考え方を論理的にしかも相手にわかりやすく述べることが求められる。自分が記述した内容や面接での受け答えが，その場の思いつきのようなものでは相手の心に訴えることは到底できないからである。採用担当者は，必ず述べた意見の根拠を"なぜ""どうして"という「問い」によって深く追及してくる。質問される度に回答内容が変わるようでは一貫性を欠くことから，採用担当者の信頼を得ることができないからである。したがって，自分の意見が，これまでの自分の経験のなかのどこに根拠があるものなのかを整理し理解しておく必要がある。

▶ **進路選択のための自己理解**

自己理解のためにはまず自己分析をする必要がある。しかし，自己分析をした結果がすぐに進路選択に結びつくわけではない。自分の行動や物事に対する考え方，育ってきた環境，親や友人など多くの人々から受けた影響が現在の自分を形作っている。その一つひとつを振り返ることにより自分自身が歩いてきた道にはっきりとした方向性を見つけることができる。自己分析をしてそれを自己理解に結び付けるためには，自己分析シートや小学校，中学校，高等学校それぞれの時期に記憶に残っている出来事を記入する振り返りシートの活用などさまざまな方法が考えられる。いずれの方法も生きてきた自分の足跡をもう

一度さかのぼって一つずつ確かめる作業が基本となる。

　今日の自分は，昨日の自分がベースとなっており，明日の自分は今日の積み重ねの上にあるはずである。そのように積み重ねてきた自分の意見や考え方は，人生経験の浅い若年者であっても変わるものではない。ましてや目上の人や年長者にいわれたからといって，簡単に変わるものではない。それは生まれてから今日までの積み重ねた経験をベースにして作られているからに他ならない。自分の意見として述べる場合，その意見の根拠がきちんと整理された上でのことなのか，マニュアル本などに頼った結果なのかによって大きな違いが生じてくる。言葉の重みが違うのである。繰り返しになるが，自己理解を行う場合には必ず，「何故そう思ったのか」という根拠を考えることを忘れないで欲しい。そうすることにより，次にとるべき行動の理由が明確になるはずである。"あの時こうしたのはこういうことがあったからだ"とか，"こんな理由があって次にこうなったんだ"というように経験全体につながりがでてくる。その結果として，ぼんやりとしかわからなかった自分の姿が明らかになってくるはずである。つまり自分という樹の幹あるいは生きていくための基準が明確になってくるのである。したがって，進むべき進路の方向を自らの意志で選択することが容易になり，選択の結果を後悔することは決してないのである。

▷ **進路適性検査の活用**

　産業構造の変化とともに数多くの新しい職業が生まれてくる。職業によっては，その時代にあった形に変化したり，その時代の社会文化に沿った名称に変わったりするが，基本的にはこれまであった職業群のいずれかに属するものがほとんどである。VPI職業興味検査や職業レディネス・テストなどの適性検査は，その人が選択した職業に関わる心理的傾向の判断材料にもなるため進路選択の目安の一つとして有効である。ただし，適性検査は検査結果を得るだけで終わってしまっては何の意味もない。必ずその結果の意味，理由など個々にフォローをする必要がある。検査と，フォローのための解説，その2つがセットになっていることが大切である。(VPI：160の具体的な職業に対する興味・関心の有無により，6種の領域に対する強さを測定し，5領域の心理的傾向を把握するもの。職業レディネス：VPIと同じホランド理論によるもので職業内容の簡単な説明により興味・関心を問う，よりやさしい形式のもの。㈳雇用問題研究会資料より引用。)

（伊藤彰茂）

27 [進路指導④] 職業の定義と種類

職業の定義と種類はどのようになっているでしょうか。現代日本社会の職業はどのような特徴があるのでしょうか。

A ▷職業の定義と種類

職業という言葉は「職」という語と「業」という語の合成語である。「職」は官職の職，公職の職，職務の職であり，一つは庶民を監督，指導する公人としての務めの意味を示している。もう一つは職分の職であり，共同体あるいは社会の一員として果たさなければならない公的な人間の役割を示している。

さらにそれは天職の職であり，これは神の子としての人間が神により与えられた生来の才能を活かして神のために身を捧げるという内容を意味している。これに対し「業」は民業の業，稼業の業，生業の業であり庶民の私的な仕事，生きるための仕事，生活の手段としての仕事を意味を示している。

英語の場合も vocation, profession, calling などは職的な性格が強い言葉であるし，occupation, business, trade などは業的な性格の強い言葉である。

職業の種類は現在約3万種類あるといわれているが，何を基準に区分するかが問題となる。わが国の場合は国勢調査の調査項目として職業があげられている。2000年実施の国勢調査では大分類として，下の表1に示すように10項目，この大分類を81種類の中分類に，さらに中分類を364の小分類に分けて調査している。

これは個人の従事している仕事を，次に示す共通した項目に分類し配列したものである。

表1 職業の大分類（2000年実施の国勢調査の場合）

区分	職業	区分	職業
A	専門的・技術的職業従事者	B	管理的職業従事者
C	事務従事者	D	販売従事者
E	サービス職業従事者	F	保安職業従事者
G	農林漁業作業者	H	運輸・通信従事者
I	技能工・採掘・製造，建設作業者及び労務作業者	J	分類不能の職業

(1) 従事する仕事の形態
(2) 仕事を遂行するのに必要な知識，技術，技能の程度
(3) 仕事に必要な財貨や提供されるサービスの種類
(4) 仕事に使用する材料，道具，機械器具，設備などの種類
(5) 仕事に従事する場所
(6) 仕事を行う組織のなかで個人の果たす役割

　職業社会学者の尾高邦雄は，この職業を「個性の発揮，連帯の実現，生計の維持を目指す人間の継続的な行為様式であり，この3要件は互いに切り離しがたく関連する」と説明している。いいかえれば，人間は誰でも自分の得意とする才能や適性があり，それを現実の社会のなかで活かすことにより，生活の糧を得ている活動が職業ということになる。

▷現代日本社会の職業の特徴

　人間の労働は第1次産業が中心の社会では自然対象，第2次産業が中心の社会では物質対象，第3次産業中心の社会では人間対象の仕事が多くなる。

　日本の場合は，農林漁業を中心とする第1次産業中心の社会から1960～75年の第2次産業中心の社会になった高度成長期をはさんで，その後は販売，サービス，情報関連産業などの第3次産業中心の社会に変化してきている。

　つまり，現代の日本社会は圧倒的に人間を相手とする仕事に従事している人が多い社会である。自然対象の仕事は肉体労働が中心となるが，人間対象の労働は肉体的なエネルギーの消費よりも精神的エネルギーの消費の大きい労働である。精神的エネルギーの消費とは，神経を遣う仕事の割合が増加していることである。この精神的なエネルギーの消費の大きい社会では，家庭を第1の生活，職場を第2の生活とするならば，家庭と職場の間に第3の生活ともいえるものを介さない限り生命の循環サイクルが機能しないという問題も生じている。

　フランスの社会学者，ディマズィエは，余暇がかつての労働に代わり，それとの関連をもちながら生活のなかで重要な位置を占め，この機能を考えることなしには人間の職業生活を考えられないのが現代であると述べている。

（伊藤一雄）

28 [進路指導⑤] 職業教育とは

Question: 職業教育とはどのような教育のことでしょうか。産業教育，実業教育など類似語とどう違うのでしょうか。

A

▶職業教育の定義

職業教育というのは「私たちが生活している社会で職業活動を行うのに必要な知識，技術，技能，態度などを身につけるための教育である」として定義できる。問題となるのは職業活動に必要な必要な知識，技術，技能，態度の内容である。広くみれば，義務教育やその後の教育機関などで学習する教育内容はすべて職業活動に必要なものといえる。狭くみれば，特定の職務を実行するのに必要な知識，技術，技能，態度を習得するための教育ということになる。一般にすべての国民に共通の教育内容は普通教育，一般教育，共通教育といった用語が使用される。そして，職業教育という場合は，特定の職業活動に対してどの程度接近した教育内容なのかにより，広義の職業教育と狭義の職業教育に分けることができる。ただ，職業教育と普通教育は対立的に二分されるものでなく，連続したものとしてとらえ，特定の職業に対してどれだけ専門性や特殊性が深いかの程度で示すのである。学校教育の場合を中心にしてその全体像を示したのが下の図である。

図5 職業教育の概念図

名　　称		内　　容	具　体　例	
普 通 教 育		すべての職業に共通の内容 国民に共通の内容	高校で学習する国語，数学などの普通教科科目等	⇩ 連 続 す る ⇩
職業教育	広義の職業教育	特定の職業群に対応する内容 一般教育のやや特殊化専門化した内容	工業，商業など職業高校で習得する専門教科科目等	
	狭義の職業教育	特定の職業に対応する内容 広義の職業教育の特殊化専門化した内容	職業訓練機関や事業所での職業訓練等	

高等学校を例にとれば，普通科，専門学科などで共通して設けられている国語や数学などの教科内容は普通教育であり，工業高校や商業高校などの専門学科で学習する職業関係の教科内容は職業教育の範疇にあるといえる。工業高校

の電気科や機械科で学習する専門科目の教育がそれに当たる。この専門科目の場合も具体的な職業により接近するほど狭義の職業教育の範疇になるわけである。たとえば，工業高校の電気科で学習する工業基礎や工業数理といった専門科目は工業関係全体の職業活動に必要なものであり，広義の職業教育の内容である。一方，電気基礎，電気機器などといった科目は電気工学関係の職業活動全体に必要な内容のため，やや狭義の職業教育の範囲となる。さらに電気工事実習などの場合は電気工事という特定の職業に従事するのに必要な教育内容となり，狭義の職業教育としてみることができる。

▷職業教育の類似語との違い

職業教育の類似語にはいろいろあるが，よく用いられているものに産業教育がある。これは，1962（昭和37）年に制定された「産業教育振興法」の第2条で定義されたものである。この法律では「産業教育とは高等学校（盲，聾，養護学校高等部を含む），大学及び高等専門学校が生徒又は学生に対し，農業，工業，商業，水産，その他の産業に従事するために必要な知識，技能，及び態度を習得させる目的をもって行う教育（家庭科教育を含む）」となっている。

したがって産業教育とは法律で規定された用語であり，高等学校以上で実施されている職業教育に対する総称としてみることができる。専修学校での職業に関する教育は含まれていない。また実業教育という用語もあるが，これは1889年に制定された実業学校例により定められた法律用語である。これによると農業学校，工業学校，商業学校，実業補修学校を実業学校と定めている。この実業学校で行われた専門教育が実業教育である。山林，蚕糸，獣医，水産は農業学校に含まれ，徒弟学校は工業学校に含まれている。戦後の学制改革により，実業教育は産業教育と変わったが，産業教育には家庭科教育が含まれているが実業教育には含まれていない。実業教育は戦前の旧制度の実業学校でなされた男子のみを対象にした狭義の職業教育としてみなされ現在ではあまり使用されていない。

（伊藤一雄）

[進路指導⑥]

29 職業訓練施設

Question

中学、高校の新卒生を対象とした職業訓練施設（職業能力開発施設）にはどのようなものがあるのでしょうか。

A

▶職業訓練施設の種類

わが国の職業訓練は1958（昭和33）年に職業訓練法が施行され、初めて総合的な職業訓練制度が発足した。その後、産業構造の変化とともに何回かの改訂を経て、1988年に現在の職業能力開発推進法へと変革したものである。それにともない「職業訓練」という呼称も「職業能力開発」と変更された。

中学や高校の新卒生対象の職業能力開発機関には、大別して「公的な機関」と「民間の機関」がある。前者の「公的な機関」は職業能力開発法の趣旨を受け1999（平成11）年3月に公布された「雇用・能力開発機構法」に基づき設置された「雇用能力開発機構」による機関と、各都道府県立の職業能力開発機関とがある。この「雇用能力開発機構」は1995年の閣議決定に基づき、特殊法人の整理・合理化がなされるなかで旧雇用促進事業団などが改組され設けられたものである。後者の「民間の機関」の場合は企業内教育の訓練機関がそれに相当する。「民間の機関」の場合は各企業の従業員として採用された後に、企業内の機関で教育訓練を受けるものが多いので、ここでは新卒生を対象とした「公的な機関」に焦点を絞り解説することにしたい。

▶公的職業訓練機関

「雇用能力開発機構」の職業能力開発部門は次頁の表2のような組織になっている。その業務は大別して次の3点に整理できる。

(1) 雇用開発に関する業務

中小企業の雇用創出、人材確保の助成金支給などの業務を行う。

(2) 能力開発に関する業務

公共能力開発施設の設置運営、事業主などの行う職業訓練の援助、労働者の自発的な職業能力開発および向上に対する助成金の支給などの業務を行う。

表2 雇用・能力開発機構の設置した機関など（2001年8月現在）

	施　設　名	業　務　な　ど　の　概　略
1	都道府県センター 全国47ヵ所	各都道府県庁所在地に事務所を設置し，雇用に関する各種相談と援助業務を実施している。
2	職業能力開発総合大学校 全国で1校	職業能力開発のリーダー養成，調査・研究及び実践 技術者の育成（高度職業訓練）を行う機関である。 高校卒業者を対象とした長期課程（4年制）と一般大学の大学院に相当する研究課程（2年制）がある。 学生は新規高卒生のみでなく，現役の職業指導員や海外からの留学生などが在籍している。 職業能力開発のリーダー養成，調査・研究及び実践技術者の育成（高度職業訓練）を行う機関である。 高校卒業者を対象とした長期課程（4年制）と一般大学の大学院に相当する研究課程（1年）がある。 学生は新規高卒生のみでなく，現役の職業指導員や海外からの留学生などが在籍している。
3	職業能力開発大学校 全国で10校 （ポリテクカレッジ）	高校卒業者又は実務経験者に対し，高度な知識と技能・技術を兼備した実践技術者の養成を目的とした専門課程（2年制）と専門課程修了者にさらに高度な新分野の展開できる人材育成のための応用課程（2年制）が設置されている。
4	職業能力開発短期大学校 （ポリテクカレッジ） 全国で3校	高校卒業者又は実務経験その他これと同等以上の学力を有すると認められる者を対象に技術革新に対応できる高度な知識・技能を兼備した実践技術者を養成する。
5	職業能力開発センター 全国に60ヵ所	地域の職業能力開発センターである。主として離職者，在職者に対する各種の職業訓練を実施している。
	都道府県立の能力開発機関	新規中卒者，高卒者から中高年令層を対象にした職業能力の開発施設である。かつては職業訓練校と呼ばれていたが，現在では高等技術専門校等の名称で呼ばれている。

(3) その他

　勤労者の生活の安定をはかる財産形成への融資などの業務を行う。

　このうち，(2)が，職業能力開発に関する業務である。現在の高学歴志向の強い日本社会で，これらの職業開発能力機関は新卒生が実践的な知識，技術，技能を身につけることのできる貴重な場であるとしてとらえ，進路指導を行う必要がある。

（伊藤一雄）

[進路指導⑦]

30 職業適性

Question

職業適性の理論にはどのようなものがあるのでしょうか，進路指導の立場では，どのようにとらえるのでしょうか。

A 職業の選択においては，各人の生活している社会の産業構造，経済状況の変化などの外的条件により大きく左右される。具体的には求職者が求人者を上回れば就職難ということになるし，反対の場合は求人難ということになる。一方で，個人の立場からみれば，自分の能力や適性をできるだけ伸ばせる職業に従事したいとする気持ちは強い。問題となるのは能力と適性ということである。能力をものごとを成し得る力とすれば，個人の現段階の職務を遂行する力と潜在的な職務を遂行する力とに分類できる。職業適性の場合は，特定の職務を遂行するのに必要となる個人の能力や性格などを含めた資質をいう。進路指導においては，多くの学校で厚生労働省編の「一般職業適性検査」を利用している。これはどのような職業に対して被調査者に適性があるかに焦点をあてた検査である。

▷職業適性に関する理論

職業適性の理論は仙﨑武が，特性因子理論，精神分析（早期決定）理論，職業的発達理論の歴史的変遷について詳細に論及している。

特性因子理論の要旨は，個人はそれぞれ特性をもっている。職業にはそれぞれの特徴がある。この個人の特性に合致した特徴をもつ職業に従事した人は自分の職業に満足し適応するとする見方である。いいかえれば「適材適所論」であるといえる。絵を描くのが好きで上手な人が，絵を描く職業に従事すれば，その人は満足し，仕事に熱中し適応できるとした見方である。この理論は，今世紀の初頭にパーソンズ（Persons, F.）が提唱したものであり，現在でもその影響は強い。この理論は職務の内容が外から見えるものについては，一定の適合性はあるが，現代の日本社会のように，外部からその内容の見えない多くの職業についてはどうなのかという疑問が残る。また最初は嫌だと思っていた仕事が続けているうちに興味が湧き，天職と思えるようになったという場合もある。

この特性因子理論の問題点を克服する視点から生まれたのが精神分析理論である。この理論の主唱者はボーディン（Bordin, E. S.）である。彼は人間の行動に対する欲求や意識の基本は幼児期に形成されるとしている。その幼児期の欲求が成人になり，職業活動を通じて満たされることになれば，本人は欲求不満にならずに職業生活に適応できるが，その逆の場合は不適応を起こすというのである。この原初的で潜在的ともいえる欲求をどう発見するかが問題であるが，これを各種の心理検査を用いて行うのである。ボーディンは社会事業家，会計士（銀行員），鉛管工（水道工事業）の3職種について厳密な追跡調査を実施し，その理論の有用性を裏付けている。ボーディンと同様の立場に立つのがロー（Roe, A.）やホランド（Holland, J. L.）などである。その研究成果は現在の職業適性検査にも利用されている。問題になるのは幼児期の欲求の発見である。たとえ発見されても幼児期の原初的な欲求を過度に重視することが，人間の生涯発達の立場からみて問題はないのかという指摘もある。また，学校進路指導の立場からいえば，多くの生徒や学生に，厳密な心理検査ができるだけの人的条件が整うかという点も問題として残る。

▷ **現代につながる適性理論**

　特性因子理論も精神分析理論も職業適性の把握に対して多くの貢献をしてきたが，この二理論の問題点を克服する立場からさまざまな理論が生まれた。これを統一したのが職業的発達理論である。これは職業的同一理論，自己表現理論，意思決定理論，人格パーソナリティ理論などに分かれ，今日に至るが，基本はこの職業的発達理論である。その代表的研究者がスーパー（Super, D. E.）である。彼は職業的発達は人間が職業活動を通じて絶えず前進する継続的なプロセスであるとしている。職業には多くの共通の因子が含まれている。人間はある職業に従事するなかで，その職業活動での経験を通じて自己理解を深め，職務能力を発達させていくものとする立場がこの理論の特徴である。

　現代の日本社会のように職業の種類が多くあり，職業適性検査などを通じて一定の自己理解を深めながらも，職業選択の場面で焦点を絞りきれない生徒や学生に対してこの職業的発達理論は有効となる。それは職業に従事するなかで職務能力は発達し，自己理解も深まるという基本的な視点が押さえられているからである。

（伊藤一雄）

[進路指導⑧]

31 普通高校・専門高校・総合高校

Question: 普通高校・専門高校・総合高校のそれぞれは，どのように違っているのでしょうか。

A　学校教育法第41条は「中学校における教育の基礎の上に心身の発達に応じて高等普通教育及び専門教育を施す」と高校教育の目的を示している。高校教育の目的は理念的には，一つの学校教育体系の中で普通教育と専門教育の両方を行うことに特色がある。現在，高校には普通高校（普通科），専門高校（専門学科），総合高校（総合学科）があり，「学科」が置かれているが，目的からは総合制が本来の指向であったことがわかる。1960年代の高度経済成長期に一方では大学進学率の高まりに応じて普通科が新増設され，一方では産業界の要請から専門学科の職業教育化が進行した。これが大学進学のための普通高校と職業高校の分化と格差を生み，入学者選抜における偏差値による輪切りも重なって高校階層構造が成立した。現在もその構造は根強く残り，進学できない普通高校，就職できない専門高校，進路が見えにくい総合高校といった深刻な問題にもつながっている。

▶普通科（普通高校）

　高等学校の学科のうち，普通教育を主とする学科が普通科である。現在，全国の高校生の73％が普通科に在籍している。普通科の教育課程は高等学校学習指導要領にその基本方針が示されているが，基本的には国語，地理・歴史，公民，数学，理科，保健体育，芸術，外国語，家庭，情報（2003年度から）10教科と学校設定教科・科目を履修する。各教科の内容および標準単位数も示され，最終的には74単位以上を履修・修得することで卒業の認定が行われる。なお，1998年の法規改正にともなって普通科においては，学校設定科目および学校設定教科に関する科目に係る修得単位数は，合わせて20単位までを卒業単位数に含めることができることになった。この制度は，特に学外での実習や資格取得，ボランティア活動など「学校外の場における学修」を認定するものとして意義がある。

▷**専門学科（専門高校）**

　高等学校の学科のうち，専門教育を主とする学科が専門学科である。専門学科のうち農業に関する学科（農業科・園芸科・林業科・畜産科・農産製造科など：高校生の2.8％），工業に関する学科（機械科・電気科・工業化学科・土木科・建築科など：8.8％），商業に関する学科（商業科など：8.3％），家庭に関する学科（家政科・被服科・食物科など：1.7％），水産に関する学科（漁業科・水産製造科・水産増殖科など：0.3％），厚生に関する学科（衛生看護科など：0.5％），商船に関する学科（航海科・機関科など）は職業に直接関係する学科であり，高校生の23％が在籍している。専門学科にはそのほかに外国語に関する学科，美術に関する学科，音楽に関する学科もある。学習指導要領では，専門教育を主とする学科においては，専門教育に関する各教科・科目について，すべての生徒に履修させる単位数は25単位を下まわらないことが規定されている。一方，専門学科における普通科目は必履修科目として32単位が定められている。こうした特に職業に関係する専門学科における普通教科の重さは，専門教育を相対的に軽くすることにもつながりかねない。専門教育の意義と，一応の完成教育か進学準備教育かの位置づけが専門学科の存在自体も含めて問われている。

▷**総合学科（総合高校）**

　総合学科は，中央教育審議会（中教審）の第1次答申（1996年7月）を踏まえた教育改革プログラムの一環として，普通教育および専門教育を選択履修して総合的に学ぶ学科として1994年から発足した。全国に約100校あり，高校生の2％にあたる8万人が学んでいる。総合学科の特色は生徒が自分の進路希望や興味関心に応じて，自由に科目を選択してカリキュラムをつくることができることにある。また総合学科は学年による教育課程の区分を設けない単位制が原則であり，原則履修科目として「産業社会と人間」（原則入学学年で履修）「情報科学」「課題研究」の3科目（各2単位）が設定されている。総合学科では原則履修科目と専門教育科目を合わせて25単位以上設け，生徒の主体的な選択履修に対応することが学習指導要領に示されている。たとえば，東京都立晴海総合高校では系統的・体系的な学習を行うために2年次から情報システム，国際ビジネス，語学コミュニケーション，芸術・文化，自然科学，社会・経済の6つの系列が設定され，生徒は多彩な系列科目，自由選択科目を組み合わせて自分自身のカリキュラムを作っている。

　　　　　　　　　　　　　　　　　　　　　　　　　　　（長須正明）

[進路指導⑨]

32 単位制高校・定時制高校・通信制高校

Question

単位制高校・定時制高校・通信制高校のそれぞれはどのような学校なのでしょうか。

A

▶**単位制高校**

　単位制高校とは学年制をとらず，進級に必要な単位数を定めずに3年以上在籍して卒業に必要な単位を自由に選択させ，所定の単位数（現行では80単位，2003年から学年進行で実施される新高等学校指導要領では74単位）以上を修得すれば卒業を認める高校の課程で，2000年度には全国で332校ある。単位制高校は，臨時教育審議会（臨教審：1984年中曽根内閣の時に設立された教育改革を検討するための審議会）の第1次答申「個性重視の原則」（85年6月），第2次答申「生涯学習体系への移行」（86年4月），最終答申「変化への対応」（87年8月）の基本原則に基づく教育再編成の大きな流れに位置づけられるものであり，1988年4月に単位制高等学校教育規程を定めて制度化された。当初は通信制課程と定時制課程でスタートして，93年からは全日制課程にも制度が拡大された。従来の高校のシステムも原則的には単位制をとっているが，単位制高校のシステムは「学年制をとらない」ところにその運用上の大きな特色がある。このシステムは，高校中退の大きな原因の一つでもあった「進級不可」の際の進路変更を防ぐことがその主な目的である。また，単位制高校のうち定時制課程・通信制課程における聴講生として特定の科目を履修する「科目等履修生」の制度は生涯学習の機会を確保する意義もある。

▶**定時制高校**

　定時制高校は，もともとは勤労しながら学ぶ青少年に対して高校教育を保障する目的で設置された修業年限3年以上の課程であり，制度的にも教育内容の面でも全日制課程と区別がないというのがその理念であった。高校の修業年限は課程を問わず一律に3年が原則であったが，1950年に文部省は通達で定時制課程は勤労青少年を対象とするとの認識に立ち，全日制課程とまったく同等の教育を3年で行うのは困難があるとして修業年限を一律4年以上が妥当でとあるという見解を示した。その後基本的には現在に至るまで，定時制課程といえ

ば夜間定時制課程を指すことが多く，修業年限も4年のところが多い。しかし，高校進学率の上昇と高校新設，働きながら学ぶ生徒の減少と全日制高校中退者や不登校経験者の増加にともなって定時制課程の状況は大きく変わってきている。一方では履修形態の弾力化などの変化にともなって3年間で卒業に必要な単位の履修・修得が可能になったことから，1988年に修業年限は3年以上に改正された。

定時制課程は伝統的には夜間定時制が多数を占めていた。夜間定時制では午後4時以降生徒が登校し，給食の時間を挟んで1日4時間の授業と特別活動等を行い，午後10時を下校時刻とするタイムスケジュールが一般的である。最近は3年で卒業することも可能な昼間定時制，あるいは三部制・昼夜開講制の定時制課程も置かれるようになっている。新しい形態の定時制高校でもある東京都立桐ヶ丘高校では「意欲と熱意」を入学資格の第1にあげ，中学校における成績を問わず，面接と作文で入学者選抜を行っている。入学した生徒はⅠ部（午前），Ⅱ部（午後），Ⅲ部（夜間）のいずれかを選んで所属し，年間10単位まで他の部の授業を履修することができる。この他部履修制度などにより，完全学校5日制，前期・後期の2期制のシステムのもとで3年間で卒業が可能になっている。伝統的な夜間定時制課程の在籍者は減少傾向にあり，統廃合も行われつつあるが，多様な生徒の就学の機会を保障するという観点からは望ましいこととはいえない。

▶ **通信制高校**

通信制高校は，日常の学習におけるレポートの作成とスクーリング等を組み合わせた学習形態をとり，単位制を基本として生徒指導上学年制を採用することもある修業年限3年以上の課程である。レポートは，たとえば地歴・公民科では4通が1単位に相当するなど教科・科目によって学習指導要領に規定がある。クラス制は基本的になく，学年制をとっている場合でも進級規定は緩やかである。その他，登校が少なくても卒業可能である点や教務・生徒指導上の規定が比較的緩やかである点などが全日制課程や定時制課程と大きく異なる。通信制高校は全国に約120校あり，社会の動きを反映して生徒数は増加している。通信制課程は，歴史的には戦後になって正規の学校教育の課程に組み入れられたものであるが，今後の発展には注目する必要がある。

（長須正明）

[進路指導⑩]

33 専修学校とは

Question 専修学校とはどのような学校なのでしょうか。

A

▶専修学校とは

　専修学校は，基本的には各種学校を母体として1975年の学校教育法および関連法規等の改正によって制度化され，1976年から発足した学校である。この法規等改正では，学校教育法第83条に規定された各種学校のうち「職業もしくは実際生活に必要な能力を育成し，教養の向上を図ることを目的として学校教育に類する教育を行うもの」を専修学校とすることが定められた（同法第82条の2）。専修学校は1条校（小学校，中学校，高等学校，中等教育学校，大学，高等専門学校，盲学校，聾学校，養護学校及び幼稚園の学校教育法第1条に定められた「学校」）以外の教育機関で規模，組織，教育内容が一定の基準を満たすものであるといえる。一定の基準とは「修業年限が1年以上であること」，「年間授業時間数が800時間以上（夜間学科等では450時間以上）であること」，「教育を受ける者が常時40人以上であること」である。設置者に関しても国，地方公共団体，経済的基盤をもち・社会的信望があり・経営に必要な知識と経験がある法人または個人という規定がある。専修学校は文部科学大臣の定める諸基準に適合していることが求められ，設置や廃止を含む変更に関しては監督官庁の認可が必要である。現在専修学校は全国に約3500校あり，75万人余りの学生が在籍している。

▶専修学校の課程

　専修学校には「高等課程」「専門課程」「一般課程」の3つの課程がある。専修学校は各課程とも基本的に単位制をとらず，授業時数制をとっている。

　「一般課程」は，入学資格に関して規定がなく，基本的には誰でも入学可能である。各種学校に近いが「修業年限1年以上」（各種学校も基本的には1年以上であるが簡易なものは3カ月以上1年未満でもよい），「授業時数800時間以上」（各種学校は680時間以上）といった基準の差はある。全国では約4万7000人が在籍している（2001年度）。

「高等課程」は中学校卒業以上を入学資格とするもので，修業年限は1年，2年，3年それぞれの課程がある。高等課程を置く専修学校は「高等専修学校」と専称され，特に3年制の課程では，その卒業者に対して大学受験資格が付与されている学校もあり，その場合大学・短大・専修学校専門課程への進学が可能である。全国では約6万2000人が在籍している（2001年度）。

　「専門課程」は，高等学校・高等専修学校3年制卒業以上を入学資格とする課程である。専門課程を置く専修学校は「専門学校」と呼ばれている。全国では専修学校在籍者の約85％にあたる64万2000人が在籍している（2001年度）。

▷**専門学校**

　専門学校は制度発足以来，工業，農業，医療，衛生，教育・社会福祉，商業実務，服飾・家政，文化教養の8分野に分けられてきた。当初は大部分が1学校1専門課程であったので分野と専門課程はほぼ一致していたが，現在は1つの学校が異なる分野で複数の専門課程を設置するようになっている。

　修業年限は2年か3年がほとんどで，医療系では3年が普通である。工業系や芸術系では4年制の課程もある。年間授業時数に関しては，ほとんどの学校で年間1200時間以上の授業が行われている。また，専門学校は職業安定法に基づいて職業無料紹介事業を行うことが可能である。専門学校卒業者は，人事院規則に基づいて修業年限1年の課程では高卒4年修了の処遇，修業年限2年以上の課程では短大2年卒業と同等の処遇が受けられる。

　専門学校は，進学者が1987年に短大進学者数を上回って以来4年制大学に次ぐ進路になっており，割合では新規高卒者の約6人に1人が進学している。分野別では医療系，工業系，文化・教養系への進学者が多い。進学の動機は大学進学者とは異なり「専門的知識・技能の修得」「資格・検定等の取得」が多数を占める。なお，1995年3月から「修業年限2年以上，課程修了に必要な総授業時数1700時間以上」等の要件を満たす専門学校卒業生に「専門士」の称号が与えられることになった。さらに1998年6月の学校教育法等の改正により「専門士」の要件を満たす専門学校卒業者に4年制大学等への編入学資格が付与され，99年度から施行された。この制度により，毎年1万人近くが放送大学等に編入している。逆に大卒者の専門学校入学も全国では約6％（2万5000人あまり）を占め，増加の傾向にある。

（長須正明）

[進路指導⑪]

34 キャリアカウンセラー

Question: キャリアカウンセラーとは，どのような職務と制度なのでしょうか。

A

▶学校での相談活動の内容

学校で進路指導の実務を行う上で相談活動は基本的なものである。その内容を大別すると次のようになる。

(1) 生徒が自分の進路適性について理解を図るのを援助する。
(2) 生徒がさまざまな進路情報の活用と理解ができるよう指導・援助する。
(3) 生徒の望ましい職業観を育てる。
(4) 生徒が自己に適した進路先を決定できるよう援助する。
(5) 生徒が決定した進路先に適応できるよう援助する。

上記の指導・援助活動にはHRや学年全体を対象にした集団指導と個別の生徒を対象にした個別指導とがある。進路指導はその目的からして各生徒の個性適性を活かして行う必要がある。そのため個人指導が重要となり，その方法は相談活動を通じてなされる。問題となるのは相談者の知識，技術，技能である。学校には進路指導主事を置くこととされ，各学校ではベテランの教員を配置してはいるが，必ずしも相談活動の専門家ばかりではない。

そのため日本進路指導学会が中心となり設けられたのがキャリアカウンセラーの制度である。その趣旨は生徒，学生，成人のキャリアの方向づけや進路の選択・決定に助力し，キャリア発達を専門領域とするキャリアカウンセラーの育成である。その資格を定めることにより，進路指導における相談活動のキャリアアップを目的としている。現在のわが国には多くのカウンセラー資格があるが，生徒や学生の進路指導を対象とした資格では，この「日本進路指導学会認定キャリアカウンセラー（通称認定キャリアカウンセラー）」がよく知られている。

▶キャリアカウンセラーの資格

この制度は1992（平成4）年11月に発足した。認定資格の基準と手続きの概要は次頁表3に示す。「研修会参加部門」「実践」「教職免許関係」「研究活動」

表3 日本進路指導学会認定キャリアカウンセラー認定資格概要

領　域	内　　容	経　験	得点
A．研修会参加	1．日本進路指導学会研修会	1回	10
	2．文部省等の関係研修会	1回	20
B．実　　践	1．中学，高校の進路指導主事	1年	20
	2．相談機関でのカウンセリング経験	1年	20
C．教職免許関係	1．教育職員免許法の教職専門科目「生徒指導・教育相談・進路指導に関する科目（2単位）」	単位取得	10
	2．教育職員免許法の教職専門科目「職業指導（4単位）」	単位取得	20
	3．教育職員免許法「職業指導」	免許所有者	30
D．研究活動	1．著書（進路指導，カウンセリング関係）	1冊	30
	2．学術誌研究論文等（進路指導，カウンセリング関係）	1編	20
	3．学会口答発表（日本進路指導学会）	1回	10

（注）　1．その他本人の関係業績も配慮される。
　　　　2．2部門で100点以上の評点を取得すると面接試験の受験が可となる。
（出所）　日本進路指導学会認定キャリアカウンセラーの認定資格の基準と手続きより抜粋。
　　　　2002年4月1日現在のもので，現在改定作業が進められている。

の4領域の内の2領域において100点以上の特典を得られた者は「認定キャリアカウンセラー」の面接試験を受験することができる制度である。中学校や高校などの現場での進路指導の実務経験を重視している点に特徴がある。

　学校現場ではさまざまな相談活動が必要である。心理相談関係のカウンセラーが，主として学校生活に不適応を起こした生徒を対象とする場合が多いのに対して，進路相談というのはすべての生徒を対象に行うものである。そのためキャリアカウンセラーは一般的な相談技術に加えて，進路指導に関する豊富な知識と情報が必要になるという点に特徴がある。これからの学校に必要な人材といえる。

　　　　　　　　　　　　　　　　　　　　　　　　　（伊藤一雄）

[進路指導⑫]

35 Question フリーター

若者の間でフリーターという言葉が，職業の一つのように扱われていますが，社会ではどのような位置づけとなっているのでしょうか。

A

▶フリーター人口

　フリーターという言葉は，フリーアルバイターを略した，英語とドイツ語を組み合わせた和製造語である。フリーターとしてカウントされる年齢は15歳から34歳であり，その数はフリーターの定義（内閣府と厚生労働省では異なる）によって違ってくる。「平成17年度版労働経済白書」によるとフリーター数は213万人であり，「平成15年度版国民生活白書」によると417万人となっている。（数字の違いは，派遣・契約等を含めているかどうかという点によって異なっている）

　2005（平成17）年度の新卒者のうち，高校卒の33.0％，大学卒の26.3％がフリーターである。新卒者におけるフリーターの割合は，2003（平成15）年度までは，高校，大学とも増加傾向にあったが，2004（平成16）年度よりいずれも減少に転じている。

▶フリーターの状況

　フリーター増加傾向についてはさまざまな要因があるが，その一つに現代社会における仕事の変容があげられる。IT化を促進するためにも企業は仕事をマニュアル化，平準化してきた。それにより効率化し経費の削減（コストのかかる常用雇用者からアルバイトなどの非常用雇用への移行）につなげてきたのである。したがってフリーターは，平準化された部分の仕事を担うことになる。単純労働の積み重ねだけでは職業的能力を身につけることは難しく，定職に就く機会も少ないのが現状である。

▶フリーター志望への対応

　"これといった就職先が決まらなければフリーターでいい"から"とりあえずフリーターでお金を貯め自分のやりたいことを見つける"まで，事情によりフリーターのとらえ方もさまざまである。一般的には短期のアルバイトと同じであり，学生という身分の場合はアルバイトであり，そうでない場合はフリー

図6　フリーターの実態

●フリーターの卒業または中退時の就業状況

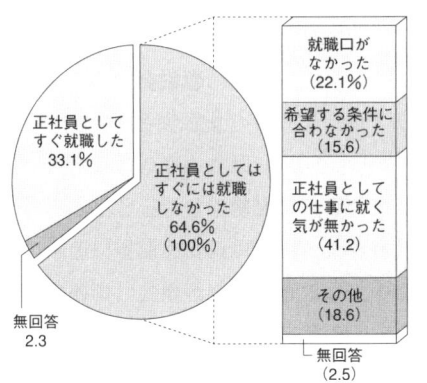

正社員としてすぐ就職した 33.1%
正社員としてはすぐには就職しなかった 64.6%（100%）
無回答 2.3

就職口がなかった（22.1）
希望する条件に合わなかった（15.6）
正社員としての仕事に就く気が無かった（41.2）
その他（18.6）
無回答（2.5）

●フリーターの類型化

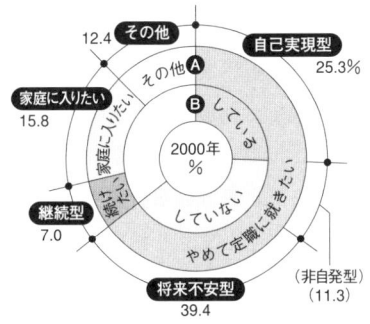

その他 12.4
自己実現型 25.3%
家庭に入りたい 15.8
継続型 7.0
将来不安型 39.4
（非自発型）（11.3）

2000年 %

Ⓐ 今後の職業生活
Ⓑ 定職のための具体的な取り組み

（注）（　）内の数値は「正社員としてはすぐに就職しなかった」（64.6%）を100%としたときの内訳。
（資料）「アルバイターの就労等に関する調査（2000年）」㈱リクルートリサーチ。

ターという呼び方になる。最近ではフリーターを一つの職業として見る傾向がでてきた。「若者アルバイト実態調査」（リクルートフロムエー）によれば，将来についての考え方もフリーター男子の74％以上（女子は40％）が定職に就くことを望んでおり，いまの就業スタイルを続けたいという人は，男子で7％，女子で13％となっている。したがってフリーター志望の人に対する対応としては，"将来の目的が明確であれば当面は本人の希望するフリーターでいいのでは" とただ容認するだけでなく，フリーターの期間が，その後の就職活動にもたらすデメリットなど，社会からの厳しい目についても情報の提供をする必要がある。

　一方ではフリーターの増加が顕著になればなるほど，フリーター化が社会に与える影響についても考慮する必要がある。労働力人口に占めるフリーターの割合が10％近くまで増加すると予測される2010年を例にとると，所得税と住民税を合わせた税収入の損失が1712億円であるという試算結果がある（正社員30歳の税金は42万円，それがフリーターであれば2万2000円である）。厚生年金では，保険料収入の損失が6,909億円にもなる。これは，単にフリーター化が社会現象であるということで済まされる問題ではない。経済のグローバル化に対応するために行われているIT化や人件費の削減などによる効率的経営の一方で，次の世代へきちんとバトンタッチすべき社会保障や社会基盤の整備などに大きな影響を与えることになるのである。　　　　　　（伊藤彰茂）

[進路指導⑬]

36 インターンシップ

Question

インターンシップを体験することによって、スムーズに社会にでていくことができるといわれますが、日本におけるインターンシップの現状はどうなっているのでしょうか。

A

▶**日本におけるインターンシップ導入の経緯**

「インターンシップの推進にあたっての基本的な考え方」(文部省・通商産業省・労働省1997年9月18日)によると国際化・情報化の進展、産業構造の変化にともなって、企業内での能力主義の徹底など雇用慣行を取り巻く環境が急速に変わりつつあるとともに、求められる人材についても大きく変わってきている。こうした状況のなか、人材育成の核となる大学等においては、産業界のニーズに応える人材育成の観点もふまえ創造的人材の育成をめざして教育機能の強化に努めているが、その一環として産学連携による人材育成の一形態であるインターンシップが注目されている。

政府においても、インターンシップが高等教育における創造的人材育成に大きな意義を有するとともに、新規産業の創出等を通じた経済構造の改革にもつながるという観点から、「経済構造の変革と創造のための行動計画」(1997年5月16日閣議決定)および「教育改革プログラム」(1997年1月24日文部省)において、インターンシップを総合的に推進することとしている。

これ以降、全国的に導入に向けた動きが活発になっていくが、とくに中部地区においては中部通産局の指導のもとインターンシップ制度のモデルプロジェクトが1997年10月に発表された。

▶**インターンシップに対する考え方**

インターンシップは、一方では1997年に就職協定(大学側と企業側との就職、採用についての情報の開示や採用活動開始時期などの日程の取り決め)が廃止されたことにより一層推進されたといえる。

バブル崩壊後の長期にわたる不況の結果、それまで行っていた企業内研修(新規卒業者を採用し、社内あるいは社外での新人研修制度により職業人としての基礎教育を施すためのもの)にかける時間と費用が企業活動にとって負担となってきた。その結果、社会人としての基礎的教育の部分を大学側の責任と

して求めるようになってきたことがインターンシップ導入の下地となったのである。

多くの大学等では企業側の要請に応えるための仕組み作りを就職担当部署が引き受け，就職ガイダンスの一環として取り入れてきた。実際には，外部講師によるマナー研修や企業活動に関する講座（業界研究など）を開設してきた。しかしながら，不況の長期化とともに企業の採用基準がより厳格化され，即戦力としての能力保持を新卒者にも求めるようになってきた。

これまでの採用方法では，基礎能力を測るさまざまな試験や検査を課しても当たり外れが当然のように存在した。面接に時間を割いたとしても限りある時間内では求める人材であるのかどうかの判断は大変難しいのが現状である。

インターンシップは，一定期間実際に仕事を体験することから，仕事振りを通じて企業が求める人材であるか否かを判断するのは容易になる。学生側にとっても，座学だけではわからない実際の仕事の全体像を知ることにつながることから，就職のミスマッチ（現実と理想とのギャップを理由として入社後短期間で離職すること）を回避する手段にもなると期待されている。

▷**インターンシップの現状**

インターンシップは，依頼する側（大学等）にも，受け入れ側（企業等）にも多くの負担がかかっているのが現状である。依頼する側の問題点は，受け入れ先の確保，学生の選別，事前研修，リスク対策などであり，受け入れ側の問題点は，受け入れ人数枠，インターンシップのための社内での仕組み作り，単位認定に関する評価基準の策定など膨大なコストがかかることである。インターンシップの重要性は誰もが感じることであるが，産学協同教育という本来のあるべき姿になるためには多くの時間と地道な努力が必要である。

（伊藤彰茂）

[進路指導⑭]

37 進路保障

Question 進路保障とはなんでしょうか，その内容と具体的な業務はどのようなものでしょうか。

A ▷業績主義と属性主義

近代社会がそれ以前の社会とは異なっている条件の一つに職業選択の自由がある。これは，職業の選択が家柄や門地など，本人の能力や適性とは関係のない属性を中心に決定されていた時代から，本人の能力や適性など本人の業績によりなされる時代へ変ってきたことを意味する。この本人の業績を中心にものごとが決定される考え方を業績主義（Meritocracy）という。業績主義という用語はイギリスの社会学者ヤング（Young, M. D.）の造語である。彼は身分や門地などのように本人が「何であるか」により社会的な支配関係が確立していた時代，つまり貴族社会（Aristocracy）という用語に対比して本人が「何ができるか」の業績（merito）に重点をおく立場でこの言葉を使用した。現在では一般的にアリストクラシーを属性主義と呼んでいる。この属性主義から業績主義へと変化したのが近代社会である。歴史的に見て比較的早く，業績主義にもとづく競争試験が官吏の採用試験に導入されたのが，1870年の英国である。それまでの官吏の採用試験は有力者のコネや情実で採用されていた。そのため変化する時代に特権的で恩恵的な者がはばをきかせ，怠け者で無能なものが管理職の地位にあり，有能な若者が官吏になれないとの指摘がトレビアンノースコート報告書でなされたのである。

わが国においても竹内洋の研究によれば，1889（明治22）年の『試験及第法』という書物が当時のベストセラーになったという。そこではそれまで門閥登用であった高等文官試験（現在の国家公務員１種試験に相当する）が1891（明治24）年から文官試補見習規則となり，試験により才能のある人物が採用される「公平不偏の選択人法」になったと書かれているという。

現在のわが国においても，憲法14条に「すべて国民は法の下に平等であって，人種，信条，性別，社会的身分，門地により，政治的，経済的又は社会関係において，差別されない」とされ，さらに同12条に「何人も公共の福祉に反しな

い限り，居住，移転及び，職業選択の自由を有する」と明記されている。

この業績主義の立場に立って生徒の進学や就職などの進路の選考がなされているかを点検し，もしなされていないならば，それを是正していこうとする営みが進路保障である。

▷進路保障と統一用紙

進路保障の具体的な取り組みとして，就職選考時に提出する応募用紙がある。

これは現在は統一応募用紙として全国的に統一されたものになっているが，以前は各事業所により，就職試験の応募時に提出する書式の形式や記入内容がまちまちであった。そこには親の職業，収入，家庭環境，ひどいものになると自宅は持家か借家かなど，本人とは無関係の属性的な内容を記入させるものが多かった。とりわけ本籍地を記入させることが，同和地区の生徒を就職戦線から締め出すことになった。学校の成績や就職試験の成績も優秀で，人物的にも何の問題もない生徒が就職選考で不合格になる，という事例が西日本を中心に多くの府県で発生した。この就職に対する差別的な事情を少しでも改善したいと近畿地区の進路指導担当者が集まり，1966年から事業所指定の社用紙に属性的な内容に対しては未記入で提出することを申し合わせたのが統一応募用紙のさきがけとなった。その後1971（昭和46）年に近畿地区の就職応募用紙として属性的な内容の記入を排除した用紙が作成された。これは家庭的な事情で選考試験が不合格にされることのないように記入内容を統一したものである。さらに，1973（昭和48）年から全国的にほぼ統一した形式で応募用紙が決定された。1996（平成8）年度に一部書式が変更されたが，基本的には受験者が本人と関わりのない属性的な問題で就職選考から排除されないための改定であるという立場に変りはない（後掲資料3，4，77，78ページ参照）。ただ，統一用紙は選考段階でのものであり，具体的な採用試験，面接試験などでも差別的な問題が生じていないか点検する必要がある。

以上就職を中心にして述べてきたが，進学でも同様である。最近は大学などへの入試方法もさまざまな形態がとられるようになっているが，基本的な視点は明らかである。それは，生徒の責任として帰すことのできない属性的な問題で生徒の進路が左右されることは許されない，という立場にたって進路指導の業務を進めることである。これは学校長以下すべての教職員が理解を深める必要のある実践課題である。

（伊藤一雄）

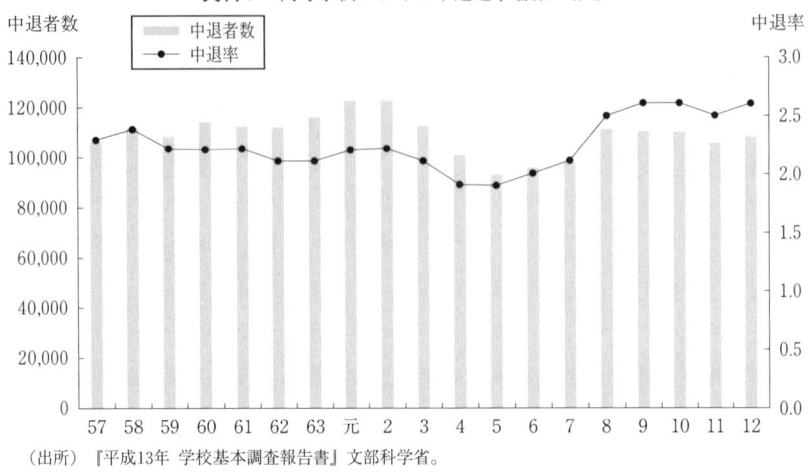

資料1 高等学校における中途退学者数の推移

(出所)『平成13年 学校基本調査報告書』文部科学省。

資料2 小学校の「荒れ」の実態

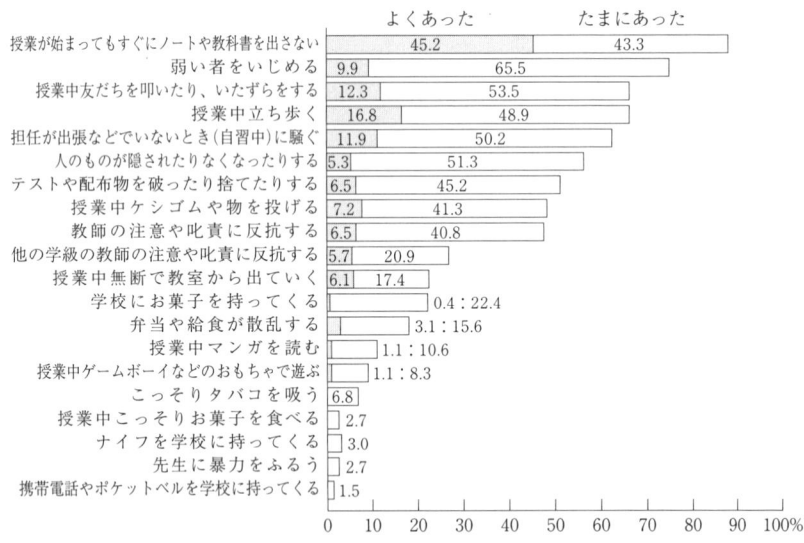

項目	よくあった	たまにあった
授業が始まってもすぐにノートや教科書を出さない	45.2	43.3
弱い者をいじめる	9.9	65.5
授業中友だちを叩いたり、いたずらをする	12.3	53.5
授業中立ち歩く	16.8	48.9
担任が出張などでいないとき(自習中)に騒ぐ	11.9	50.2
人のものが隠されたりなくなったりする	5.3	51.3
テストや配布物を破ったり捨てたりする	6.5	45.2
授業中ケシゴムや物を投げる	7.2	41.3
教師の注意や叱責に反抗する	6.5	40.8
他の学級の教師の注意や叱責に反抗する	5.7	20.9
授業中無断で教室から出ていく	6.1	17.4
学校にお菓子を持ってくる	0.4	22.4
弁当や給食が散乱する	3.1	15.6
授業中マンガを読む	1.1	10.6
授業中ゲームボーイなどのおもちゃで遊ぶ	1.1	8.3
こっそりタバコを吸う	6.8	
授業中こっそりお菓子を食べる	2.7	
ナイフを学校に持ってくる	3.0	
先生に暴力をふるう	2.7	
携帯電話やポケットベルを学校に持ってくる	1.5	

(出所)『平成13年 学校基本調査報告書』文部科学省。

資料3　全国統一応募用紙（書式１）

調　　査　　書

（応募書類その２）

ふりがな		性別	現住所	
氏　名	昭和　年　月　日生			
学校名			在学期間	平成　年　月 入学（第　学年）編入学・転入学
課程名	全・定・通	学科名　　科		平成　年　月 卒業・卒業見込

学　習　の　記　録

教科	科目	評定 1年	評定 2年	評定 3年	評定 4年	教科	科目	評定 1年	評定 2年	評定 3年	評定 4年

留学による修得単位数	1年	2年	3年	4年

特別活動の記録	

出席状況		1年	2年	3年	4年
	欠席日数				
	欠席の主な理由				

身　体　状　況

検査日・平成　年　月

身長	cm	視力	右（　）	聴力	右	備考	
体重	kg		左（　）		左		

（視力欄にA～Dが記入されている場合、A：1.0以上、B：1.0未満0.7以上、C：0.7未満0.3以上、D：0.3未満を表す）

本人の長所・推薦事由等	

記載者	印

上記の記載事項に誤りのないことを証明します。

平成　年　月　日

（所在地）〒

（学校名）

（校長名）　　　　印

全国高等学校統一用紙（文部省、労働省、全国高等学校長協会の協議により平成８年度改定）

資料4 全国統一応募用紙（書式2）

(応募書類その1)

履 歴 書

平成　年　月　日現在

ふりがな				
氏　名		印	性別	写真をはる位置 (30×40mm)
生年月日	昭和　年　月　日生（満　歳）			
ふりがな				
現住所	〒			
ふりがな				
連絡先	〒			（連絡先欄は現住所以外に連絡を希望する場合のみ記入すること）
保護者 氏　名				

		高等学校入学
学歴・職歴	平成　年　月	
	平成　年　月	
	平成　年　月	
	平成　年　月	
	平成　年　月	
	平成　年　月	

（職歴にはいわゆるアルバイトは含まない）

	取得年月日	資格等の名称
資格等		
趣味・特技	所属クラブ等	
志望の動機		
備考		

全国高等学校統一用紙（文部省、労働省、全国高等学校長協会の協議により平成8年度改定）

［生徒指導］

参考文献

大石勝男・森部英生編著『生徒指導の研究』亜紀書房，1992年。
上寺久雄編著『生徒指導（現代教育学5）』有信堂高文社，1982年。
桐田清秀『学校生活指導を考える』三学出版，2000年。
坂本昇一・神保信一・十束文男編著『生徒指導と生徒理解』ぎょうせい，1981年。
仙﨑武・渡辺三枝子・野々村新編著『生徒指導論』福村出版，1991年。
仙﨑武他編『入門生徒指導・相談』福村出版，2000年。
中谷彪・浪本勝年編著『現代の教育を考える』北樹出版，1999年。
菱村幸彦編『教職研修 創刊20周年記念増刊号 キーワード生徒指導』教育開発研究所，1993年。

［進路指導］

参考文献

伊藤一雄『職業と人間形成の社会学』法律文化社，1998年。
伊藤一雄他『専門高校の国際比較』法律文化社，2001年。
伊藤一雄他『教育指導の理論と実践』サンライズ出版，2002年。
尾崎邦雄『職業社会学』岩波書店，1941年。
柴野昌山他『教育社会学』有斐閣，1992年。
仙﨑武他『ガイダンス・カウンセリングで学校を変える』教育開発研究所，2002年。
仙﨑武『キーワード進路指導』東京精文社，2001年。
日本進路指導学会『進路指導辞典』ブレーン社，2000年。
日本進路指導協会『小学校・中学校・高等学校 新学習指導要領と進路指導の展開』東京研文社，1999年。
日本労働研究機構『新規高卒労働市場の変化と職業への移行』日本労働研究機構出版部，1998年。
日本労働研究機構『職業ハンドブック』日本労働研究機構出版部，1997年。

[教育相談①]

38 教育相談とは何か

Question

教育相談とはいったいどのような教育活動なのでしょうか。その意義、目的はなんでしょうか。また教育相談はどのようにあるべきでしょうか。

A

▶**教育相談の定義**

教育相談（educational counseling）とは、一人ひとりの児童・生徒の教育上の諸問題について、本人またはその親、教師などに、その望ましいあり方について助言指導することであり、個人のもつ悩みや困難の解決を援助することによって、その生活によく適応させ、人格の成長への援助をはかるものである（文部省編、1981）。

近年ではカウンセリングが一般的に認知されてきているため、教育相談というと問題や困難を抱えた児童・生徒に対してカウンセリングによって問題解決を図ったり、心のケアを行うことだと考える者が多いと思われる。もちろん、これも教育相談の重要な一側面であり、このような教育相談は各県の教育委員会や教育研究所附属の教育相談機関、また近年では各学校に配置されるようになったスクールカウンセラーによって行われている。歴史的に見ても教育相談はカウンセリングが中心であった。

しかしながら、本来教育相談にはそれ以外にもさまざまな活動が含まれる。たとえば担任教員が勉強方法がわからないという子どもの悩みに対して個別に指導を行うこと（学業相談）や、将来どのような進路に進んだら良いのかをともに考えること（進路指導）なども、「開発的教育相談」と呼ばれる教育相談活動である。またカウンセラーの行うカウンセリングは、すでに問題を抱えた子どもに対して心のケアとして行われる「治療的教育相談」であるが、たとえば不登校やいじめなどの問題が起こらないように教師が子どもたちに働きかけたり、それらの問題の前兆が見られた時点で問題が大きくなる前に子どものケアを行うことも「予防的教育相談」と呼ばれる重要な教育相談活動である。

▶**教育相談の対象は全ての児童・生徒である**

前述のことからわかるとおり、教育相談はただ問題を抱えた児童・生徒のみを対象とするのではなく、すべての児童・生徒を対象として行われるべき教育

活動である。子どもたちは誰でも成長の過程で多かれ少なかれさまざまな問題や悩みを経験し、それらを克服して成長していくものである。また子どもたちは一人ひとり個性的な存在であって、突き当たる問題も抱える悩みもそれぞれ異なっている。教育相談は、その目的である生活への適応と人格的な成長のために、すべての子どもたちを一人ひとり理解して、それぞれの問題や悩みに対して対応する教育活動なのである。教育相談が近年重視されているのは、その目的が子どもたちの人格の成長をめざすという教育の本来的な目的と合致するためであり、その目的のためには一人ひとりの子どもたちの成長を助けるという教育相談の姿勢が有用だからである。

▶ **教育相談における連携の重要性**

　教育相談の定義を読んでみると2つのことに気がつく。一つは教育相談の働きかけが「本人またはその親、教師などに」行うものだということである。もう一つは教育相談を行う主体が明示されていないことである。このことは教育相談のあり方を如実に示している。教育相談には、児童・生徒本人に働きかける活動だけではなく、問題を抱えた子どもの親と担任教員とが子どもへの対応を話し合ったり、子どもとの関係に悩む担任教員に同僚の教員が助言したり、不登校の子どもへの対処方法についてカウンセラーが学校で講演をしたりする働きかけも含まれるのである。教育相談とは、児童・生徒の生活への適応と人格の成長を助けるという目的のために行われるすべての活動であり、本人はもとよりその親や担任教員、カウンセラーなどが相互に働きかけあって行われるべき活動なのである。

　今、学校には不登校、いじめ、校内暴力、学級崩壊など、さまざまな問題が山積している。家庭の問題や学習に対する困難を抱えた児童・生徒も多い。そのような状況のなかで教育相談の役割はますます大きくなっている。今後教員は、カウンセリング・マインドのような子ども一人ひとりを理解しようとする姿勢をもつことを強く求められるだろう。また教員は、ひとり独立して子どもや子どもの問題に立ち向かうのではなく、上記のような教育相談のあり方を鑑みて、子どもの親や同僚教員、養護教諭やカウンセラーなどと連携して子どもの成長を援助することを心がけるべきであろう。

（杉浦　健）

39 [教育相談②]
教育相談と生徒指導の関係

Question: 教育相談は生徒指導の重要な一側面であると聞きます。それはなぜでしょうか。また両者の関係はどのようなものでしょうか。

▷教育相談は，生徒指導の重要な一側面である

生徒指導には，積極的な指導を行うことによって子どもの人格的な成長を導いていこうとする働きかけと，子どもたちの抱えた問題を理解し，それに対する援助を行うことによって問題の克服を助け，人格的成長を通して子どもを生活に適応させようとする働きかけとがある。働きかけの方法は異なるが，どちらも子どもたちの生活や社会への適応や人格の成長をめざして行われる教育活動である。

この生徒指導において教育相談が重要な一側面たりうるのは，生徒指導を行うにあたって教育相談的な考え方に基づく生徒理解が重要になってくるからである。たとえば不登校や引きこもりの子どもの日常生活を立て直し，学校や社会への適応を援助するためには，カウンセリングなどの教育相談的なアプローチを行うことによって子どもを理解したり，子どもの抱えた問題に対してケアすることが求められる。また，校内暴力やいじめ，非行などといった反社会的問題行動も，そのような問題行動を取る者は心に何らかの満たされない思いをもっていることが多く，やみくもに問題行動の悪さを指摘して矯正しようとするよりも，教育相談的なアプローチによって子どもがなぜそのような行動を取るのかを理解して，その気持ちを受け入れた上で指導を行うことが必要である。教育相談は生徒指導を成功に導く重要な方法なのである。

▷生徒指導のアプローチと教育相談的アプローチの矛盾

生徒指導と教育相談はともに子どもの生活への適応と人格的成長をめざす教育活動であるが，両者のアプローチはしばしば矛盾をはらんでいる。たとえば授業中に騒ぐ子どもにはそれなりの騒ぐ理由があるが，それを教員がじっくり聞いていたり，騒ぎたい気持ちはわかる，とそのままにしておいたら，授業はなりたたないだろう。教師は，授業中に騒ぐ生徒を指導・注意して，秩序を守らせる役割も果たさないといけないのである。またたとえば教師は，いじめる

子どもの鬱屈した気持ちをわかることも必要であるが，いじめは絶対的にいけないことであるということをいじめた子どもや他の子どもたちに対して明言し，厳しく指導する必要もある。氏原寛は，教師にはレフェリーとしての機能があると述べている（氏原寛・村山正治編，1998）。教師は，問題行動に対して悪いことは悪いと教えることで学校の秩序を保ったり，社会の常識を教えたりする役割と，問題行動をせざるをえない子どもの気持ちを理解するという2つの矛盾した役割を果たさなければならないのである。教師はカウンセリング的な役割を果たす必要はあるが，完全なカウンセラーの役割を果たすことはできないともいわれる。そうであるから，教員はただ自らがすべての役割を引き受けるばかりではなく，必要とあらば外部のカウンセラーやスクールカウンセラーとの役割の連携をめざすことも大切である。

▶ **自己指導能力育成のための教育相談の果たす役割**

生徒指導では積極的な指導を行うことで子どもたちを正しい方向へと導いていこうとする。問題行動に対しても悪いことは悪いときちんと伝え，その矯正をめざす。しかしながら生徒指導の最終目的は，教員などから注意されたからとか指導されたから行動を改めるということではなく，自らの行動を自ら律する，いわゆる自己指導能力を育成することである。たとえば，いじめをした生徒に対しても，ただいじめはいけないことだというだけでなく，自分がなぜいじめてしまうのか，いじめられる生徒がどれだけ傷つくかなどを理解させ，自らいじめはしないという気持ちを持たせることが大事である。

そのために教員は自らの価値観や社会の価値観を押しつけるだけではなく，子ども自身が自らの内面を見つめ，自分の行動の正否を理解できるよう援助することが必要である。さまざまな問題行動には子どもがそうせざるをえない理由がある。その理由は，寂しさの裏返しであったり，見捨てられ不安であったりするなど無意識的なものであることも多い。そのような子どもが自らの行動を意識的にコントロールするためには，教員やカウンセラーの教育相談的な働きかけによって，子ども自身がそれらの問題行動の背後にある無意識的な理由を意識化したり，自分の鬱屈した気持ちを受け入れられたと感じられることが必要である。生徒指導の最終目標である自己指導能力のためにも，教育相談は重要な役割を果たしているのである。

（杉浦　健）

[教育相談③]

Question 40 3つの教育相談活動

教育相談は，大きく，開発的教育相談，治療的教育相談，予防的教育相談に分けられると聞きました。それぞれどのような教育活動なのでしょうか。

A

▷開発的教育相談

開発的教育相談の中心は進路指導である。教育相談は歴史的には20世紀初頭のアメリカの進路指導運動と，同時期の精神分析から始まっており，進路指導は教育相談の源流といってもいいだろう。進路の問題は，生活への適応や人格の成長に大きく関わる問題であり，教育相談として非常に重要な活動である。しかしながら現実の進路指導は，偏差値に基づいて受験する高校や大学を決定することにとどまることが多い。教師はただ良い高校・大学にと指導するのではなく，子ども自身が自らの適性を把握し，将来を見通し，自ら進路を選択できるように援助することが重要であろう。

開発的教育相談には，勉強の遅れている子どもに対して個別指導を行ったり，勉強方法のコツを教えたりする学業相談も含まれる。これは教師の普段行っている教育活動であるが，それも子ども一人ひとりの成長を助ける教育相談の活動といえる。この開発的教育相談のあり方からもわかる通り，教育相談は，問題を抱えた特定の生徒に対しての活動ではなく，すべての児童・生徒に対して，日常的に行われる個性を伸ばすための教育活動である。

▷治療的教育相談

治療的教育相談はまた適応相談とも呼ばれる。適応相談は，さまざまな情緒的な問題を抱えた子どもに対して，問題の所在を明らかにし，治療的に関わることによって，問題解決と日常生活および社会生活への適応，さらには人格的成長をめざすものである。かつて不登校の者は，無理に学校に連れていかれるような「指導」を受けて，余計学校に行けなくなることもあった。しかしながら，今は不登校に対する理解も進み，多くの不登校は理屈や知的な話し合い，指導によって解決できる問題ではなく，心理的葛藤などの情緒的な問題を解決する必要があることがわかってきた。そのためカウンセリングを中心として治療的教育相談の役割が重視されるようになってきたのである。

治療的教育相談は主に不登校が対象ではあるが，また校内暴力やいじめ，非行などの反社会的行動を行う子どもも対象となる。彼らは心に満たされない思いをもっていることが多く，そのような行動をとる意味を理解しなくては問題行動はおさまらないことがわかってきており，生徒指導においても行動の矯正指導から行動の理解へと強調点が変わってきている。

　治療的教育相談は専門的な知識や技能が必要なことも多いため，教育相談機関のカウンセラーやスクールカウンセラーがその実施の中心となる。教師は，教育相談活動における自分の役割を正しく認識し，必要に応じてカウンセラーなどと連携することが求められる。

▷ **予防的教育相談**

　最近，教育相談活動で特に重視されているのが予防的教育相談である。予防的教育相談は文字通り，不登校やいじめなどさまざまな問題を予防するために行われる教育相談である。予防的教育相談では，普段から子ども一人ひとりを理解しておくことが最も重要である。たとえば，いじめが起こるようなクラスには，鬱屈した気持ちをもった者がいることが多い。「学級崩壊」でも同じである。たとえば，授業内容を全く理解できていないのに授業中無視されていたら，だれでも「キレ」たくなるだろう。もちろん，そういう子どもの気持ちをわがままだと無視したり，叱ったりもできるが，それではむしろ教員と子どもの関係が悪くなるだけである。そうではなく，子ども一人ひとりの気持ちを汲み取って，それをクラス作りや授業作りに生かすことが，結局はいじめや学級崩壊，不登校などの予防（時には解決策にも）になるのである。

　最近では，予防的教育相談は不登校やいじめが発現する原因を探り，学校を改革していく活動にも広がっている。たとえば1995年から臨床心理士がスクールカウンセラーとして学校に入るようになった。そこで重視されたのが，学校のコンサルテーションといって，教員を対象に事例研究会を開催して，不登校の生徒や問題行動を起こす生徒の心の理解を深めたり，チームを組んで不登校の子どもをサポートしたり，教員にアドバイスしたりする活動であった。そういう活動は，さまざまな問題行動に対する理解を深めるため，結果的に学校のあり方が次第に問題を予防できるように変わっていくのである。そのように学校を変えるのも，予防的教育相談の活動だといえよう。

（杉浦　健）

[教育相談④]

41 担任教員の行う教育相談

Question　教育相談において担任教員はどのような役割を果たしているのでしょうか。担任教員は教育相談をどのように行うべきなのでしょうか。

A

▶ 教育相談の最前線にいる担任教員

　教育相談とは，子どもを生活に適応させ，人格の成長を援助するすべての教育活動である。担任教員は子どもたちと接する時間を多くもち，また子どもたちとの距離も近いことから，教育相談活動の最前線にいるといえる。たとえば，担任教員は普段から子どもたちと接することによって，彼らの心の変化を理解できる立場にある。それによって急に元気が無くなったといった子どもの変化に早く気づくことができる。また仲間はずれやいじめなど，クラスのこじれてしまった人間関係の問題に迅速に対処できる。何よりも担任教員は，授業やホームルーム，学校行事，学級経営など日常の教育活動において，継続的に子どもたちの生活への適応と人格の成長を助けることができるのであり，教育相談において非常に重要な役割を果たしているといえる。

▶ 予防的教育相談の担い手としての担任教員

　担任教員として最も重要な教育相談の活動は学級経営であり，クラスをまとめて子どもたちをクラスに定着させることである。極端にいえば，子どもたちは学校に友だちに会いに来ているといっても過言ではない。担任教員は，クラスの雰囲気を良くし，子ども同士の交友関係を円滑にし，一人ひとりの子どもの居場所を作ることによって，いじめや不登校などの問題を予防する大きな役割を背負っている。またいじめや仲間はずれ，子ども同士のトラブルなどの問題が起こったとき，問題が大きくなる前にいち早く対策を取ることが求められる。ただし問題が起きたときには，ただ担任教員のみが対処するのではなく，他の教員や養護教諭，子どもの親，時にはカウンセラーなどと連携して，子どもに最も近い担任教員が中心として問題にあたることが必要である。

▶ 開発的教育相談の担い手としての担任教員

　開発的教育相談には学業相談や進路指導などが含まれるが，これらの中心的な担い手はやはり担任教員である。各学校には校務分掌として進路指導部が置

かれていることも多いが，そこでの仕事は主に資料の収集や提供であり，実際に生徒に対する進路指導はほとんど担任教員によって行われている。担任教員はホームルームでの働きかけや個人面談などで生徒自身に自分の興味や関心，適性を理解させ，生徒が自らの進路を自己決定できるように援助する必要がある。決して生徒の興味や関心を無視して偏差値によって進学する学校を振り分けるようなことはしてはならない。また生徒自身も自分の興味や適性を考えないまま，より良い高校，より良い大学をめざす傾向がある。担任教員は進路指導部とも連携して情報を集め，本当に生徒の興味や適性にあった進学先の情報を提供する必要があろう。

　学業相談がとくに重要になってくるのは，ほとんどの授業を担任教員が教える小学校であろう。どの子どもも本来的には勉強がわかるようになりたいと思っているはずである。しかしながら，どうしても勉強が遅れがちだったり，わからないまま放置されていたなら，その子どもは勉強嫌いになって，自分を成長させることができなくなってしまうだろう。また学校は多くの時間を勉強に費やしているのであり，勉強面でのつまずきは子どもの学校への適応を大きく妨げることになる。担任教員は子どものつまずきの原因を探り，授業を工夫したり，個別指導などを行って，子どものわかりたい，成長したいという気持ちを，実際に勉強がわかったという目に見える形で実現させることが必要であろう。

▷ **教育相談における授業の役割**

　必ずしも担任教員だけの仕事というわけではないが，授業は担任教員の行う教育相談において非常に重要な役割を果たしている。なぜなら授業のあり方はそのクラスのあり方に非常に大きな影響を与えるからである。たとえば授業がわからない子どもを無視して進んでいくとしたら，たとえば授業が教師の解説だけで進み，子ども一人ひとりの意見が活かされないようなものだったとしたら，クラスのあり方も仲間はずれが横行し，自分の考えを表明できない状況になってしまう可能性があるのである。とくに小学校ではそうである。当たり前のことであるが，担任教員はわかる喜びを感じられる授業や子どもが達成感を感じられる授業，一人ひとりが活かされる授業を行わなくてはならないのであり，そのような子どもの成長できる授業を行うことが担任教員として重要な教育相談活動なのである。

〈杉浦　健〉

[教育相談⑤]

42 教育相談における養護教諭の役割

Question
教育相談において養護教諭はどのような役割を果たしているのでしょうか。また教育相談では保健室の果たす役割が重視されていますが、それはなぜなのでしょうか。保健室の役割とは何でしょうか。

A ▷**保健室は癒しの場である**

　養護教諭と保健室は学校教育相談において非常に大きな役割をもっている。なぜなら養護教諭のいる保健室は学校において異質の場所だからである。学校というのは、基本的にはがんばる場所なのだが、保健室だけは休む場所なのである。いいかえるなら「癒しの場所」なのである。たとえば授業中の教室であったら、子どもが寝ていたら、たとえそれが精神的もしくは身体的に疲れていたためであったとしても「しっかり勉強しなさい」と怒られるが、保健室であったら「どこが悪いのか」といって大事にしてもらえるであろう。さまざまな理由でがんばれない子どもにとっては、保健室は学校での唯一の居場所なのである。だから、教室で精神的に疲労している子どもは保健室に行くことが多い。そういう子どもが保健室に行くときは、だるいとか、頭やおなかが痛いといって行くことが多い。また非常に些細なけがで頻繁に来室する子どももいる。このような内科的・身体的な傷病の訴えが心理的な問題を表していることは多く、おなかや頭が痛いといった訴えが不登校の兆しになっていることもよくあることである。養護教諭は子どもたちの訴えの原因が身体の問題なのか心の問題なのかを判断することが必要である。だが多くの場合、とくに小学生の場合などは心身の問題は両者を切り離して考えることは難しく、子どもの訴えに耳を傾け、心身両面からケアすることが必要である。

　癒しの場所としての保健室は、不登校から再登校までの緩衝地帯として機能することもある。不登校をしていて学校へ来られるようになった子どもは、ときに保健室に登校をして、学校に少しずつ慣れていき、だんだん教室に戻っていく。この保健室登校は、不登校の子どもが再登校するにあたって効果が広く認められてきている。養護教諭は担任と連携することによって子どもを学校に定着させる重要な役割を果たすのである。

▷**養護教諭のカウンセラー的役割**

　保健室はまた学校において唯一評価されない場所である。そのため教育相談係やスクールカウンセラーが配置されていない場合には，その学校において養護教諭が実質的にカウンセラーと同じ役割を果たしていることも多い。

　中学校や高校ではしばしば保健室に用も無いのに生徒がやってきてとりとめもない話をしていくことがある。時には雑談に混じって深刻な悩みを告白することもままある。このような役割を果たせるのも保健室や養護教諭が子どもを評価する立場にないからである。担任教員であれば，たとえどんなに生徒が信頼していたとしても，生徒から見ると担任は自分を評価する人間であり，自分の評価を下げるような話はしにくいであろう。養護教諭としては，自分のおかれたそのような立場を認識して，できるだけ子どもを評価せず，たとえ些細な雑談のように聞こえても子どもの話に耳を傾け，受け入れることが必要である。

▷**担任教員との連携**

　養護教諭が教育相談活動を行うにあたって，担任教員との連絡連携は非常に重要である。なぜなら養護教諭は子どもの心身面の訴えを敏感に感知できる立場にあるが，実際にクラスで子どものケアをするのは担任教員だからである。たとえば，保健室に来た子どもの症状がクラス内の人間関係の問題からきた心因性のものであったりしたときには，早急に担任に知らせて対策を練ってもらう必要があるだろう。腹痛や頭痛が学校への行き渋りの前兆であった場合には，クラスにおいて不登校にならないための心のケアや働きかけが必要であろう。また保健室登校の子どもの場合，両者の連絡連携の必要性はいうまでもないだろう。

　もう一つ担任との連絡連携が必要な理由は，「癒しの場」としての保健室が時に「さぼりの場」と認識され，養護教諭が甘やかしていると考えられる可能性があるからである。実際，保健室に入りびたる子どもには，本当に苦しい子もいれば，集団で授業をさぼって来る子もいる（時には単にさぼって来ているように見えて悩みを語る子もいるため判断が難しいのであるが）。養護教諭と担任教員が無用な対立をしないためにも，養護教諭としては，保健室に来る児童・生徒の動向などについて担任教員と情報を交換することが必要であろう。また担任教員は「癒しの場所」としての保健室の立場を認識し，養護教諭と役割分担して教育相談活動を行っていく必要があるといえよう。　　（杉浦　健）

[教育相談⑥]

43 カウンセリングの理論と技法

> カウンセリングという言葉をよく耳にしますが,具体的にはどのようなことをするのですか。

A 心理療法（psychotherapy）のなかには,絵や音楽などを介して治療を行う「芸術療法」や,ミニチュアの玩具と砂を入れた箱で作品を作ってもらう「箱庭療法」など言葉を介さずになされるものもあるが,それに対して言葉による話し合い中心で行う相談活動のことを「カウンセリング（counseling）」と呼んでいる。

どのような心理療法の立場にも,それぞれの人間観や治療観を体系化した理論と,それを背景にした具体的な心理的援助の方法としての技法がある。理論と技法は実に多く存在しているので,どれを選択すればよいのか迷うほどであるが,それは人間についての捉え方が実に多様であることを反映しているためであり,自然科学的な考え方とはまったく対照的なところである。

▷**カウンセリングでめざすもの**

援助を求めて来談する人をクライエント（client）と呼ぶが,どのようなカウンセリングでも,クライエントにはもともと治癒にむかおうとする自己治癒力を有しているということに信頼を置いている。カウンセリングの目的は,何らかの理由で発揮できなくなっているクライエントの自己治癒力を再び発揮できるよう援助することにある。しかしそこでの関係は,カウンセラーからクライエントへの一方向的なものではなく,あくまでも両者は同等の立場であり,相互的なやりとりをするのが基本である。

▷**カウンセリングの特徴**

それでは日常の人間関係との違いはどこにあるのであろうか。初対面にもかかわらずクライエントがカウンセラーにさほどためらわずに悩みを話せるのは,この関係が日常の人間関係のように流動的なものではなく,一定の役割に基づいた関係であることがクライエントに安心感を与えているからである（徳田,2000, p.117）。ある時はカウンセラー,ある時は友人という不安定な関係のなかでは,率直に悩みを話すことはできない。カウンセリングでは役割の他にも,

行われる時間や場所，料金といった治療の「枠組み」をあらかじめ確認し合う。「枠組み」があるということは一見不自由なように見えるが，実は双方の守りとなっているのである。そしてこれこそがカウンセリングの大きな特徴といえよう。このように守られた関係のなかで時間をかけて話し合うことにより，クライエントは新たな洞察を得て，自己治癒力を再び有効なものにしてゆくことが可能となるのである。

▷**クライエント中心療法**

　日本でカウンセリングというと，まずアメリカの心理療法家カール・ロジャーズ（Rogers, C.）のクライエント中心療法（client-centered therapy）があげられるであろう。ロジャーズはカウンセラーのとるべき基本的態度に関して①カウンセラーの純粋性（genuineness）あるいは自己一致（congruence），②無条件の肯定的配慮（unconditional positive regard），③共感的理解（empathic understanding）という3つの条件をあげている。①はカウンセラーがクライエントとの関係のなかで真実であること，つまり実際に行う行動や発言が心のなかで感じられていることとズレがないということである。②は「もし～だったら」という条件をつけずにクライエントのいうことにいつも配慮し，関心をもつことができるということである。③はクライエントの内的基準枠で物事を感じ取り，理解するということである。ところが河合隼雄（1970, p.104）がこの3つの条件を同時に満たすのは危険なことだと述べているように，現実にこの条件を満たすのは至難の技である。そこでカウンセラーは，まず自分自身をよく知るために自分が分析を受ける「教育分析」などの訓練を受け，さらに時間を区切るなどの「枠組み」に守られながらカウンセリングに臨む必要がでてくるのである。

　またクライエント中心療法は非指示的療法（non-directive therapy）とも呼ばれることがある。これは上述のようにカウンセラーが積極的傾聴に努めるという技法（後掲，108ページ，表4）を反映しての呼び名であり，非指示的とは決して消極的・受動的な態度を示すものではない（飯長，1983, p.13）。この態度は，カウンセリングではクライエント自身の成長へむかおうとする力を信頼・尊重するのであって，カウンセラーの役割はその援助者であり，決して指導者や監督者ではない，という考え方に基づいているのである。

（石谷みつる）

[教育相談⑦] 44 カウンセリング・マインド

Question 教育現場ではカウンセリング・マインドが必要だといわれます。カウンセリング・マインドとは何でしょうか。

A カウンセリング・マインドとは，学校教育現場などで教育や指導にあたるのに必要な，カウンセリングの基本的な態度や姿勢をさす和製英語である。日本におけるカウンセリングの基本といえば，Q.43で紹介されているロジャーズのクライエント中心療法の考え方がある。しかし実際にロジャーズの三原則を満たすのは，心理臨床の現場においてもかなりの訓練と経験が必要なので，これを学校現場で教育に携わりながら実行するのはほとんど不可能といってもよいであろう。

▶**教師とカウンセラーの違い**

カウンセリングはカウンセラーと相談者が1対1で関わるのが基本であり，そこでは受容するという態度がとられ個人は徹底的に尊重される。それに対して学校教育現場における教師の役割は，多数の生徒を同時に指導するためにある程度の厳しさが要求される。受容と厳しさは本来相容れにくいものである。それは，一人ひとりの個性を尊重する態度と，集団全体を統率する態度を両立させるのが難しいことからも明らかであろう。それゆえ教師とカウンセラーは，それぞれ各自の役割に徹する方が望ましいのである。

そうはいっても問題を抱えている生徒を目の当たりにした時などは，どうしてもカウンセリング的な対応が必要になってくる。しかし先に述べたように，教師が完璧なカウンセラー役割をとるという，いわば二足のわらじを履くようなことは，本来の教育現場における役割の質を低下させることにつながりかねない。そこで必要なのは，カウンセリング・マインドを活かしながら個人と集団の両方に目を向けることができるという，広い視野と柔軟な態度である。

▶**学校現場で活かすカウンセリング・マインド**

桑原知子（1999, p.51）はスクールカウンセラーとしての経験から，教室で活かすカウンセリング・マインドについて7つに分けて説明している（後掲，108ページ，表5参照）。これをみると，重要なポイントは1つに絞られると思わ

れる。それは,「どのような子どもの問題行動あるいはクラスのトラブルも,たまたま運悪く起こったのではなく,そうなる必然性があって起こったのだ」というように,トラブルの「意味」を考えるという姿勢をもつことである。

　このような物事の捉え方は,カウンセラーがクライエントの自己治癒力を信頼して治癒への伴侶をつとめるというあり方と共通している。カウンセリングでは,今現在クライエントはさまざまな厄介な問題を抱えて苦しんでいるが,それは新たな変化を迎えるための契機であり不可避のプロセスであると考え,その意味を考えていくことが重要な作業なのである。

　この考え方に親しんでいると,問題のある生徒（後掲,108ページ,図7-a）に対処する際に,目に付くところ,すなわち問題視されている部分を軽々しく削り取り（図7-b）,結果としてその子の個性を殺してしまうということはなくなる。カウンセリング・マインドを活かした対処ができる教師は,図7-c（後掲,108ページ）が示すように排除してしまいたい部分もひっくるめて意味を見出そうと努力できるはずである。そのような態度こそが一人ひとりの生徒を尊重する姿勢につながるといえよう。

（石谷みつる）

[教育相談⑧]

45 子どもの理解

Question

子どもの年齢によって,どのような特徴があるのですか。小学生,中学生,高校生の心理的な特徴は,どのようなものでしょうか。

A 「発達とは一人ひとり違っているもの」との認識を念頭においておく必要があるが,おおまかには以下のような道筋をたどる。

▷**児童期（小学生入学頃から高学年頃の時期）**

　この時期は第一次反抗期で母子関係が難しくなる幼児期や,これ以後の思春期に比べると比較的穏やかで安定しているといわれている。この時期の大きな特徴は,乳幼児期までの親子関係中心の人間関係に加えて,同年代の友人関係が徐々に生活のなかで大きな位置を占めるようになってくるということである。この時期の友人関係では,これ以前の平行遊びをする関係よりは一歩進んで,遊びや楽しみを行動レヴェルで共有するいわゆるギャング集団を形成するが,この変化の背景には,自他の視点の区別が可能となり,状況によって相手の気持ちを推測できるようになるという情緒面での発達がある（川原,2000,p.13）。

　また他にも社会的なスキルに関して,この時期に学ばなければならない課題がある。エリック・エリクソン（Erikson, E. H., 1982）は,人は人生の節目ごとに取り組まねばならない課題があるという理論を提唱した心理学者であるが,彼によると児童期の課題は,「勤勉性」を身につけることだという。勤勉性は,社会生活を営む上で必要な言葉を操る技術や数字を駆使する技術,あるいは集団生活のルールなどを獲得するために必要なものである。川原は,勤勉性を身につけるということは単に地道に努力するということだけではなく,「合理的,計画的,経済的に」物事を行うよう考えることができることでもあると述べている。このような現実に即した能力を身につけることによって,子どもは自分に対する自信を深め,能動的にさまざまなことに取り組むことができるようになっていくのである。

▷**思春期（小学校高学年頃から高校生頃までの時期）**

　思春期は身体的・生理的な変化が著しい時期である。第二次性徴の発現とともに,初潮の到来や精通の体験,性毛が生えたり骨格や肉付きが大人びるなど,

劇的といってもよいほどの変化を子どもたちは受け入れなければならない。抑えがたい性衝動は，得体の知れない異物として体験されるかもしれない。また，ただでさえ身体の変化は外面的に明らかなものであるということに加え，個人差も非常に大きいものであるから，子どもは友人らと比較した自分を否が応でも強く意識することになり，「自分とは何だろう」ということを深く考えることになる。先述のエリクソンは，思春期・青年期の課題として，大人としての「アイデンティティ」を確立することとしている。

また友人関係はますます生活の重要な部分を占めるようになり，質的には遊び仲間から，情緒的な支えとなり悩みが共有できるという精神的なつながりを求めての仲間へと変容していく。親子関係においては，心理的離乳が進むにつれて親を一人の人間として客観的に見る目ができてくるため，子どもは親に失望したり嫌悪感を抱いたりして不安定になりがちである。

とくに中学生頃のこの現象は非常に顕著であるため「第二次反抗期」と呼ばれる。この時期は，自分の内面をわかって欲しいという切望とともに内面を知られたくないという強い葛藤を抱きやすいということも特徴であるが，まだこの年代の子どもには，このような葛藤が「わけのわからないイライラ」「なんとなくしんどい」という形でしか体験されないことも多いようである。助けを求める気持ちが，場合によっては何らかの問題行動となって表現されることも珍しくない。

高校生になると行動範囲が拡大し社会と接する機会が増えるため，子どもは自分が大人になることを一層意識するようになる。進路選択や同性・異性の友人関係などに悩みながら，子どもはますます「自分とは何か」を考え，大人としてのアイデンティティを形成し自立にむけての準備を進める。自立が進むにつれて，親子関係における反抗的な態度は沈静化する。親子関係は新しく結びなおされ，子どもは親と穏やかな距離を保って接することが可能になっていくのである。

また忘れてはならないのは，思春期は心身ともに変化が大きいというだけでなく，その変化が急激に生じるという点だ。思春期に精神分裂病や摂食障害などの発症が多いのも，このことと深い関わりがあるので注意が必要である。

（石谷みつる）

46 [教育相談⑨] 不登校の心理とサポート

Question 不登校とはどのようなものなのですか。また、不登校の生徒への対応の仕方には、どのようなものがあるのでしょうか。

A

▷不登校の分類

菅野純（1995）は、不登校を「神経症タイプ」「無気力タイプ」「怠学・非行タイプ」の3つに分類している（後掲、109ページ、表6参照）。この他にも特に思春期にあたる中学生・高校生の不登校には、精神分裂病や妄想反応、各種神経症などの心の病が原因となって、二次的に不登校症状を出しているケースもある。このような不登校は「二次性の不登校」と呼ばれ、必ず病院などの専門機関にかかる必要があるので注意しなくてはならない。また、学校に行くよりも、大検や職人の道など、自分の選んだ進路をとるという「意図的な不登校」のケースもなかにはある。このように一口に不登校といっても、その背景にあるものはさまざまである。

実際に不登校の子どもの対処にあたるときには、改善すべき事柄がはっきりしているケースはよいのであるが、実際には原因らしいものが何も見つからないことがほとんどである。したがって原因を追究しようとしてもあまり役に立たない。まず大切なのは、子どもの人格は個々で異なり、それに加えて家庭環境などまで視野に入れると、不登校の背景はまさに千差万別であるということ、そして対処の仕方は一人ひとりで異なるものであるということを常に念頭においておくことである。

▷不登校現象の背景にあるもの

河合隼雄（1997）は、日本人の母性と父性に注目して不登校現象について分析を試みている。「母性」の機能はすべてのものを「包み込む」というものであり、それに対して「父性」の機能は物事を善と悪、黒と白というように「切断する」というものである。明らかに日本文化は母性社会である。戦前の家父長としての父親も、母性原理の遂行者としての強さしか持ち合わせていなかった。ところが戦後にアメリカは家父長制を廃止したため、日本の家庭には、元々弱かった「父性」の体現者は存在すらできなくなったのである。このため

子どもは家庭のなかで，母性の「包み込む」機能にどっぷりとつかることになり，自立するためにはそれと猛烈に戦わねばならなくなったのである。この戦いの一つのスタイルが「不登校」であると河合は述べている。不登校の経過中に子から親への家庭内暴力がひどくなるケースも珍しくないという事実も，この説を裏づけているように思われる。

その他にも，個性尊重の風潮が高まり，子どものなかにも「学校」という枠組みの中でははみだしてしまう者が出現した，とも考えられる。いずれにせよ，多くの不登校の子どもたちは自立するために一時的に「さなぎ」になって，何らかの必要な心の作業に取り組んでいるという見方ができるのである。

▶不登校への対応

不登校は親や教師にしてみれば非常に厄介なものであるが，子どもの多くは何年か遅れながらも普通の進路をたどるという，比較的予後の良い現象である。小学生ぐらいでは言語表現能力が未熟なため，腹痛や頭痛などの身体症状を出すことによって何らかの窮状のサインを出すことも多いのであろうが，それも含めて多くの子どもは自分が学校へ行けない理由がわかっていない。しかし心のどこかでは，親であれ教師であれ，自分に真剣に関わってくれることを願っているのである。そのためマニュアル通りの人間味を欠いた対応では，かえって事態を悪化させる危険性をはらんでいるのである。

では注意すべき点を，桑原知子（1999）の考え方を中心に，以下にいくつかあげてみよう。

・不登校のごく初期（1週間程度）には登校刺激を与えてもよい場合も多い。
・継続的に何らかの働きかけをする場合には，教師が無理なく最低1年間ほど続けられる方法をとる。途中放棄は見捨てられ感を与えるのみ。
・他の生徒に，当人に不登校のレッテルを貼るような発言はしない。
・焦って学校の話をしない。
・家庭訪問を行う時には必ずあらかじめ本人にその旨を伝えておき，「逃げる」という選択が可能なようにしておく（田嶌，2001）。

このように，「真剣な関わり」「子どもの人格の尊重」「時機の見極め」などを心がけることが，その後の良い展開につながるのである。

（石谷みつる）

[教育相談⑩]

47 いじめ・非行などの問題行動の心理とサポート

Question

いじめや非行などの問題行動の背景には、どのような子どもの心理があるのですか。また、対処するときにはどのようなことに配慮しなければならないのですか。

A ▶いじめについて

　いじめという現象は昔からあったものであるが、最近のいじめは陰湿化し程度もひどくなっている。人間は、集団の中で人格を無視され孤立すると、心は死んだも同然になってしまうので、事態は深刻だ。森田洋司ら（1994）は最近のいじめの特徴として6つをあげている（後掲、109ページ、表7参照）。

　河合隼雄（1997）は、陰湿化・激化しているいじめの要因を分析しているが、主な要因としてあげられているのは、日本の序列社会のなかで子どもにかけられる圧力のため、子どもがためこんでいる鬱積した感情である。個性重視の風潮が強まったとはいえ、日本は依然として他の子どもとの比較で自分の子どもを評価する傾向が強く、それが大人側のテストで高い点数や席次を取ることのみへの期待となり、さまざまな可能性を秘めた子どもに圧力をかけることになる。また日本人に特に顕著な「異質性を嫌う」という傾向も、特定の子ども（転校生、成績や身体的特徴のため目立つ子など）をいじめることにつながりやすいということも、多くの人が指摘するところである。

　またいじめは特に思春期に激化する。思春期の子どもは大人に悩みを話したがらないということも、この時期のいじめに歯止めをかけにくい要因となっている。河合は、思春期の子どもは何らかの「悪」を経験するものだとし、最近は少子化のため大人の目が子どもに行き届くようになったため、兄弟や同年代の子ども同士で身をもって「悪」を経験し限度を知るという体験学習が少なくなったのではないか、と述べている。目が届きすぎると、子どもは自分で衝動をコントロールする機会を奪われることにもなりかねない。また、親や教師などの異質性を排除する傾向も、知らず知らずのうちに、いじめを後押しする結果になっている場合が往々にしてある。

　いじめが人間性に深く結びついていることを考えると、規則や制度で抑えよ

うとしてもあまり効果は望めないであろう。いじめ問題に取り組む時には，まず大人自身が「悪いことは許さない」という厳しさを有し，その上で同じ厳しさで子どもの対処に臨むという姿勢が必要である。

▷**非行について**

　生島浩（1999）は，非行を3つの層にわけて考えている。1つ目は，派手な事件で世間を騒がす「突出した非行」である。この場合加害者の子どもはかなり特異なパーソナリティの持ち主であることが多く，いつの時代にもある程度存在していたものだ。

　2つ目は「時代の鏡としての非行」である。最近のこの層には「普通の子がいきなり非行に走る」というパターンの非行が相当する。生島はこのタイプの非行理解には，現代の青少年の心理的特徴をよくあらわしている「スチューデント・アパシー」の状態像が役立つと述べている（後掲，109ページ，表8）。この層の子どもは反省を求められても罪悪感に乏しく外罰的であり，刹那的な快楽を求め，他者の痛みがわからず，絶望感が生じるような現実を意識しないために悩むことができないという深刻な心理状態にあるのである。また，悩みを抱えられないため，短絡的で動機がわかりやすい問題行動に走るというのも特徴である。これは現代のいじめや不登校の問題にも共通する心理だと考えられる。

　3つ目はいわゆる伝統的な非行である「負因の集積としての非行」である。これは，家庭環境や生育歴が複雑であり，本人の知的能力も恵まれていない子どもが，小学校時代から問題行動を繰り返すというタイプの非行であり，状態像は基本的に昔から変わっていない。そしていつの時代にも一定の割合を占めるものである。

　このように見ていくと，現代の少年非行が凶悪化したという印象を与えるのは，2つ目の「時代の鏡としての非行」のためだと思われる。ごく普通に生活している子どもが，あるとき急に一転して非情な行為に走るので，あたかもすべての子どもが悪くなったかのように映るのではないだろうか。非行問題に対処する際には，こうした外罰的で内省に乏しい子どもたちが，自分の内面に目を向けられるようになるための援助が中心になる。ただし思春期の子ども特有の，「わかってほしいけど知られたくない」という複雑な心理をわきまえておかねば関係がこじれるので，思春期心性の理解に基づいた対応が望まれる。

〈石谷みつる〉

[教育相談⑪]

48 スクールカウンセラー

Question

スクールカウンセリング制度とはどのような経緯と目的で行われるようになったのでしょうか。

A

▶スクールカウンセリング制度の導入

　スクールカウンセラー制度は，1995（平成7）年から導入された。当初は「スクールカウンセラー活用調査研究事業」と呼ばれ，スクールカウンセラーを学校に配置することに意味があるかどうかを調査するための事業として開始された。最初その数は少なく，東京都（4校），島根県（2校），兵庫県（震災関連で16校）を除いて各都道府県で3校ずつ配置され，全国では154校であったが，活用の成果が報告されることにより年々実施校は増やされ，平成13年からは国の事業として制度化され，今後5カ年計画で全国のすべての公立中学校に配置されることが決定した。

▶だれがスクールカウンセラーになるのか

　事業開始当初は154校のうち，136校において文部省の外郭団体である，㈶日本臨床心理士資格認定協会から資格を与えられた，臨床心理士が活用されていた。臨床心理士以外では，大学の心理学の教授や精神科医であったが，現在ではほとんどが臨床心理士が行っている（ちなみに平成13年度，東京都におけるスクールカウンセラーは100％が臨床心理士）。

▶導入されたいきさつと目的

　導入の要因にはひとつには以前からあった，不登校児童・生徒の増加やいじめの深刻化が示すように，数字に現れる学校教育における「問題」が顕著になってきたことがあげられる。また，学校は外に向けて排他的な面が強く，保護者との間でも摩擦が生じやすく，社会からの学校批判も多くなってきていた。文部科学省はこれまでもこのような問題に取り組んではきたが，学校や教師の意識改革が十分に進んだとはいえず，旧態依然とした管理教育が行われ続けていたために問題は解決の方向には進まなかった。つまり，努力はされていても学校内部の教員組織だけでは意識の改革は困難だと判断したのである。実際問題としては，カウンセラーが配置された学校でも「協力して問題を解決しよ

う」というより、カウンセラーを「外部の人間」として排他的に扱ったり、不登校を「怠惰」の一言で片づけたり、いじめに対して威圧的に押さえ込んだりするだけで、問題の形成過程について児童・生徒の個人的な成長発達を見守り指導するということができていない学校や教師もまだまだ多いのが実状である。

　しかし、当然これら学校が抱える問題を、カウンセラーのみが一人で解決することが制度のねらいではないし、とてもカウンセラーひとりの力で成し遂げられるものでもない。外部の第三者であるカウンセラーが学校のなかで、教員と協力して児童・生徒の問題を解決する過程で教員が生徒を指導する力量を高め、生徒が進んで学校に行きたくなるような学校運営を営めるようにしようとすることがねらいなのである。このことは後の「コンサルテーション」のところで詳しく説明する。

▶これまでの学校教育の問題点とスクールカウンセラーの役割とは

　現在の教育は第二次世界大戦後アメリカの主導のもとになされた教育改革の延長上にある。その内容は大きく分けると、教科教育と生活指導（ガイダンス）の2つである。しかし、元来アメリカではこの生活指導は「訓育（disciplin）・現在の生徒指導という概念に相当するもの」と「教育相談（counceling）」の2本柱からなるものであったが、日本に輸入されたときには「教育相談（counceling）」が抜け落ち「訓育」のみに力が注がれたのである。昭和50年代に入り、学校は大変な荒れの時期を迎えた。そのときにカウンセリングに興味をもった教師がその手法で荒れに立ち向かったが「個」を大切にするカウンセリングは時間がかかるということで、結局は従来の「力で押さえ込む」指導が効を奏してしまい、カウンセリングの導入は後手に回ってしまったのである。つまり日本の教育はいまだに全体主義的な色合いを残したもので、クラスとして、学年として、学校として「良い」と社会的に評価されることが尊ばれており、「個」を尊ぶ土壌が育ってはいないのである。であるから、スクールカウンセラーの一番の役割は、一人ひとりの児童・生徒の「個性」を認めるという視点を教員の内に育てるということなのかも知れない。

（石田陽彦）

49 [教育相談⑫] スクールカウンセリングの実際

Question スクールカウンセラーの実際の仕事の内容はどのようなものでしょうか。

A

▶スクールカウンセラーの仕事とは

　スクールカウンセラーの仕事は他の職種と同じように「肩書どおりの仕事」だけではない。学校内での生徒に対する個人カウンセリングが最も重要な仕事であることは当然のことであるが、そのほかにも多くの仕事をこなしている。個人面接は、児童・生徒本人やその保護者が中心であるが、コンサルテーションといって、児童・生徒の担任と子どもたちについて話し合うことも多く、職員会議や学年会議、生徒指導の会議などにオブザーバーとして参加して、アドバイスをすることもある。いくつか代表的な例をあげて説明しよう。

▶不登校

　不登校生徒の場合、学校には来ていないわけであるから、個人カウンセリングはできないのは当然である。まれに、カウンセリングだけを学校に受けにくる不登校の生徒もいるが、ほとんどの不登校の生徒は学校に一歩でも足を踏み入れることを拒否する。そのため本人への働きかけのほとんどは家庭訪問になる。この場合、カウンセラーも一度は本人に会っておく必要があるから家庭訪問をすることもあるだろうが、家庭訪問は、多くは担任教員に任せている。その際いかに不登校生徒と向かい合うべきかなどについて教員に指導（コンサルテーション）するのである。ときには、ただ指導するだけではなく、受け持った担任教員の悩みなども聞き、教員自身が不登校生徒に対する理解を深めるような話し合い（カウンセリング）を行う。また、子どもが不登校に陥って悩んでいる保護者のコンサルテーションや、保護者の心理的な問題についてカウンセリングを行ったりもする。また、一般的には生徒管理が厳しい学校では不登校の数は増加する傾向にあるので、学校全体の問題として不登校の問題を扱うこともある。つまり、学校全体の指導方針にまでメスを入れるようなこともするのであるが、この場合はカウンセラーにかなりの力量がないと、カウンセ

ラーが教師集団から浮いてしまう結果になりかねない。

▷虞犯・非行

　非社会的行為をする生徒のことを虞犯少年，反社会的行為をする生徒のことを非行少年と呼ぶが，学校内で非・反社会的行為を繰り返す生徒に対してどのように接するかを職員会議等で教師と話し合うことは大変重要なことである。これまでスクールカウンセラーの仕事の大半は不登校といじめ対策であったが，今後はこの虞犯・非行問題に多くの時間が割かれるであろう。なぜなら虞犯・非行行為がエスカレートする背景には，今の硬直化した学校教育の現状が一因していると思われ，その解決のためにスクールカウンセラー制度が導入された経緯があるからである。未だに生徒指導に体罰が用いられたり，生徒の言い分を聞かずに教員側の正当性を押し付ける指導がなされている学校がまだまだ多く，生徒が「個」を認められていないと感じて反発し，教員の指導を無視することが多くなってくる。虞犯行為を力で押さえようとしてかえって「荒れ」がひどくなるのが今の現状なのである。生徒は管理しようとする教員には聞く耳をもたないので，カウンセラーが生徒の心情を聞き入れ教員との橋渡しをする必要がある。熟達したカウンセラーはこの辺りをうまく運べるのだが，若いカウンセラーの場合，あまりにも生徒寄りに位置し過ぎ，教員との関係に亀裂を生じてしまうこともあるので，注意が必要である。どちらの味方もしない代わりにどちらも否定しない「中立性」が必要になるのである。

▷精神疾患の発病

　思春期に入ると精神疾患に罹患する生徒もあらわれる。統合失調症（精神分裂病）の好発時期は16〜17歳といわれている。中学2・3年生で発病することもまれにある。しかし教員のほとんどは精神疾患の問題には素人である。そのため疾病で混乱し始めている生徒に対しても，生徒指導上の問題としてとらえて指導したり，心の問題（悩み）としてサポートしようとしたりして病状を悪化させたりしてしまうこともある。また疾病により不登校に陥っていても，不登校の問題として扱ってしまい関わりをもてなかったりしてしまうことも多いのである。疾病への対処は，教員の熱意と善意で解決できるものではない。カウンセラーでも簡単に扱える問題ではないが，少なくとも精神病理について教育されたカウンセラーは早く医療機関に繋ぐ術を知っている。

　　　　　　　　　　　　　　　　　　　　　　　　　　（石田陽彦）

[教育相談⑬]

50 Question コンサルテーション

> スクールカウンセラーは学校・教師との連携も必要になりますが、その連携(コンサルテーション)とは、どのようなものでしょうか。

A ▷コンサルテーションがスクールカウンセリングで重要な意味を占める理由

　学校で起こる児童・生徒たちの「問題」をカウンセラーが一人で抱え込むのはあまり良いことではない。生徒たちの問題は確かに個人的なものではあるが、学校という生徒の日常で起こったことであるから、単に生徒たちの問題としてではなく、「学校全体の問題」として関わっていく必要がある。つまり学校全体を1つのケーススタディーとしてとらえていく必要がある。そのように考えたとき、カウンセラーに何ができるのかが見えてくる。カウンセラーは週に1日か2日しか学校にはいない。生徒たちにとっては非日常的な立場にいるから、教員と同じような接し方はできない。このことが長所であり短所でもあるが、多角的な面から生徒の問題を客観視し、包括的にその問題に対処しマネージメントすることができるのである。本人はもとより、保護者、担任教員、生徒指導主任、養護教諭、校長とまでその「問題」について話し合い、それぞれの意識的な理解にとどまらず、本当はそれぞれが何を求めている(無意識に)がゆえに、このような事態を招いたか、などを知ることができるのである。また、スクールカウンセリングは神経症のカウンセリングのように治療行為に類似したものではない。まさに「育む」ことを目的としたものである。生徒を取り巻く大人たちが、いかに子どもを理解し、大人の都合で生徒たちの成長を阻害せずにすむかを考えなければならないのである。そのために、カウンセラーが中心となってその生徒を学校で、自宅で、地域社会で「生きやすく」してあげる話し合いをすることがコンサルテーションの意味なのである。

　そうしてこのような視点でコンサルテーションを続けていくことによって、関わった教師にも「一人ひとりの生徒に目を向ける」力が備わってくる。協力して生徒を「育む」力が備わってくる。そのような経験をした教員が、これまで紋切り型に管理的に生徒を指導していた立場から、徐々に他の教員にも影響

を与え，学校が生徒にとって少しずつ「生きやすい」場所になっていくのである。しかしこのような変化は一朝一夕に起こるものではない。教師集団の質にも関係するが，数年かかるのは仕方のないことであろうし，それだけ今の日本の学校社会は変化を受け入れることに抵抗を示す社会だともいえる。

▷ **守秘義務とコンサルテーション**

　カウンセラーは守秘義務を負っている。クライエントから聞き得た情報は他の人に伝えてはいけないのが原則である。スクールカウンセリングでも同様に守秘義務は課せられてはいるが，クリニックに訪れるケースとは違い，教員や他の生徒に直接関わらずしては解決しえない問題も多いのである。生徒本人が個人的な悩みでカウンセラーを訪れ「絶対だれにも話さないでほしい」と要求した場合，多くはだれにも話さずにおくが，なかにはカウンセラーだけが抱えておくだけですまない問題もある。例をあげてみよう。

　若い養護教諭が中学3年生の女子生徒のことで相談室に来室した。「どうも性病にかかったみたいなんです。本人は妊娠しているかもしれない，と言うのですが，このことは絶対に家族にも言わないでほしい，と言っていて……どうしたら良いものかと……彼女は学校で話せるのは私だけですし，家族との関係も悪くて……家族に話すのが当然の事だとも思うのですが，私が話したとなると，唯一ある『私』という大人との関係も切れてしまいそうで，保護者に話した後，彼女がどうなるかこわいんです……」。

　このようなケースは意外に多いものである。「そんなこと家族の責任でしょう」と当然のように言い放ってしまうのは簡単なことであるが，その後の女子生徒の傷つきを考えるとその先生が二の足を踏むのもわかる。「じゃあ，カウンセラーが間を取ってうまく話をしましょうか」というのも少し変な話である。その女子生徒はカウンセラーではなく「あなた」に話をしたこと，それは「あなた」を信頼してのことで，解決しなければならないことは何であるか女子生徒もわかっていてあなたを頼って来ていること，などを伝え，家族に話すことを勧めた。その女子生徒の信頼に応えるというのは，「話さないでおくこと」ではなく，話した後もしっかり守ってあげるように関わることなのである。その女子生徒が成長したときに，家族に話したことの意味が理解されれば良いのだから。

（石田陽彦）

[教育相談⑭]

51 外部との連携

Question: スクールカウンセラーは学校外部の諸機関と連携することもあるでしょうが，地域教育との関連はどのようなものでしょうか。

A ▷教育機関との連携

不登校児童・生徒の教育問題に関しては，本人が学校に来られないという理由のみで，これまではなおざりにされている感が強かった。公的には児童相談所や各都道府県に1カ所ある教育センターのみが対処してきたに過ぎず，不登校生徒の増加には対処しきれていなかった。それも週に1回カウンセリングに通うという程度のもので，当然彼らの生活に結びついたものではなかった。一方，不登校児童・生徒の保護者や元教師が中心になって，民間ではフリースクールが各地ででき始めている。また最近では「適応指導教室」が各県・市町村で組織化され始め，数的にはまだまだ少ないが，徐々に不登校児童・生徒の居場所が各地域に作られつつある。これらのどの機関を子どもたちの居場所にするかは，不登校の子どもたちのタイプによって異なるが，選択の幅が広がり，引きこもり続ける児童・生徒の数は減ってきているといえよう。筆者もある地域で行政の力を借り中学校付属の「適応指導教室」を開設したが，これまで学校に来られなかった子どもたちが，教室で同じ不登校の子どもたちと楽しそうに学習したり遊んだりする姿を見るにつけ，同年代の児童・生徒と過ごすことの大切さが実感される。小中学校は義務教育である。学校に来たくない子どもには教育をしない，のでは義務教育の理念に反するのである。すべての子に教育をというのであれば，逆にすべての子が公教育を受け入れられるような柔軟な学校作りが必要になってきているといえよう。ただ学校に来られないというだけで，その子のこれからの人生を断ってしまうようなことはあってはならないのである。

▷司法機関との関係

児童・生徒が犯罪を犯した場合14歳になるまでは児童相談所に，14歳を過ぎると家庭裁判所に送致される。学校に通う児童・生徒たちのなかにも引き起こした問題が重大で，保護施設に収容されたり，自立支援施設や少年院に入所し

たりする子どもたちもでてくる。司法の手に問題が移ったからといって，学校が子どもたちを見放すことは許されない。法的に児童相談所や家庭裁判所が下した判断を受け入れない訳にはいかないが，子どもの日常生活や行動を一番良く知っているのは保護者の次には学校の教師であり，それらの子どもの情報を客観的に判断できるのがスクールカウンセラーなのである。児童相談所や家庭裁判所にはスクールカウンセラーと同様に臨床心理学を学んだ職員が多くいる。子どもたちを「裁く」視点で見るのではなく「保護し，育む」視点で連絡を取り合い，いずれ学校に復帰するときに備えることが重要なことであろう。そのためには担任教員や保護者と，できる限り収容された施設に面会に行き関係を保っておく必要がある。そのような積み重ねの行為が本当に子どもの心を開き，子どもの心のなかに大人に対する信頼感を取り戻させるのである。当たり前の説教や美辞麗句が子どもたちを立ち直らせるのではない。

▷ **地域との協調**

残念なことに最近では「子どもは地域のなかで育つ」という言葉が，掛け声倒れになってしまっている。地域が子どもたちに無関心になってしまっているのであろうか，それとも誤った個人主義が広まり「わが家はわが家」になり，地域からの干渉を嫌うようになってしまったからであろうか。どちらともいい難い問題である。

実はスクールカウンセラーの草の根のような仕事はここでも見られるのである。問題のある児童・生徒の家庭訪問もそうであるが，もっと地域に働きかけるためのコンセンサス作りを学校とともに行い，行政（教育委員会だけでなく）の力を借り地域からも疎んぜられている子どもたちに，彼らが存在を発揮できる場所を作り出すこともそのひとつである。家庭でも学校でも地域でも，行く先々で外的評価だけではなく，自己評価を低めてしまうような生活を送らざるをえない子どもたちが精神的にも肉体的にも健全に生活をすることは難しいのである。それは彼らを大人にとって「良い子」に作り替えるのが目的ではない。彼らが少しでも自分を認められるようなチャンスを与えてあげられる場面を作ることなのである。そのあと彼らがどのような道を選択するかは彼ら次第なのであるが，このことが，スクールカウンセリングの最大の目標である「今，目の前での大人にとっての良い子作りではなく，自分にとっての良い子作り」なのである。

〔石田陽彦〕

表4 クライエント中心療法におけるカウンセラーの応答

感情の受容	「なるほど」「そうですか」などの応答をしながら聴き入る。
感情の反映(反射)	クライエントの話に含まれた感情を，カウンセラーが映し出して伝える。
繰り返し	クライエントの話のエッセンスをそのまま繰り返す。
感情の明確化	漠然とした感情を表明したとき，その感情を明らかにしてあげる。
承認－再保証	情緒的な支援，承認，強化を与える。
非指示的リード	もっと具体的に問題に立ち入って表明してもらったり，説明を求めたりする場合に，「もう少し話してくれませんか」などと言う。
フィードバック	クライエントの行動について，カウンセラーがどう見ているかを伝える。
自己開示	カウンセラーが自分の感情や考えを適切にクライエントに伝える。

(出所) 徳田（2000）を基に執筆者が作成。

表5 カウンセリング・マインドの実践例

①個性を殺さない教育	個性とは管理しにくく厄介なものであるため，管理しやすさや効率のよさを求めるあまり，生徒の個性を抹殺してしまわないよう配慮する。
②影の意味を知る	厄介者やうっとおしい生徒は，教師自身あるいはクラス全体が潜在的に持っている，認めたくない厄介な部分（＝影）を背負っている可能性がある。そういう生徒がいるからこそクラスはうまくいっているという心の持ちようが大切。
③価値の転換	一見不幸や厄介に思えること，あるいは何かと下手な子やダメな子も，プラス方向への可能性を秘めているとの発想転換。または逆に，今は良いことがマイナス方向への可能性を秘めているという発想転換。
④ Being と Doing	どんなに手のかかる生徒も，取り立てて何かする（Doing）わけではないが，そこに存在（Being）するだけで意味があるという見方。
⑤発達についての認識	発達は直線的なものではなく，一時的に逆戻り（＝退行）したり緩やかになる時もあるとの認識。甘えは心の傷の特効薬。
⑥完璧主義にとらわれない	大人の100％の完璧主義は，子どもには200％の要求として伝わってしまい，がんじがらめに縛ってしまう恐れがあるとの認識。
⑦「なおす」のではなく「育てる」	心の問題はなおすという医学的モデルではなく，植物の種の持つ成長への力を信じ育ててゆくという園芸モデルで臨むほうがよい。

(出所) 桑原（1999）を基に作成。

図7 カウンセリング・マインドを活かした子どもへの対処のモデル

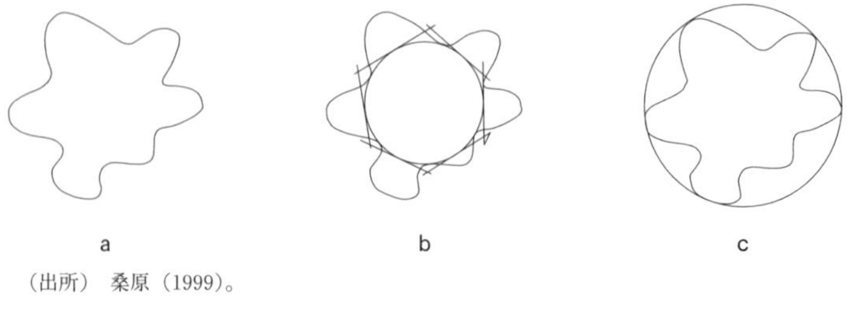

a   b   c

(出所) 桑原（1999）。

表6　不登校の3つのタイプ

A：神経症タイプ
・初期の頃は、前の晩までは学校の準備をし、行く気になっているが、朝になると起きられず、頭痛、腹痛、吐き気などの身体症状を呈したり、苛立ち、攻撃など情緒不安定を示し、登校不能となる。しかし、学校が終わる時間になると情緒も回復し、「普通の子と変わらない」状態となる。
・几帳面、真面目だが柔軟性や融通性に欠け、過敏、被害的になり対人関係につまづくことが多い。
・はじめ不登校状態に強い罪悪感を抱き、苦しむが、不登校を通して内面的成長をとげる子も多い。

B：無気力タイプ
・両親の離婚、経済的不安定など家庭的要因が強い場合と、学業不振、精神遅滞など知的要因が強い場合、その両方が重なっている場合などがある。
・学習や学校生活が高度化するにつれ、学校生活に不適応をおこし学校から離れていく。社会性にかけるため、家に閉じこもりがちとなる。
・教師や友人のはたらきかけには拒絶せず応じることがあるが、はたらきかけがなくなると不登校状態に戻ってしまうことが多い。

C：怠学・非行タイプ
・高校であれば、中退につながるタイプである。表面的には、わがまま、甘え、耐性不足が目立つが、不登校初期には頭痛、腹痛など身体症状もみられることがあり、不登校状態に葛藤していることがわかる。
・長期化してくると、同じようなタイプの子とつながりを持ち、盛り場徘徊、万引き、喫煙など非行問題を起こすこともある。
・教師や友人のはたらきかけに対してはアンビバレンツ（拒絶を示しながらも、求めている）な態度であり、言葉で言っていることと本心のギャップがみられることが多い。

（出所）　菅野（1995）。

表7　最近のいじめの特徴

いじめの可視性の低下	主観化、偽装化、正当化、情報の遮断など
立場の入れ替わり	いじめの強要、被害者・加害者の立場の流動性
スティグマ(烙印)の拡大	弱点のみならずまじめ・好成績の者にも
集合化	複数のリーダー、不特定多数の観衆、見て見ぬふり
歯止めの消失	子どもの共感能力の低下、仲裁者の不在
いじめと非行の接点があいまい	暴行、恐喝、窃盗

（出所）　森田ほか（1994）より作成。

表8　スチューデント・アパシーの「悩まない」行動障害

回避：現実からまったく逃避するのではなく、批判が予想される状況のみを選択的に避け、それ以外の場面では適切な能力を発揮することもある。
否認：自らが陥っている困難な状況に関して、その事実経過は認めても、それを自らが対処していかなければならない深刻な状況として受けとめない。
分裂：問題解決のための行動をとることをすんなり約束するが、実際その場面になると以前と変わらない回避行動をくり返し、しかも、それを反省しない。

（出所）　下山晴彦「スチューデント・アパシーの構造の研究」『心理臨床学研究』Vol.13, No.3, 1995, 254ページ。

[教育相談]
参考文献

飯長喜一郎「ロジャーズの生涯と思想」佐治守夫・飯長喜一郎編『ロジャーズ クライアント中心療法』有斐閣新書，1983年．
生島浩『悩みを抱えられない少年たち』日本評論社，1999年．
鵜飼美昭・鵜飼啓子『学校と臨床心理士』ミネルヴァ書房，1997年．
氏原寛「教師かカウンセラーか」氏原寛・村山正治編『今なぜスクールカウンセラーなのか』ミネルヴァ書房，1998年．
Erikson, E. H. "The Life Cycle Completed: A Review", New York: W. W. Norton, 1982. (村瀬孝雄・近藤邦夫訳『ライフサイクル，その完結』みすず書房，1989年)．
大野精一『学校教育相談――理論化の試み』ほんの森出版，1997年．
河合隼雄『カウンセリングの実際問題』誠信書房，1970年．
河合隼雄『臨床教育学入門』岩波書店，1995年．
河合隼雄『子どもと悪』岩波書店，1997年．
河合隼雄『母性社会日本の病理』講談社＋α文庫，1997年．
川上亮一『学校崩壊』草思社，1999年．
川原誠司「小学生期の発達の諸側面」近藤邦夫・西林克彦・村瀬嘉代子・三浦香苗編『教員養成のためのテキストシリーズ4　児童期の課題と支援』新曜社，2000年．
北島貞一・清水勇編『学級で活かす教育相談――子どもを伸ばすカウンセリングの基礎』ぎょうせい，2000年．
桑原知子『教室で生かすカウンセリング・マインド』日本評論社，1999年．
菅野純『教師のためのカウンセリングゼミナール』実務教育出版，1995年．
田嶌誠一「不登校・引きこもり生徒への家庭訪問の実際と留意点」『臨床心理学』vol.1, no.2, 金剛出版，2001年，p.202-214．
徳田完二「成長・変容を支えるさまざまな心理技法Ⅰ――心理援助の基盤と来談者中心カウンセリング」村瀬嘉代子・三浦香苗・近藤邦夫・西村克彦編『教員養成のためのテキストシリーズ5　青年期の課題と支援』新曜社，2000年．
中山巌編『教育相談の心理ハンドブック』北大路書房，1992年．
平松清志『学校教育相談の組織づくり』明治図書出版，1998年．
宮台真司・藤井誠二『学校的日常を生き抜け』教育資料出版会，1998年．
村山正治・山本和郎編『スクールカウンセラー――その理論と展望』ミネルヴァ書房，1995年．
森省二編『メンタルヘルスの実践』朱鷺書房，1996年．
文部省編『生徒指導の手引　改訂版』大蔵省印刷局，1981年．
森田洋司・清永賢二『新訂版　いじめ――教室の病い』金子書房，1994年．

推薦図書

河合隼雄『カウンセリングの実際問題』誠信書房，1970年。
河合隼雄『カウンセリングを語る』（上・下），創元社，1985年。
河合隼雄『心理療法論考』新曜社，1986年。
河合隼雄『河合隼雄のカウンセリング入門』創元社，1998年。
桑原知子『教室で生かすカウンセリング・マインド』日本評論社，1999年。
近藤邦夫『子どもと教師のもつれ　教育相談から』岩波書店，1995年。
高階玲治編『登校拒否——教師は何をするか』明治図書出版，1995年。
成田善弘『精神療法の第一歩』治療新社，1981年。
前田重治『カウンセリング入門』有斐閣新書，1986年。
村山正治・山本和郎編『スクールカウンセラー——その理論と展望』ミネルヴァ書房，1995年。

52 [特別活動①] 特別活動とは

Question　特別活動の指導を充実したものにするためには，特別活動とはどんな活動なのかを理解しておく必要があると考えます。特別活動の概要とあわせて「生きる力」育成との関係についても教えてください。

A　▶特別活動新設の趣旨について

1967（昭和42）年，教育課程審議会は，教育課程の改訂に先立ち，「各教科および道徳とあいまって，人間形成のうえから重要な活動を総合して，新たに特別活動を設ける」よう答申した。そして，1971（昭和46）年，小学校を皮切りに新しい学習指導要領のもとで指導が行われるようになった。従来の教育課程は，「各教科」「道徳」「特別教育活動」および「学校行事等」の4領域で構成されていた。この改訂による大きな特徴は，「特別教育活動」と「学校行事等」を一つに統合した「特別活動」の新設であった。

それは，科学技術の著しい進展に対応する世界の教育の動向とわが国の従来の教育を反省し，未来の教育を見据えた上でのことであった。その改訂の重要事項の一つとして，「人間形成における調和と統一」があげられている。調和と統一のとれた人間形成は，いつの時代にあっても，教育の中心的課題として求められなければならないものである。当時，教育への関心が異常に高まり，上級学校への進学をめざしての受験競争が熾烈になる傾向を呈していた。それに影響を受けた「知識偏重の教育」を戒め，知・徳・体の調和のとれた人間形成をめざさなければならないという反省がなされ，改訂の必要性が生じてきたと受け止められる。すなわち，従来の「特別教育活動」および「学校行事等」の2つの領域下で行われていた活動を，統合した形で実施することにより「調和と統一のある人間形成」を，新設特別活動に期待したと考えてよい。そのことは，小学校，中学校，高等学校の全校種において，「特別活動」という名の下で指導が行われることになっていることからもうなずける。

特別活動は，まさに「調和と統一のある人間形成」をめざして行われる教育の中でも重要な意義をもっているのだということを十分認識し，充実した指導実践に努力が払われる必要があろう。

▶特別活動と「生きる力」育成との関係について

1998（平成10）年，教育課程審議会による「幼稚園，小学校，中学校，高等学校，盲学校，聾学校及び養護学校の教育課程の基準の改善について」の答申に基づいて，教育要領および学習指導要領の告示が行われ，小学校・中学校においては2002（平成14）年度より実施されている。

改訂の趣旨は，完全学校週5日制の下，各学校が「ゆとり」の中で特色ある教育を展開し，児童・生徒に豊かな人間性や自ら学び考える力などの「生きる力」の育成を図ることを基本としている。また，特別活動においては，「とくに，好ましい人間関係の醸成，社会の一員として，基本的なモラルや生活上のルールの尊重や責任を高め，豊かな人間性と社会性の育成を図る」ことが重視されている。

ところで，今回の学習指導要領のキー・ワードでもある「生きる力」は，知的面より「自分で課題を見つけ，自ら学び，自ら考え，主体的に判断し，行動し，よりよく問題を解決する資質や能力」，情意面より「自ら律しつつ，他人とともに協調し，他人を思いやる心や感動する心など豊かな人間性」，身体面より「たくましく生きるための健康や体力」の三要素からなるととらえることができる。すなわち，それらは，問題解決能力，豊かな人間性，健康でたくましい体力の総合的・統一体であると考えられる。

従来から行われてきた特別活動の趣旨も，まさに，「生きる力」育成にあったといえよう。特別活動における学級活動は，学級を単位として行われ，児童・生徒が自らのよりよい学級や学校生活の創造をめざして，学級や学校の諸問題を解決していくことを重視しており，問題解決能力育成の基盤づくりの場でもあるといえる。学級活動で培われた能力は，よりよい活動や生活を生み出していくためのクラブ活動や児童・生徒会活動さらには学校行事などの場に生かされ，より一層確かなものとして定着させていくことができる。つねに，自由なコミュニケーションの活発化により，相互に十分な意思疎通を図り，相互理解を深め，望ましい人間関係を醸成し，各活動分野において協働を図っていくことを通して，「生きる力」の育成に迫ることができる。

このように，特別活動は，各教科・他の領域にもまして，「生きる力」を培う上で，重要な役割をもつと考えていい。特別活動の指導の充実は，「生きる力」育成の原動力でもあるといえよう。

（羽生隆英）

53 [特別活動②] 特別活動の歴史

Question 特別活動は，戦後徐々に構築され，教育課程の独自の領域として位置づけられてきたといわれますが，その歴史について，「学習指導要領」改訂の要点を押さえながら概観してください。

A

▶昭和22（1947）年版

　教育課程は教科課程といわれ，選択教科の一つとして「自由研究」が置かれた。その内容は，①教科の発展としての自由な学習 ②クラブ組織による活動　③当番，委員としての仕事，であった。自由研究が教科課程のなかの教科の一つとして位置づけられたため，教科の延長上の活動と把握されがちであったが，その内容には，部分的に今日の特別活動に類似したものがあった。この点で自由研究は，特別活動の先駆をなすものであった。

▶昭和26（1951）年版

　小学校では自由研究にかわって「教科以外の活動」が設置された。その内容は，①全校児童が学校の民主的運営に参加できるよう，児童会，各種委員会，児童集会などを作り，その活動を保障し育成すること，②学級を単位とする学級会や種々の委員会活動を育成すること，③クラブ活動を育成すること，などであった。

　中学校，高等学校は昭和24年の通達で自由研究にかわって「特別教育活動」が設置されることになり，その内容は，ホームルーム，生徒会，生徒集会，クラブ活動など，現在の特別活動のもとになるような方向性が示された。

　なお，この時から，学校教育における正規の課程は従来の教科課程にかわって，より広い意味をもつ「教育課程」の名で呼ばれるようになり，小学校では「教科以外の活動」，中・高等学校では「特別教育活動」がそのなかに位置づけられることになった。

▶昭和33（1958）年版

　従来の学習指導要領が試案という形式をとっていたのに対し，初めて文部大臣告示という形式で公布された。これは学習指導要領を法規化するもので，学習指導要領が法的拘束力をもつこととなった。この年，「特別教育活動」の名称が小・中・高等学校統一のものとなり，小・中学校の教育課程は，各教科，

道徳，特別教育活動，学校行事等の四領域編成となった。

なお，高等学校の教育課程は，昭和35（1960）年から，各教科，特別教育活動，学校行事等の三領域編成となった。

▷**昭和43・44（1968・69）年版**

小学校は昭和43年，中学校は昭和44年の改訂で，特別教育活動と学校行事等の2つの領域が統合され，「特別活動」となった。これは両者の関連をより密接にして，教育効果を高めようとするものであった。

高等学校においても，昭和45（1970）年の改訂で特別教育活動と学校行事等が統合され，「各教科以外の教育活動」となった。

▷**昭和52（1977）年版**

教科内容の高度化と受験競争の激化が，過度の詰め込み教育を招き，落ちこぼれ，不登校，非行などの深刻な問題が発生したことにかんがみ，教科の授業時数の軽減と教科内容の精選がなされ，豊かな人間性を育む特別活動の充実がはかられた。また，新設の「ゆとりの時間」は特別活動に活用できるものであった。

この期の改訂では自主的・実践的態度を育てることが強調され，また勤労体験学習を重視して学校行事のなかに勤労・生産的行事が加えられた。

高等学校では，昭和53（1978）年の改訂で，「各教科以外の教育活動」が小・中学校と同一名称の「特別活動」となった。

▷**平成元（1989）年版**

小・中・高等学校の学習指導要領が同年にそろって改訂され，各校の一貫性と関連性を重視する観点から，特別活動の目標もほぼ同一の表現となった。

内容的には昭和52年版とほぼ同じであるが，学校行事のなかで奉仕的行事を追加したことと，儀式における国旗掲揚と国歌斉唱について，従前の「望ましい」から「指導するものとする」と積極的表現に変わった点が注目される。

▷**平成10・11（1998・99）年版**

小・中学校は平成10年，高等学校は平成11年に改訂。望ましい集団活動を通して，個性の伸長と豊かな人間性の育成をはかり，自主的・実践的態度を育てるという従来からの目標を継承しながら，社会の変化や現代の児童・生徒のかかえる問題を踏まえ，「生きる力」の育成を重視した改訂が行われた。

（臼井英治）

[特別活動③]

54 特別活動の現代的意義

Question: わが国社会は急速に変化してきましたが、現代社会の特質からくる子どもの発達上の問題と、それに対応する特別活動の意義と役割とはどのようなものでしょうか。

A

▶情報化社会と特別活動

　現代の子どもたちの生活は物質的な豊かさのなかで、自分の部屋、テレビ、携帯電話、さらにパソコンを持ち、居ながらにしてさまざまな情報を得ることができるし、face to face の人間関係をもつことなく、メールなどで他者との意思の疎通を図ることもできるようになった。それは便利でありながら、反面、部屋で一人で過ごす時間が増え、人間関係が希薄となって社会性が身につかないという弊害をもたらしている。

　また、テレビなどマスメディアの一方的な情報提供は、生活や考え方の画一化をもたらし、他人指向型人間をつくっている。そのため子どもたちは遊び体験や生活体験の不足とあいまって、主体性と個性を喪失しがちである。

　元来、人間の調和のとれた成長、発達は人間同士の直接的な関係のなかで育まれるものである。この直接的な関わりの場を提供するのが特別活動であり、多様な集団活動を通して主体的に他者と関わりあうことにより、人間関係を広げ、深めることができる。

▶核家族・少子化と特別活動

　現代は核家族化や少子化が進み、家庭の教育力が低下した。かつては子育てや人生経験の豊富な祖父母やたくさんの兄弟姉妹がおり、そのなかで子どもたちは基本的生活習慣を身につけ、社会的モラルやルールを学んだが、現代はそうした家庭環境が失われたことにより、人間関係を築く力が弱まり、倫理観や社会性を養うことが難しくなった。

　また、少子化によって、弟妹の世話をするなどの自ら進んで家族の一員としての役割を自覚する機会も少なくなり、親の過保護や過干渉からくるわがままや自立の遅れという新たな問題も派生している。

　家族のなかで自然に身につけていた社会性や自主自立の精神を、学校教育のなかで育成していかなければならないのが現状で、「集団の一員としての自覚

を深める」「自主的・実践的な態度を育てる」ことを基本的目標に掲げる特別活動が担う役割は重要である。

▷都市化と特別活動

　高度産業社会は，人口の農山村からの流出と都市集中をもたらし，過疎・過密の現象を生んだ。働き手を失った農山村では田畑や山林が荒廃し，人口の減少から，村落共同体の維持さえ難しくなっているところも珍しくなく，地域社会の教育力は低下した。一方，都会では独立性の高い小住宅や高層マンションに核家族で住むようになり，プライバシーを守るという都市型生活様式が一般化するなかで，人間関係が薄れ，連帯感が育たず，都市社会の教育力も同様に低いといえる。

　過疎地では自然はあっても地域の子どもの数が少なく，仲間集団が成立しにくい。過密の都市部では子どもはいても，交通地獄，大気汚染，騒音などで戸外の遊び場を奪われて屋内での遊びが中心となり，仲間集団は人数の少ない同年齢同性の倭小なものとなっている。このため，地域における集団活動の場が必然的に学校に求められることになった。

▷学校生活の問題状況と特別活動

　現在の学校は，非行，いじめ，校内暴力，不登校などの深刻な問題を抱えている。その原因として家庭や地域の教育力の低下があげられているが，学校教育そのものにも原因はある。教科教育はともすれば教員主導に傾きやすく，加えて過度の受験競争からくる詰め込み教育は，児童・生徒を受け身の立場に追い込む。しかも勉強ができるかできないかという単一の尺度で測られることが多く，その結果，自分に価値を見いだせなくなった児童・生徒は欲求不満が昂じ，問題行動をおこしかねない。

　特別活動は，教員の適切な指導のもとに児童・生徒の自主的・実践的活動を支援するものであり，児童・生徒自身が主体性をもって自分たちで計画を立て，活動を組織し，実行するものであるから，そこに欲求の充足と自己実現の喜びがある。こうした活動を通して学校のなかでの存在感と自分の価値を自覚し，学校を楽しい学びの場とすることができるのである。

（臼井英治）

[特別活動④]

55 特別活動の基本的性格

Question　特別活動は，児童・生徒にとって独自の教育的価値をもつ領域であると思います。教科などと異なる特別活動の基本的性格はどのようなものでしょうか。

A　▶**集団的教育活動**

学習指導要領の特別活動の目標の最初に，「望ましい集団活動を通して」と示されているように，特別活動の最も本質的な特徴は集団活動である。他の領域の教育活動と異なって，特別活動の内容はいずれも集団活動を通して展開される。学級活動（ホームルーム活動），児童会活動（生徒会活動），学校行事等において，多人数の集団のなかで，ある時は同級生同士，ある時は上級生と下級生，ある時は教師と児童・生徒とがさまざまな交流を体験する。そのなかで集団の一員としての自覚をもとに自分の役割を果たして活動することにより，集団のルールを学び，集団活動に求められる資質，すなわち協調性，指導力，公正さ等を養っていく。

「望ましい集団」とは，多様な個性が集まり，個性に応じた役割を分担し，それぞれの願いや要求が尊重されるような調和的な集団である。そこに不可欠なのは相互理解と協力である。

▶**個性育成的教育活動**

特別活動は，すべての児童・生徒がそれぞれの個性や能力を発揮し，それを総合的に働かせて行う活動である。

児童・生徒は，さまざまな集団活動を通して多くの異質の仲間と交流するが，その中で自分自身の個性に気づき，それを伸ばしていく。一人ひとりが自分の興味・関心・知識・技能を生かした役割を演じるとき，各人は自己の総力を投入してその役割を全うすることになる。そこには自己実現という大きな感動があり，これが個性の伸長につながるのである。また，感じ方，考え方の異なる多くの仲間とぶつかり合い，話し合い，協力し合うなかでそれぞれのもっている個性を理解し，互いの差異を認め合い，尊重し合うことの大切さを身につけていくのである。

▷ **自主的・実践的教育活動**

　特別活動は「なすことによって学ぶ」ものである。教科教育が主として知識や技能の理解，習得をめざしているのに対して，特別活動は実践することに主眼がおかれるものであり，教科の学習を通して培われた知識や技能を応用，発展させる活動でもある。

　特別活動には教科書はなく，児童・生徒が興味・関心をもって自主的に取り組みやすい内容が多い。すなわち自己選択の幅が広いといえる。たとえば，学級活動（ホームルーム活動）の内容には「学級や学校の生活の充実と向上に関すること」が例示されているが，児童・生徒が自分たちの視点から学級，学校生活を充実，向上させるための課題を見つけ，自分たちの力で問題を解決して，よりよい学級，学校を創っていくという活動をすることができる。つまり，どういう学級，学校が望ましいのかを考え，どうすればよいかを考え，仲間と相談しながら行動するという，自発的，自主的な実践活動が展開される。その過程で教員は，児童・生徒の創意・工夫が生かされるよう支援する。このように特別活動は教員からの強制でなく，児童・生徒が自主的に実践することで自らが「生きる力」を身につけることができるのである。

▷ **社会的適応力と公民的資質の向上を図る教育活動**

　児童・生徒は特別活動におけるさまざまな集団活動を通して，集団は異質の人間が共通の目標のもとで切磋琢磨し，鍛え合う場であることに気づくとともに，支え合う仕組みであることを理解する。同時に，自分の所属する集団への帰属意識や連帯感を強くし，よりよい人間関係や集団目標をめざして進んで自分の役割や仕事を遂行するために力を尽くそうとする。そのなかで，多様な個性をもつ仲間と協力してやっていくために，集団や社会の一員としての権利と義務，自由と責任についての正しい認識を深めることの大切さを学んでいく。

　さらに，特別活動の目標に「集団の一員としての自覚」が明示されているように，特別活動の体験を通して，学校内の集団のみならず広く国家・社会にまで目を向けてその一員として，平和で民主的な国家・社会の発展のために積極的に働きかける態度や資質・能力を養っていく。

　このように特別活動は社会的適応力を高めるとともに，国家社会の形成者として必要な公民的資質の向上を図るものである。

（臼井英治）

56 [特別活動⑤] 特別活動の改善・改訂

Question 学習指導要領の改訂は，ほぼ10年ごとに行われると聞いていますが，このたびの改訂（小・中学校は平成10年，高等学校は平成11年）における特別活動改善の基本方針と主な改訂点とはどのようなものでしょうか。

A

▶特別活動改善の基本方針

平成10年7月，教育課程審議会は，特別活動の改善の基本方針を次のように示した。

(ア) 特別活動が集団活動を通した教育活動としての特質を生かし，集団の一員としての自覚を深め，児童生徒の個性の伸長と調和のとれた豊かな人間性を育成するとともに，学級（ホームルーム）や学校生活の基盤の形成に重要な役割を果たしていることを踏まえ，特に，好ましい人間関係の醸成，基本的なモラルや社会生活上のルールの習得，協力してよりよい生活を築こうとする自主的，実践的な態度の育成，ガイダンス機能の充実などを重視する観点に立って，内容の改善を図る。

(イ) 家庭や地域と協力し連携を深めながら，自然や文化との触れ合い，地域の人々との幅広い交流など，自然体験や社会体験等の充実を図る。

(ウ) 国際社会の中で主体的に生きていく上で必要な日本人としての自覚や国際協調の精神を培い，国旗及び国歌の指導の徹底を図る。

この基本方針では，望ましい集団活動を通して，個性の伸長と豊かな人間性の育成をめざすという従来の特別活動のねらいを継承しながら，社会の変化と現在の児童・生徒のかかえる問題に対処して改善を図るというものである。

▶主な改訂事項

① 特別活動の構成の見直し

従来，特別活動は「学級活動（ホームルーム活動）」「児童会活動（生徒会活動）」「クラブ活動」「学校行事」で構成されていたが，中学校，高等学校では「クラブ活動」が廃止されて三領域となった。クラブ活動と同様の特質や意義をもつ部活動があることや，地域の青少年団体やスポーツクラブなどの学校外活動に参加する生徒が増えたこと，また，新設の「総合的な学習の時間」でクラブ活動の特質を生かすことができるからである。

②　ボランティア活動の重視

　小学校では，学校行事の内容に「ボランティア活動など」を追加して「社会奉仕の精神を涵養する体験が得られるような活動を行うこと」とした。中学校，高等学校では，学級活動（ホームルーム活動）において，「ボランティア活動の意義と理解」をとりあげ，生徒会活動と学校行事においては，その内容に新たに「ボランティア活動など」を加えて，社会参加，社会貢献を重視した。

　ボランティア活動のような社会活動を通して，児童・生徒が自己を発見し成長していくことは，人間としての在り方，生き方を自覚し，共に生きる態度を育むうえできわめて重要である。

③　ガイダンス機能の充実

　小学校では，児童の発達段階に応じてガイダンスの機能を充実する観点から学級活動の内容の例示で，従来の「不安や悩みの解消」「意欲的な学習態度の形成」を統合して「希望や目標をもって生きる態度の形成」とした。

　中学校，高等学校では学級活動（ホームルーム活動）の内容の例示に「学級（ホームルーム）や学校の生活への適応を図る」を新しく加えた。さらに，「指導計画の作成と内容の取扱い」の配慮事項として新たに「学校生活への適応や，人間関係の形成，選択教科（教科・科目）や進路の選択などの指導に当たっては，ガイダンスの機能を充実するよう学級活動（ホームルーム活動）等の指導を工夫すること」を加えた。これは中学校，高等学校では進路が多様化し，選択履習の幅が拡大するので，学業や進路等に関して生徒一人ひとりが目的意識をもってよりよい自己決定ができるよう，教師の適切な指導と援助が求められているのである。

④　開かれた教育活動の展開

　小学校，中学校，高等学校とも，開かれた教育活動の推進を図る観点から，「指導計画の作成と内容の取扱い」の配慮事項として新たに「家庭や地域の人々との連携，社会教育施設等の活用などを工夫すること」「学校行事について…実施に当たっては幼児，高齢者，障害のある人々などと触れ合い，自然体験や社会体験などを充実するよう工夫すること」を加えた。特別活動を地域にも広げ，自然や文化，多様な人々との触れ合いを通じて幅広い体験をさせることが大切であり，そこに各学校の工夫や地域性を生かすことが求められている。

（臼井英治）

[特別活動⑥]

57 特別活動の目的原理と方法原理

Question 特別活動の指導の目的原理および方法原理は何でしょうか。また、望ましい集団活動とはどんな活動なのでしょうか。

A ▶特別活動の目的原理

小学校および中学校・高等学校の特別活動の目標は、発展的な相違はみられるが、めざすところは同じであると考えられる。小学校および中学校・高等学校の目標は、学習指導要領につぎのように掲げられている(資料編222, 225ページ参照)。

小 学 校：「望ましい集団活動を通して、心身の調和のとれた発達と個性の伸長を図るとともに、集団の一員としての自覚を深め、協力してよりよい生活を築こうとする自主的、実践的な態度を育てる」

中・高校：「望ましい集団活動を通して、心身の調和のとれた発達と個性の伸長を図り、集団や社会の一員としてよりよい生活を築こうとする自主的、実践的な態度を育てるとともに、人間としての生き方についての自覚を深め、自己を生かす能力を養う」

まず、小学校から中学校・高等学校への発展的な違いをみると、小学校においては、「集団の一員として」とあるところを、中学校・高等学校においては「社会の一員」が付加されている。また、中学校・高等学校では、小学校における目標の上に、「人間としての生き方についての自覚を深め、自己を生かす能力を養う」を積み上げ、人間としての生き方についての自覚を深めるとともに、現在および未来にわたって自己実現を図る能力、すなわち、自己を生かす能力の育成を目標として掲げている。つまり、特別活動においては、「集団活動を通して」、「心身の調和のとれた発達」、「個性の伸長」、「集団・社会の一員としてよりよい生活を築く自主的・実践的態度」を、小・中・高における共通目標として、さらに、中・高においては、「自己を生かす能力」の育成を目標として指導されるのである。そして、これらの目標を達成するために、「学級活動」、「児童・生徒会活動」、「クラブ活動（小学校のみ）」、「学校行事」の指導分野が設けられていることになるのである。

▷特別活動の方法原理

　小学校および中学校・高等学校のいずれの目標においても，共通して最初に「望ましい集団活動を通して」とある。この部分は，特別活動の特質を示すものであり，また，方法原理を示すものである。特別活動の内容をみると，すべての活動は，児童・生徒が組織された集団を通して行うものばかりである。すなわち，特別活動においては，学級を単位として行われる「学級活動」をはじめとして，学級や学年枠を超えて組織される集団活動として行われる「児童・生徒会活動」，「クラブ活動」，「学校行事」などがある。個々人は，活動内容に応じた集団に所属し，その中で個々人を理解し，尊重し合って，集団の一員として集団の課題を共有し，相互に協力をしながら，課題を解決し，よりよい生活を創造する活動を展開していくのである。そのことによって，よりよく生きることができ，全人的な発達を遂げていくことができるのである。

　したがって，「望ましい集団活動」を押し進めることそのものが，特別活動の特性であり，目標であるとともに，目標を達成するための方法原理であると考えられる。集団活動を展開するに当たっては，単に「集団活動を通して」のみでは不十分であり，「望ましい集団活動を通して」でなくてはならない。

▷望ましい集団活動

　望ましい集団活動とは，つまり，特別活動の目標に掲げられていることが達成できるようなものでなくてはならない。いま，「望ましい集団活動」であると考えられる活動について概略を述べてみることにする。

- 個々人が，集団のなかで精一杯努力でき，自己の特性や能力を十分発揮できる活動
- 個々人の特性や能力を，成員相互が認め合いながら進めていくことのできる活動
- 他の成員のために，自己のもっている特性や能力を役立てることができる活動
- 自己および他の成員の特性や能力を，相互に十分伸長することができる活動
- 平等な立場でのコミュニケーションによって進められる活動
- 成就感，充実感，満足感が味わえ，自己価値感を高揚できる活動

（羽生隆英）

58 [特別活動⑦] 望ましい集団形成と集団活動の進め方

Question 望ましい集団活動のためには，望ましい集団づくりが必要であるといわれますが，どのようにして望ましい集団をつくり，望ましい集団活動を進めていけばよいのでしょうか。

A ▷望ましい集団（小集団）づくりの要件

学習活動を展開するに相応しい集団は，おしなべて大集団ではなく，小集団である場合が多い。ここでは，小集団形成の要件を中心に述べる。それに先立って押さえておかなければならないことは，1つには，集団形成の指導は集団活動の指導そのものであること，2つには，形成すべき集団は，民主的集団であることである。民主的集団とは，人間尊重に根ざした集団であって，その集団にあっては，個々人は集団に埋没することなく，一人ひとりが特性や能力を十分生かすことができ，自己実現を可能にする集団を意味する。決して，専制的，排他的集団であってはならない。

○共通の課題をもつこと

集団の使命は，その集団のもつ課題を達成することにある。したがって，成員全員によって，集団としての課題が設定され，共有されていること（集団内に共通の課題が成立していること）である。集団活動展開の前提条件は，その集団に共通の課題が確立していることであるといえる。

当初，集団の成員は，各人思い思いの解決したい課題をもって集まってきている。その段階ではまだ集団とはいえず，集合の域である。それら成員一人ひとりの思いを集団の思いに高めること，すなわち，集団として何を解決すべきなのかについて議論し，集団としての課題の設定を行わせなければならない。集団の意思決定による共通の課題を成員すべてが共有できてはじめて，集団としての要件が一つ揃ったといえる。

○合理的な組織づくりと協働

集団において設定された課題を解決し，集団の使命を達成するためには，合理的な組織づくりが必要になってくる。合理的な組織づくりとは，解決すべき課題に応じて，集団における地位や役割を自由にかえることを意味し，機能的な地位や役割の付与である。たとえば，[A]なる課題が集団の課題として設

定されれば，課題［A］解決に最も相応しい特性や能力をもっている者が，その課題解決に相応しい地位や役割を担うことになる。すなわち，集団の設定した課題によって，担う地位や役割は変動するのであって，地位や役割は固定化しない，また固定化させないということである。地位や役割の固定化は，集団の硬直化をまねく。集団成員は，集団成員の意思決定により，相互に協力して，決定された意思遂行のために実践することが求められる。

○自由なコミュニケーション

集団が集団の使命を果たすためには，集団の意思決定の基盤となる成員相互の自由なコミュニケーションが保障されていなければならない。共通課題の設定，合理的な組織づくり，集団活動の展開は，ことごとく成員相互の自由なコミュニケーションに基づいてなされる。自由なコミュニケーションは，集団の開放性を高め，集団の使命を達成させる上で重要な条件でもある。

▷**望ましい集団活動の進め方**

望ましい集団形成は，望ましい集団活動を進めることによって可能になるといえる。また，望ましい集団形成によって，望ましい集団活動を可能にするともいえる。望ましい集団形成との関係で特に留意すべきことを述べる。

○興味・関心を引き出すこと

子どもの発達段階を十分踏まえながら，何に興味・関心をもっているのかを明確にし，興味・関心のあることについて取り組ませることが必要である。

○子どもの自発的・自治的な運営を大切にすること

子どもの主体的な活動を大切にすることを重視することである。指導者の過剰な指導や干渉を極力排除し，児童・生徒の自主的な思考・判断に基づく集団活動が展開できるように援助してやることが大切である。

○活動に対しての成就感・充実感・満足感をもてる機会をつくること

集団活動に対して成就感・充実感・満足感をもつことは，集団に対する所属感を高め，自己価値感を高め，集団活動への意欲を高めることになる。

○望ましい人間関係の醸成に努力すること

集団活動によって，望ましい人間関係が形成されるが，平素から相互に理解し，尊敬し合える人間関係形成に努力する必要がある。望ましい人間関係の形成が基になって，はじめて望ましい集団活動が展開できるのである。

（羽生隆英）

[特別活動⑧]

59 特別活動の活動内容（小学校）

Question 小学校における特別活動の内容の概要とその例を教えてください。

A 特別活動の活動分野には，「学級活動」，「児童会活動」，「クラブ活動」，「学校行事」の4分野がある。

学級活動は，1989（平成元）年に従来の「学級会活動」と「学級指導」を統廃合して新設された。また，1998（平成10）年の改訂によって，クラブ活動は，児童会活動や学校行事と同様に，学校において適切な授業時数を当てて指導することになった。

▷ **学級活動の内容**

学級活動は，2つの活動内容からなり，学級を単位として実施される。そのなかで，児童の自発的，自治的な活動が一層活発に行えるようにする観点から児童が自らよりよい学級や学校生活をめざして諸問題の解決に取り組む活動を行うことを重視している。

	分類	内容例
1	学級や学校生活の充実と向上	・学級や学校における生活上の諸問題の解決 ・学級内の組織づくりや仕事の分担処理など
2	日常生活や学習への適応，健康で安全な学校生活	・不安や悩みの解消 ・基本的生活習慣の形成 ・図書館の利用や情報の活用など ・望ましい人間関係の形成 ・心身ともに，健康で安全な生活態度や習慣の形成 ・学校給食と望ましい食習慣の形成など

▷ **児童会活動の内容**

児童会活動は，全校の児童で組織された会の活動を通して，児童自らが自らの学校生活を豊かにするために行われる自発的，自治的な実践活動である。指導に当たっては，学級活動との関連を十分考慮にいれて行うことが重要である。また，児童会活動の運営は主として高学年の児童が行うことになっている。

1	学校生活の充実と向上，学校生活に関する諸問題の解決	・児童代表委員会，児童総会 ・委員会活動 ・児童集会活動など
2	学校内の仕事の分担や処理など	・放送委員会，新聞委員会，美化委員会，集会活動委員会など各種委員会活動

▷クラブ活動の内容

　クラブ活動は，主として第4学年以上の同好の児童で組織され，共通の興味・関心を追求する活動を中心として，児童の自発的・自治的な実践活動が求められる。また，異年齢集団による活動を特質としている。

　今回の改訂により，「適切な授業時数を充てる」ことにはなったが，クラブ活動の個性伸長，能力，特性の伸長を図る上での重要性を認識し，クラブ活動を軽視することなく，工夫のある指導の充実が図られることが望まれる。

1	クラブ活動の計画・運営の協議	文化的活動クラブ：読書，演劇，新聞，放送，書道，絵画クラブなど
2	共通の興味・関心の追求	体育的活動クラブ：バレーボール，ソフトボール，サッカー，陸上クラブなど
3	クラブ活動の成果発表	生産的活動クラブ：園芸(栽培)，飼育，工作クラブなど
4	クラブ活動に関する問題解決など	奉仕的活動クラブ：地域ボランティア，手話・点字奉仕活動クラブなど

▷学校行事の内容

　ボランティア活動など社会奉仕の精神涵養の体験や幼児，高齢者，障害のある人々との触れ合い，自然体験などの充実の内容が重視されている。取り上げる活動については，学校や地域の実態に応じて重点化し，精選して実施することが重要である。

1	新しい生活の展開への動機づけ	儀式的行事：入学式，卒業式，始業式，修了式，開校記念日における儀式，終業式，対面式など
2	学習成果の発表とその向上と意欲の高揚	学芸的行事：展覧会，学芸会，音楽発表会，学習発表会，音楽鑑賞会，演劇鑑賞会など
3	心身の健康保持，集団行動の規律，体力の向上	健康安全・体育的行事：球技大会，運動会，マラソン大会，避難訓練，交通安全指導，健康診断など
4	自然・文化への親しみ，集団活動・公衆道徳の体験など	遠足的・集団宿泊的行事：修学旅行，林間学舎，自然教室，遠足，校外学習など
5	社会奉仕の精神の涵養体験など	勤労生産・奉仕的行事：全校美化活動，地域清掃，福祉施設などとの交流など

（羽生隆英）

[特別活動⑨]

60 Question 特別活動の活動内容（中学校・高等学校）

中学校・高等学校における特別活動の内容の概要とその例を教えてください。

A 　中学校・高等学校の特別活動は，「学級活動（ホームルーム活動）」「生徒会活動」，「学校行事」の3分野から構成されている。従来行われていた「クラブ活動」は，今回の改訂によって，従来から行われていた「部活動」に吸収される形で廃止された。

▶**学級活動（ホームルーム活動）の内容**

　学級活動（ホームルーム活動）は，学級を単位として行われる活動であり，学級としての固有の生徒の活動が行われ，学校における生徒のさまざまな活動の基盤としての役割を果たす場である。学級活動については，学習指導要領は3つの活動内容を示している。これらの活動内容は，3カ年間を見通した上で，充実した学級活動が展開されるよう指導計画に組み込まれることが重要である。

	分　類	内　容　例
1	学級や学校の生活の充実と向上	・学級や学校内の組織づくりや仕事の分担処理など ・学級や学校における生活上の諸問題の解決 ・学校における多様な集団生活の向上など
2	個人及び社会の一員としてのあり方や健康や安全な学校生活	・青年期の理解，自己及び他者の個性理解と尊重 ・青年期の不安や悩みとその解消 ・社会の一員としての自覚と責任 ・男女相互の理解と協力 ・ボランティア活動の意義の理解など ・健康で安全な生活態度や習慣の形成 ・性的な発達への適応 ・学校給食と望ましい食習慣の形成などの
3	学業生活の充実，将来の生き方と進路の適切な選択	・自主的な学習の意欲や態度の形成 ・学ぶことの意義の理解 ・自主的な学習態度の形成と学校図書館の利用 ・選択教科等の適切な選択 ・進路適性の吟味と進路情報の活用 ・望ましい職業観・勤労観の形成 ・主体的な進路の選択と将来設計 ・将来の生き方の設計

▷生徒会活動の内容

　全校の生徒が適切な組織をつくり，協力し合って充実した学校生活の創造をめざして実践活動を展開するところに生徒会活動の特質がある。

1	学校生活の充実や改善向上	・学校生活の規律とよき校風の確立 ・環境保全や美化 ・教養や情操の向上 ・望ましい人間関係の形成 ・身近な問題の解決など
2	生徒の諸活動についての連絡調整	・学級との連絡調整など ・部活動の計画・運営上の連絡調整など
3	学校行事への協力	・学校行事の趣旨の理解と協力（体育祭運営委員会，文化祭運営委員会など）
4	ボランティア活動など社会参加など	・地域のボランティア活動への参加（地域の社会福祉施設・社会教育施設等でのボランティア活動参加・協力） ・社会的活動への参加・協力（地域の文化・スポーツ行事，防災や交通安全など） ・学校間交流・地域の人々との交流など

▷学校行事の内容

　「学校行事」と「学校の行事」を混同してはならない。「学校行事」は，学習指導要領の「特別活動」に明記されている行事をさす。

1	新しい生活の展開への動機付け	儀式的行事：入学式，卒業式，開校記念日における儀式，始業式，終業式，対面式など
2	学習成果の発表と向上，意欲の高揚	学芸的行事：文化祭，講演会，音楽会，作品発表会，芸術鑑賞会，展覧会など
3	心身の健全な発達や健康の保持，集団規律の向上，体力の増進	健康安全・体育的行事：体育祭，球技大会，陸上記録会，交通安全指導，防災訓練，薬物乱用防止指導，健康診断など
4	自然・文化への親しみ，集団生活のあり方，公衆道徳体験	旅行・集団宿泊的行事：修学旅行，自然教室，遠足，野外活動，宿泊訓練，移動教室など
5	社会奉仕の精神，職業観，勤労観，進路選択など	勤労生産・奉仕的行事：ボランティア活動，緑化運動，社会福祉施設などとの交流，地域清掃活動，全校清掃活動など

（羽生隆英）

[特別活動⑩]

61 特別活動の全体計画の作成

Question 特別活動の全体計画はどのように作成すればよいのでしょうか。また、その意義と立案の手順、具体的な留意点はどのようなことでしょうか。

A

▶**全体計画の必要性と意義**

自主性・自立性の伸長を目標とする特別活動は、学校教育の基本となる活動ともいわれ、学校教育目標達成に欠くことのできない教育活動である。この視点を全教員が共通理解し、推進する必要がある。そのため、全体計画は次のような意義のもとに作成することが大切である。

・教育計画に明確に位置づけ、教師が共通認識し一体となって推進する。
・教科、道徳、総合的な学習の時間等とともに、学校教育目標達成への役割を明確にする。
・保護者、地域の人々の特別活動に対する役割の重要性認識への証とする。

この視点のもと、全体構想を特別活動を中心にわかりやすく明示したものが特別活動の全体計画である。(図8)

▶**内容と作成の手順**

全体計画は学校教育目標の達成にむけて立案されるものである。そのためには、児童・生徒の実態を把握すること。さらに、保護者の願いをしっかり受け止めることが重要なこととなる。次に、それらを全教員が共通認識する過程で特別活動の基本構想、および特別活動各分野の主題や内容を決定する。また教科、道徳、総合的な学習の時間等との関連を明確にする。

・教科との関連…教科学習で培われた能力を基盤として、特別活動の実践が展開され、また、その実践力が教科の学習にも還元される。
・道徳との関連…道徳的心情や判断力が、特別活動の具体的な場面で生きて働き、道徳的実践となって展開される。また、特別活動の実践が道徳の時間に反映し、補充、深化、統合され、道徳的な価値の内面化がはかられる。
・総合的な学習の時間…特別活動で身につけた課題発見の力や話合いが、総合的な学習の時間での学習課題への気づきや話合いに応用される。また、総合的な学習の時間の内容が特別活動の生活上の諸問題の発見につながる。

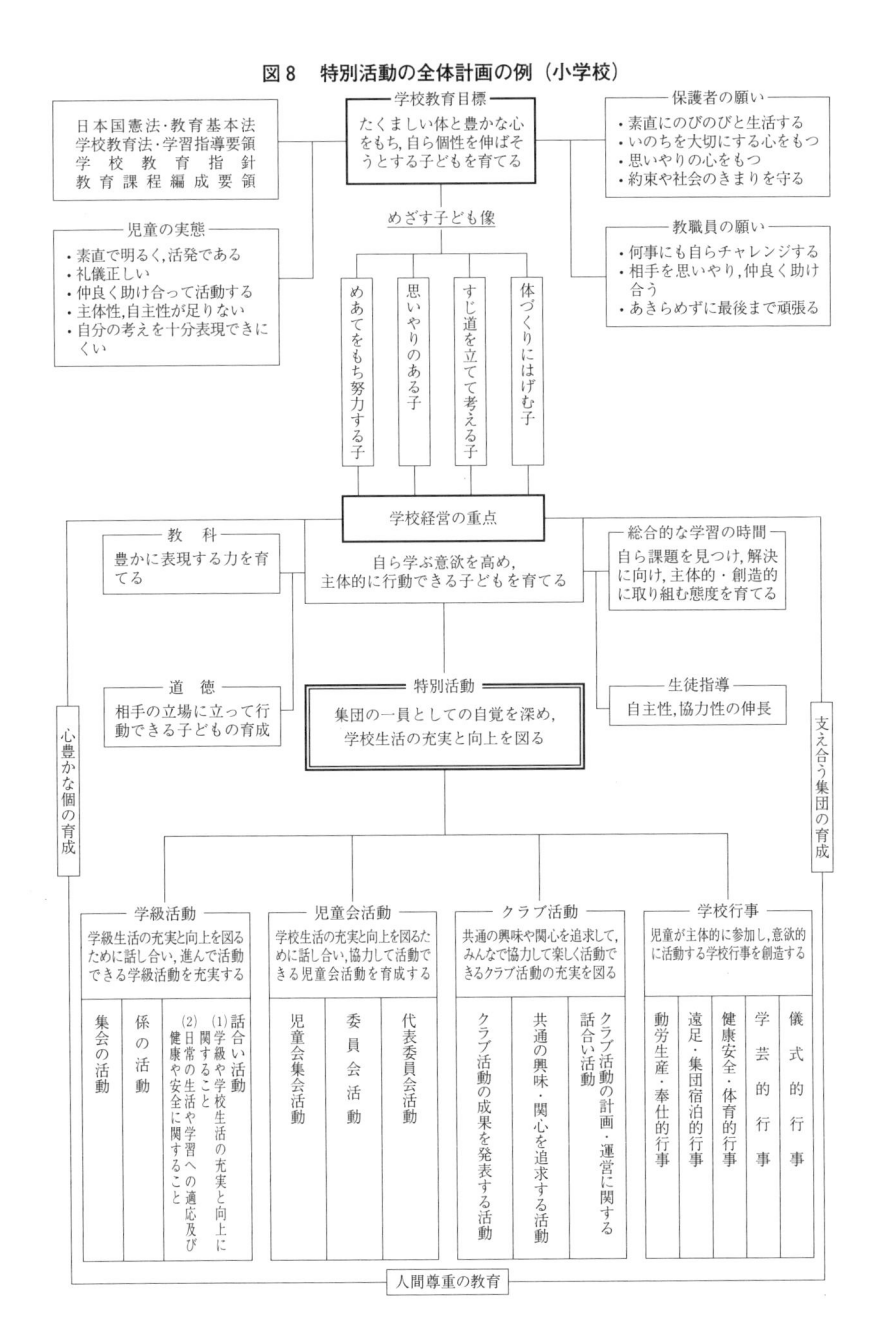

図8　特別活動の全体計画の例（小学校）

学校教育目標
たくましい体と豊かな心をもち、自ら個性を伸ばそうとする子どもを育てる

日本国憲法・教育基本法
学校教育法・学習指導要領
学校教育指針
教育課程編成要領

保護者の願い
- 素直にのびのびと生活する
- いのちを大切にする心をもつ
- 思いやりの心をもつ
- 約束や社会のきまりを守る

児童の実態
- 素直で明るく、活発である
- 礼儀正しい
- 仲良く助け合って活動する
- 主体性、自主性が足りない
- 自分の考えを十分表現できにくい

教職員の願い
- 何事にも自らチャレンジする
- 相手を思いやり、仲良く助け合う
- あきらめずに最後まで頑張る

めざす子ども像
- めあてをもち努力する子
- 思いやりのある子
- すじ道を立てて考える子
- 体づくりにはげむ子

学校経営の重点
自ら学ぶ意欲を高め、主体的に行動できる子どもを育てる

教科
豊かに表現する力を育てる

総合的な学習の時間
自ら課題を見つけ、解決に向け、主体的・創造的に取り組む態度を育てる

道徳
相手の立場に立って行動できる子どもの育成

特別活動
集団の一員としての自覚を深め、学校生活の充実と向上を図る

生徒指導
自主性、協力性の伸長

心豊かな個の育成 ／ 支え合う集団の育成

学級活動
学級生活の充実と向上を図るために話し合い、進んで活動できる学級活動を充実する
- 集会の活動
- 係の活動
- (2) 学級や学校生活の充実と向上に関すること
- (1) 話合い活動
- 日常の生活や学習への適応及び健康や安全に関すること

児童会活動
学校生活の充実と向上を図るために話し合い、協力して活動できる児童会活動を育成する
- 児童会集会活動
- 委員会活動
- 代表委員会活動

クラブ活動
共通の興味や関心を追求して、みんなで協力して楽しく活動できるクラブ活動の充実を図る
- クラブ活動の成果を発表する活動
- 共通の興味・関心を追求する活動
- クラブ活動の計画・運営に関する話合い活動

学校行事
児童が主体的に参加し、意欲的に活動する学校行事を創造する
- 儀式的行事
- 学芸的行事
- 健康安全・体育的行事
- 遠足・集団宿泊的行事
- 勤労生産・奉仕的行事

人間尊重の教育

（千秋一夫）

[特別活動⑪]

62 特別活動の年間指導計画の作成

Question 特別活動の年間指導計画はどのように作成すればよいのでしょうか。その意義と内容，具体的な立案の手順，留意点はどのようなものでしょうか。

A

▶**年間指導計画の必要性と意義**

　特別活動の年間指導計画は，全体計画の主旨を踏まえ，全教員の共通理解のもと，全員の力を結集して作成しなければならない。内容上，小学校では，学級活動，児童会活動，クラブ活動および学校行事，中学校・高等学校では，学級（ホームルーム）活動，生徒会活動および学校行事について，分野ごとに立案する。また，年間指導計画の意義は，次のことがあげられる。

・年間を通じて活動の目安になり，計画的に多彩に実施できるようにする。
・前年度の反省を生かし，創意ある活動が展開できるよう工夫改善する。
・各担任や子どもの実態に応じて具体的に計画できるようにする。

▶**年間計画の内容と作成の手順**

　本テーマについては，「学習指導要領4章　特別活動（小・中・高校各編）」第3において示しているので参照されたい。次に，作成の手順をあげる。

・小学校では，児童の発達段階を考慮し，児童が現在および将来の生き方を考えることができるよう工夫する。クラブ活動は，学校や地域の実態，児童の興味・関心を大切にしたい。
・中・高校では，生徒指導の機能を生かし，教育相談（進路指導）も適切に実施できるようにし，学校生活への適応や人間関係の形成，選択教科や進路選択等の指導では，ガイダンスの機能を充実するよう工夫する。
・高校での人間としてのあり方，生き方の指導は，HRを中心に全体で行う。
　以上の点を十分共通理解し，月毎に，活動名・議題名・時間等を配列する。

▶**年間指導計画作成上の留意点**

　児童，生徒の自主性や実践力の育成は，指導者の適切な指導が必要である。自主の名のもとの放任であったり，指導過剰は自発性，自治性の伸長を阻害する。指導計画は，弾力性，融通性に富むものであることが大切である。

表9　学級活動年間指導計画例（小学校6学年）

目標	・望ましい集団活動を通して，学級や学校生活の充実と向上をめざし，諸問題に気づき，協力して自主的に解決していこうとする態度を育てる。 ・自主的な活動を通して，集団の一員としての自覚を高め，協力してより良い生活を築こうとする態度を育てる。

月別	活動名	議題名	時間	月別	活動名	議題名	時間
4月	○6年生になって	・学級の目標を決めよう	1	10月	○充実した学校生活	・思い出に残る修学旅行にしよう	1
		・学級の歌をつくろう	1			・係の発表会をしよう	1
		・学級の係を決めよう	1			・楽しいふれあい合宿にしよう	1
	●最高学年としての自覚	・6年生になった喜びを話し合おう　ア	1		●自ら学ぶ	・グループ学習を見直そう　エ	1
5月	●健康診断	・検診をどう生かしていくか　オ	1	11月	●命を大切に	・給食と栄養について考えよう　カ	1
	○学級生活を豊かに	・球技大会をしよう	1		●健康と環境	・清掃のし方について考えよう　イ	1
		・校内オリエンテーリングをしよう	1		○協力の大切さ	・球技大会をしよう	2
	●情報の活用	・情報の選択の仕方を知ろう　ア	1				
6月	○最上級生としての自覚	・楽しい遠足にしよう	1	12月	○生活に工夫を	・卒業に向かってめあてをもとう	1
		・男女仲良くしよう	1			・学級目標を見直そう	1
		・安全な遊びを話し合おう	1		●健康な生活	・冬の病気と予防を考えよう　オ	1
	●異性の友だち	・異性の友だちについて考えよう　ウ	1				
7月	○自主的活動の充実	・星祭りの計画を考えよう	1	1月	○卒業に向けて	・手作りカルタ会の参加を考えよう	1
		・夏休みの自由研究発表会の計画を立てよう	2			・卒業文集をつくろう	1
						・係を決めよう	1
9月	○責任と実行	・2学期の係を決めよう	1	2月	○感謝の心で	・学習発表会の内容を考えよう	1
		・楽しい運動会にしよう	1			・お別れ会の計画を立てよう	1
	●きまりの大切さ	・学校のきまりについて考えよう　ア	2			・学校への奉仕の方法を考えよう	1
				3月	●中学への期待を胸に ○友情	・中学生に向かって頑張ろう　ア	1
						・お別れ会をしよう	1

○内容(1)　●内容(2)－ア…生活への適応　　イ…基本的生活習慣　　ウ…望ましい人間関係
　　　　　　エ…学校図書館の利用　　オ…心身の健康・安全　　カ…望ましい食習慣

（千秋一夫）

[特別活動⑫]

63 特別活動の学習指導案の立て方（学級活動を中心に）

Question　特別活動の充実には，1時間あるいは数時間単位の指導計画である学習指導案が大切であるといわれます。特に，学級（ホームルーム）活動を中心にした立案のあり方とは，どのようなものでしょうか。

A　▶学習指導案立案の意義

　特別活動の特質は，自主的・実践的態度の育成である。特別活動の活動過程で学ぶ「問題を見つけ，話し合い，自ら進んで取り組む力」を「自ら学ぶ」「生きる力」を育む基本的な学習態度ととらえ，学習展開づくりにつとめることが大切である。この成否が特別活動の深化・充実の鍵を握るのである。

▶学習指導案の主な内容と立案にあたっての留意事項

　指導案の形式は，特に決まったものがあるわけではないが，特別活動の充実という視点で，モデル案として活動過程の順を追って述べることにする。

【本時の目標】

　児童・生徒が本活動で，どのような学力を獲得するかの目安であり，課題の発見から活動の終末までを踏まえての「めざす」像が構想されていること。

【「指導にあたって」の内容とその考え方】

① 学級の実態
・児童・生徒の実態を生活や学習，友人関係からとらえる。
・学級経営方針とこれまでの実践経過，特に学級目標達成への子どもの姿を浮き彫りにする。
・話合い活動の指導上の手だてと問題点，また，今後めざすものは何かを明確にする。

② 活動設定の理由
　児童・生徒の課題発見から共同の課題へと高めた経過，計画会でどう議題化したか，子どもの興味・関心，指導者の構え，意義づけ等を述べる。

③ 指導のねらい
　学級づくりや児童・生徒の育成に向けての視点，特に，自ら意欲的に学ぶ子どもをどう育てるか，の指導者の熱い思いを述べる。

【本時の活動に至るまでの経過】

　「自ら学ぶ」視点に立って学習指導案を作成する。そのためには，児童・生徒の側に立ち，子どもの主体的な活動が展開されることを願って立案する。

① 課題をつかむ

- 児童・生徒が，学級の実態（自主的活動や先行経験，知識等）を見つめ，目や耳，心や体を通して課題を発見できるように援助する。
- 指導者の意図を年間指導計画等を通して確かなものにし，その上で，学級生活上子どもにとって，今，何が大切かを考え，課題に高める。

② 活動のめあてをもつ
- 学級成員の共同の問題となった課題は，児童・生徒の胸のうちで，「解決していこう」「成功させよう」という意欲となって高まってくる。このとき，「何をどのようにしていけば解決できるか」が大切になる。その拠り所が，活動のめあてである。みんなで「よし，頑張ろう」という全員のやる気は，めあてが共同のものになって確かなものとなる。

③ 活動の計画を立てる（計画会における話合い）
- 児童・生徒たちの課題解決への道筋は，めあてを設定し，そのめあてに向けてどうすれば解決できるかの具体的な活動計画が必要になる。主として，計画会で話し合われるのであるが，「いつ」「どこで」「誰が」「どのように」を明確にする。
- 議題を決め，「柱立て，役割分担（司会，記録，資料作成等）」を話し合う。

【話合い活動（展開）】
① 本時のねらい
　この議題に対して，自分たちはこんなめあてで，このように学習（活動）していくのだ，という誓いである。
- 指導者としては，特別活動の特質を見つめ発達段階に則してのねらい。
- 児童・生徒は，よりよい実践計画立案についての中身，学級活動伸長に向けての思い，よりよい学級にしていくためのねらいでありたい。

② 本時の活動
　提案理由
- 新しい考えを創り出そうとする心構えや，ぜひ，これだけは話し合ってほしい，という願いを訴える。・協力して責任が果たせる意気込みを能動的に力強く。
　話合い
　焦点化し，羅列的発言にならないよう柱立てを工夫する。

③ 評価の観点
　評価は学習活動についてくるものである。児童・生徒の意欲的な姿，楽しく充実し，満足しきった表情が如実に語ってくれる。
- 結果（成果）のみに目を向けることなく，活動過程すべてを対象とする。
- 集団と個の関わり，「個のよさ」の発見を重視する。

【今後の実践にあたって】
- 子どもが充実感や達成感を十分感じられるよう助言，指導を構想する。
- 本活動で身につけた力が，今後の生活で生かされるようにする。　　　（千秋一夫）

[特別活動⑬]

64 学級活動学習指導案例
（小学校生活の充実と向上に関すること）

Question 小学校での学級活動指導案の具体例を示してください。

1．日　　時　平成13年9月17日(月)（13:50～14:35）
2．学年・組　第6学年1組　在籍32名（男子16名　女子16名）
3．活 動 名　「学級文化祭をしよう」
4．目　　標　・学級文化祭の内容や方法を工夫し，互いに協力し合い楽しく充実した集会ができる。
　　　　　　・学級のみんなと楽しい集会をすることで，学級のみんなの結びつきをさらに強めることができる。
5．指導にあたって
　① 　学級の実態

　学年始め，6年生になった喜びや，これからの希望をみんなで話し合い，学級目標を「正しい生活」「仲良く協力」「笑顔で暮らそう」と決めた。さらに，「ルールを守る」「最後までやりぬく」「何にでも挑戦する」を具体的なめあてとして児童一人ひとりが互いのよさを認め合い，正しい判断のもとに積極的に活動する学級づくりをめざしてきた。学級の旗づくりでは，各自が具体的な原案を持ち寄り活発な意見交換がされた後，コンクールで決定したので，かなり連帯感を深めることができた。また，これまでグループ活動を多く取り入れ，ユニークな名前をつけたり，ミニ集会をして和やかな雰囲気を育ててきた。自分の考えを話すのが苦手な児童にも，グループの一員として活躍できるよう役割分担し，実践できるようにしてきた。これらの活動を通して，みんなで協力することを大切にしようとする気持ちが徐々に育ってきている。

　話合い活動では，発言が一部の児童に偏り，内容も一方的に自己主張することが多く，友だちの意見を聞こうとしないため，話合いが活発にならず，一人ひとりの思いが生かされた実践に結びつかなかった。そこで，人の意見をじっくりと聞き，自分で判断して発言できるような話合い活動になるように指導してきた。この時期ようやく自分の意見がはっきりと言える児童が増えてきた。

しかし，発言回数のわりに話合いが深まるまでには至っていない。
　②　活動設定の理由
　本学級では，学級目標を軸に学級づくりに取り組んでいる。ゆとりの時間を使って「ソフトバレー大会」や「卓球大会」等を行い，学級のみんなで遊ぶことを通して，集団遊びの楽しさを味わい，仲間づくりに生かそうと努めてきた。しかし，学級集会がややもするとスポーツ集会に偏りがちだったことの反省から，「みんなのよさを認め合うには，もっとさまざまな集会を工夫しよう」と帰りの会で投げかけたところ，「やってみたい」と意欲的に反応した。
　そこで，今回は，学級文化祭の実践を通して，一人ひとりが互いのよさを認め合うことができると考え，この活動を設定した。
　③　指導のねらい
　これまでの集会の経験を生かしながら，より良い集会を，と願う児童の思いを大切にし，楽しく活動できる集会の内容や方法，さらに，参加態度を工夫できるようにしたい。また，集会を楽しむなかで，互いのよさを認め合うまとまりのある学級をつくるようにしたい。

6．本時の活動に至るまでの経過
　①　課題をつかむ
　学級の議題箱のなかには次のような議題案が入っていた。(1)バドミントンで遊ぼう。(2)自然教室でした集いを教室でしたい。(3)研究発表会をもう一度したい。(4)お楽しみ会をしよう。
　計画会では次のように議題案の処理をした。(1)については時期を考えて次回にもう一度する。(2)(3)(4)については，提案者と話し合い，一つの集会にまとめることにした。「自分の得意なことをみんなの前でやってみたい」「お楽しみ会よりは少し6年生らしいものに高めていきたい」「中学校でする文化祭というのは，かっこいい」という意見も出て，「学級文化祭をしよう」という議題で話し合うことになった。
　②　活動のめあてをもつ
　これまでの集会の経験を生かして，高学年らしい楽しく充実した集会が計画できるように，「一人ひとりの意見を大切にして話し合い，みんなで協力して楽しい集会をしよう」というめあてに決めた。
　③　活動の計画を立てる

計画会で議題を選定し，帰りの会で，議題の決定と提案理由，活動のめあて，学級文化祭の日時と場所などを確認し合った。次の計画会で話合いの柱立てについて考え，(1)どんな発表内容にするか，(2)どんな役割を工夫したらよいか，と決まった。朝の会でアンケート調査をした後すぐに，計画会でまとめて，発表した。帰りの会で，学級全員が学級活動ノートに自分の考えを記入した。

7．指導計画（全2時間）

　第1次　話合い活動…「学級文化祭の計画を立てよう」…1時間（本時）
　第2次　集会活動…「学級文化祭をしよう」…1時間

8．本時のねらい

　① みんなで協力して楽しい学級文化祭の計画を立てることができる。
　② 一人ひとりの意見を大切にして話合いができる。

9．本時の活動（児童の自主的な活動）

議　題	学級文化祭の計画を立てよう						
提案理由	○1学期はスポーツ大会をして楽しかったので，5年生のときにしたお楽しみ会を内容や参加態度をよりよくし，6年生らしく楽しく充実した集会をみんなで話し合って決めていきたいと思い，提案しました。 ○今度の集会は内容を工夫していこうという話なので，5年生で社会の研究発表をした後，家の人に「とてもよく調べていて，発表態度もりっぱだった」とほめてもらったので，研究発表も入れたらいいと思います。						
司　会	○○	黒板記録	○○	ノート記録	○○	提案者	○○
活動内容	指　導・助　言・援　助						準備物
1．つかむ ①はじめのことば ②学級の歌 ③議題の確かめ ④役割の紹介 ⑤提案理由の発表 ⑥決まっていることの発表 ⑦話合いのめあての確かめ	・明るく元気よく歌い，和やかな雰囲気をつくるようにする。 ・学級文化祭を実施したい気持ちがよく伝わるよう，心をこめて言えるように助言しておく。 ・学級文化祭の日時，場所を確かめる。 ・めあてを大切にし，意欲的に話合いができるようにする。						学級活動ノート 記録ノート

2．話し合う		
①どんな発表内容にするか	・ただ，おもしろいのではなく，協力して活動でき，心に残るような内容を考えるようにする。	
②どんな役割を工夫したらよいか	・児童の発想を大切にするよう助言する。 ・必要な役割を考え出し，みんなで分担し，協力して集会ができるようにする。	
3．まとめる		
①話し合ったことの確かめ	・話合いで決まったことを明確にし，学級文化祭への意欲が高まるようにする。	
②自己評価	・学級活動ノートに自分なりの評価ができるようにする。	
③先生の話	・話合いのめあてのできたところをほめ，活動への期待がもてるようにする。	
④終わりの言葉		

10．評価の観点

① みんなで協力して楽しい学級文化祭の計画を立てることができたか。

② 一人ひとりの意見を大切にして話合いができたか。

11．今後の実践にあたって

話合いで決まったことを，一人ひとりが意欲的に取り組んでいけるように援助していきたい。そして，学級文化祭を実践していくなかで，一人ひとりが互いに認め合い，協力し合う自主的・実践的な態度を高め，さらに，楽しい学級づくりをしていきたい。

（千秋一夫）

[特別活動⑭]

65 学級活動学習指導案例（中学校）

中学校での学級活動指導案の具体例を示してください。

1. 日　　時　　平成13年6月26日(火)
2. 学年・組　　2年1組　在籍34名（男子16名　女子18名）
3. 活 動 名　　「クリーンキャンペーンを有意義に取り組もう」
4. 目　　標　　・環境問題についての意識を高め、進んで生活環境を改善していこうとする態度を育てる。
　　　　　　　・本活動を通して協力して取り組むことの大切さを理解し、生活に生かせるようにする。
5. 指導にあたって
　① 学級の実態
　本学級は，素直な生徒が多く，交友関係は良好であり，和気あいあいとした雰囲気のクラスである。しかし，やや活動意欲に乏しく物事に対して積極的に取り組もうとしない。話合い活動も，活発に発言する生徒が少なく，なかなか深まらないのが実情である。平素から，話合い活動の大切さを指導し，できるだけ，興味・関心のある行事を議題にして，工夫し，認め合うことができる話合いになるよう継続的に指導している。
　② 活動設定の理由
　本校では，3年前より「ふるさとクリーンキャンペーン」と名づけた町内の清掃活動を行っている。生徒会主催で，全校生徒がクラスごとに空き缶や空きビン等を収集する活動である。生徒たちは，教室での学習から校外での活動ということもあってか，普段の清掃活動とは異なり，目を輝かせて取り組み，やり終えた充実感を味わうことができていた。ただ，生徒会主催ではあるが，計画・立案は主に教師サイドで行っていたため，生徒たちに「自分たちでやれた。来年はもっと…」という目的意識があまりもてなかった。
　そこで，生徒たちが主体的にキャンペーンに取り組み，単なるゴミ拾いに終わらせず，ゴミを出さないようにする方法を考え，キャンペーン活動の内容を

自分たちなりに工夫し，地域の人々にも訴えかける活動に発展させていこうと話し合うことにした。さらに，学級の意見を生徒会に提案できるようにしたい。

③ 指導のねらい
- 昨年の活動や家庭科で学習した町内のゴミ分別回収の方法を思いかえし，町のゴミ処理の現状を再認識する。
- ゴミの減量に日々努められるようになり，ポイ捨ては絶対しないよう意識づけられるようにする。
- 自分たちで主体的に考え，自分たちの力で実現できるようにする。

6．指導計画

第1次　町のゴミの回収方法について，もう一度思い起こし，ゴミ処理の実情を調べ，発表し合う。　（1時）

第2次　クリーンキャンペーンの目的，場所，方法を班で考える。　（2時）

第3次　前時までに考えた事を出し合い，今年のキャンペーンの方法を話し合い，クラスの意見をまとめる。　（1時　本時）

────クリーンキャンペーンへの参加────

第4次　クリーンキャンペーンの反省をし，次の課題をまとめる。　（課外）

7．本時のねらい
- 目的意識をもって参加できるよう，協力して計画を立てる。

8．本時の活動（展開）

生徒の活動	指　導・助　言・援　助	準備物等
1．開会のことば（司会） 2．話合い 　①前時に話し合った方法等を出し，検討し合う。 　②ゴミ拾い以外で，実践すればよいと思う活動について話し合う。 3．指導者からの話を聞く。 4．終わりのことば	・発表内容がはっきりと伝わるように，声の大きさ，速さに気をつけるよう助言する。 ・聞く態度についても適宜指導する。 ・班での話合いも取り入れるよう助言する。 ・実践への意欲を高める。	グループノート 昨年の写真集 反省つづり

9．評価の観点
① クリーンキャンペーン参加計画が積極的に協力して立てられたか。
② 目的実現に向けて，積極的に自分の考えが発表できたか。

（千秋一夫）

[特別活動⑮]

66 学級活動の特質と指導

Question 学級活動は、特別活動のなかで、中核的な活動といわれています。どのような特質と指導上の留意点があるのでしょうか。

A 小学校・中学校および高等学校学習指導要領には、学級活動（ホームルーム活動）について次のように明示している。「学級活動においては、学級を単位として、学級や学校の生活の充実と向上を図り、健全な生活態度の育成に資する活動を行うこと」（小学校）、「学級（ホームルーム）を単位として、学級や学校の生活への適応を図るとともに、その充実と向上、生徒が当面する諸課題への対応及び健全な生活態度の育成に資する活動を行うこと」（中学校・高等学校）。

▷**学級活動の特質**

この学級活動の活動内容の記述から、その特質として次のことがあげられる。第一には、学級を基盤とした児童・生徒の自主的、実践的な活動であること。第二には、所属する学級や学校の生活における豊かな人間関係の構築などの適応を図る活動であること。第三には、児童・生徒が自ら当面する諸課題の解決過程を通し、問題解決力を育てる活動であること。第四には、特別活動の総括的な目標である人間としての生き方に関わる資質や能力の育成の中心的な活動であること。第五には、生徒指導や進路指導の機能などガイダンス機能の充実を図る活動であること。学級活動は、このような教科指導ではみられない特質をもっている。

▷**学級活動の指導上の留意点と指導の工夫**

学級活動は、豊かな人間性の育成、望ましい人間関係の醸成、問題解決能力の育成などをめざしている。このねらいに迫るため、学級活動の指導に当たって次の点に留意して進めなければならないと考える。

（1）充実した学級活動の創造には、学級を基盤とする望ましい集団づくりが重要であること。いうまでもなく、学級集団は、全教育活動を通して、教員と児童・生徒との信頼関係や児童・生徒相互の人間関係を構築していく場である。

望ましい学級集団の条件として、

・活動の目標を全員でつくり，共通理解していること。
・活動の目標達成の方法，手順を全員で考え，実践できること。
・成員一人ひとりの役割分担が明確になっていること。
・一人ひとりの自発的要求が尊重され，相互の心理的な結びつきが強いこと。
・成員相互に所属感や連帯感があること。
・集団内で自由なコミュニケーションが助長されること，などがある。このような望ましい学級集団づくりを児童・生徒とともに推進していく教師の姿勢が強く求められる。

(2) 児童・生徒の一人ひとりについて，共感的な理解を深め，信頼関係を基礎とした指導を行うこと。

学級活動のねらいに迫るには，児童・生徒個々の願いや学校生活への期待，思いなど，および悩みや問題，不安などを適宜に，しかも適切に取り上げて活動の内容に組み込んでいく必要がある。そのためには，児童・生徒一人ひとりについての共感的な理解を深めるとともに，教師と児童・生徒との信頼関係に基づく指導の充実を図っていくことが重要である。また，個々の抱えている悩み，不安，問題などについては，個別的に問題解決の仕方を援助するなどの配慮が必要である。

(3) 児童・生徒の自発的，自治的な活動が充実，深化するよう指導の工夫を図ること。

学級活動の活動内容に従って，集団全体での取り組みや，集団としての意思決定などを進めていく活動形態と，個人が意思決定の仕方を選択し，行動していく活動形態を適切に取り入れていくことが大切である。また，児童・生徒の問題解決の能力を育成するため，活動過程のなかに問題解決的な学習活動を導入することも効果的である（後掲，154ページ，表11参照）。

(里見喜一)

[特別活動⑯]

67 児童会・生徒会活動, クラブ活動の特質と指導

Question 豊かな学校生活を目指すための児童会・生徒会活動と, 共通の興味, 関心を追求するクラブ活動（小学校）の特質および指導上留意点をどのように考えるとよいのでしょうか。

A 小学校の児童会活動について, 学習指導要領では,「児童会活動においては, 学校の全児童をもって組織する児童会において, 学校生活の充実と向上のために諸問題を話し合い, 協力してその解決を図る活動を行うこと」と明示されている。また, 中学校・高等学校の生徒会活動について,「生徒会活動は学校の全生徒をもって組織する生徒会において, 学校生活の充実や改善向上を図る活動, 生徒の諸活動についての連絡調整に関する活動, 学校行事への協力に関する活動, ボランティア活動などを行うこと」と明記されている。

▷**児童会・生徒会活動の特質**

学習指導要領の記述を通して, 児童会・生徒会活動の特質として次の3点をあげることができる。一つには, 全児童, 全生徒で組織する児童会・生徒会活動を通して行う自発的, 自治的な活動であること。二つには, 学校生活の充実と向上をめざした児童・生徒の自主的, 実践的な態度を高め, 豊かな人間性, 社会性を養う活動であること。三つには, 異学年集団による集団活動であり, 児童・生徒の相互協力の精神や学校, 集団や社会の一員としての所属感や連帯感を養うとともに, 好ましい人間関係を築こうとする態度を培う活動であること, といえる。

▷**児童会・生徒会活動の指導上の留意点**

(1) 教師の適切な指導, 援助と活動に必要な場や機会の確保など, 学校としての一貫した指導体制のもと, 児童会・生徒会活動の組織・運営に当たること。

(2) 活動の組織は, 学校や児童・生徒の実態に応じて適切に定め, 健全な運営をすすめ, 一人ひとりの児童・生徒の考えや意見を十分反映できるよう配慮し, 児童・生徒にとって楽しく, 規律正しい学校生活になるよう適切な指導を加えること。

(3) 全児童・生徒が学校生活上の問題に対する問題意識を高め, 自主的, 自

発的に活動に参加し，学校生活の充実，向上を図るようにすること。

(4) 児童会・生徒会活動に対する教員の共通理解と協力指導体制を確立するとともに，ボランティア活動などの場合には，家庭，地域社会との連携を図るようにすること。

▶クラブ活動（小学校）の特質

クラブ活動は，学年や学級の所属を離れ，同好の児童によって組織され，共通の興味・関心を追求する自発的な集団活動である。その特質の一つには，学年や学級の枠を超え，異学年集団のなかで同好の仲間相互で協力や思いやる心など豊かな人間性，社会性を培う活動であること。二つには，共通の興味・関心を追求することを通し，満足感，成就感を体験するとともに，自発性や自治性の基礎を培う活動であること。三つには児童の興味・関心を高め，個性の伸長を図るため，地域にある施設・設備や人材の活用を通して，学校と地域社会との交流や連携を深める活動であること，などが考えられる。

▶クラブ活動の指導

クラブ活動は，同好の児童が共通の興味・関心を追求する活動を自発的，自活的に行うことにを通して，自主性や社会性を養い，個性の伸長を図ることを目標とした活動である。この目標を実現するには，クラブ活動の組織づくりが大きなポイントになる。その際の留意点は，(1)児童の興味・関心を重視しそれを生かす組織であること，(2)教科指導の発展的な活動ではなく，あくまでも児童の興味・関心を中心にすること，である。

▶クラブ活動の活動内容と指導上の留意点

クラブ活動の活動内容を大別すると3点ある。一つは活動の計画，運営に関する話し合いの活動内容，二つは共通の興味・関心を追求する活動内容，三つは，活動の成果を発表する活動内容である。次のことに留意して指導を行うことが大切である。(1)指導計画の作成に当たって，教師の適切な指導の下に，児童の発想・アイディアを生かし，弾力的・柔軟的な計画にすること，(2)興味・関心の追求の活動では，教師主導型の活動でなく，児童が立案した計画に基づく活動であること，(3)活動成果の発表では，児童の創意工夫を生かし，豊かな表現力を育てることなどの留意点が考えられる。

（里見喜一）

[特別活動⑰]

68 学校行事の特質とその指導

Question 学校行事にはどんな特質と活動内容があるのでしょうか。またそれぞれの指導上の留意点は何でしょうか。

A 学校行事について，小学校・中学校・高等学校の学習指導要領では，次のように示している。「学校行事においては，全校又は学年を単位として，学校生活に秩序と変化を与え，集団への所属感を深め，学校生活の充実と発展に資する体験的な活動を行うこと」

▶**学校行事の特質**

学校行事の教育的価値は，学校生活での学習成果や経験を総合的，発展的に高める体験的な活動にある。したがって，学校行事の特質として次の点が考えられる。

(1) 全校や学年を単位とする大きな集団による実践的な活動である

他の学級や学年の児童・生徒とのふれあいや交流を通して，より幅広い人間関係を築き，小集団活動では得られない感動，連帯感などを体得できる。

(2) 学校生活に秩序と変化を与え，その充実と発展を図る活動である

単調になりがちな学校生活に色彩を添え，折り目とリズムをつけ，学校生活をより充実し，豊かなものにする。

(3) 日常の学習成果や経験を総合的に発展させる活動である

平素の教育活動から得た成果や経験に基づいた総合的な活動であり，児童・生徒の学習への意欲づけや動機づけなど学校生活に生かすことができる。

(4) 学校と地域の人々との交流，ふれあいなど連携を深める活動である

地域の人々との交流やボランティア活動を通し，社会的奉仕の精神，他者を尊重する態度などの育成を図る体験的な活動である。

▶**学校行事の活動内容と指導上の留意点**

学習指導要領では，学校行事の活動内容を5種類に分けて明示している。

(1) 儀式的行事……学校生活に有意義な変化や折り目を付け，厳粛で清新な気分を味わい，新しい生活の展開への動機づけとなるような活動である。

入学式・卒業式・始（終）業式などがある。この行事では，日常の学習の成

果を生かし，児童・生徒が自主的，主体的に参加できるよう工夫するとともに厳粛な雰囲気を保つことや新しい生活への喜びや希望などを体感させることが重要である。

(2) 学芸的行事……平素の学習活動の成果を総合的に生かし，その向上の意欲を一層高めるような活動である。

この行事には，児童・生徒の学習成果を発表するのを鑑賞する学芸会，音楽会，展覧会などと，児童・生徒の自作でない作品や催し物を鑑賞する音楽鑑賞会，演劇鑑賞会がある。指導に当たっては，特定の児童・生徒だけが参加し発表するのでなく，全員で役割を分担し各自の能力や特性を生かした全員参加協力型の行事になるよう留意することが大切である。

(3) 健康安全・体育的行事……心身の健全な発達や健康の保持増進などについての理解を深め，安全な行動や規律ある集団行動の体得，運動に親しむ態度の育成，責任感や連帯感の涵養，体力の向上などに資するような活動である。

この行事には，健康に関する健康診断や安全に関する交通安全教室，避難訓練など，体育的な行事として，運動会（体育祭），球技大会などが属する。

指導に際して，健康診断などでは事前指導を十分に行い，児童・生徒に興味・関心をもたせ，積極的に参加する意欲をもたせることが重要である。体育的な行事では，行事の実施に至るまでの指導の過程を重視するとともに，児童・生徒への過度の負担や過大な責任をもたせないことを留意すべきである。

(4) 旅行（遠足）・集団宿泊的行事……平素と異なる生活環境にあって，見聞を広め，自然や文化などに親しむとともに，集団生活のあり方や公衆道徳などについての望ましい体験を積むことができるような活動である。

この行事には，遠足，修学旅行，野外活動などがある。指導の際，単なる物見遊山に終わることのないよう，児童・生徒に対し，行事のねらいを明確に示し集団生活での協力の大切さなど趣旨の周知を図ることが重要である。

(5) 勤労生産・奉仕的行事……勤労の尊さや創造することの喜びを体得し，職業や進路にかかわる啓発的な体験が得られるようにするとともに，ボランティア活動など社会奉仕の精神を養う体験が得られるような活動である。

この行事には，全校美化，地域清掃活動などがある。指導の際，教育的効果を高めるよう地域の人々や関係諸機関との連携や協力を深めておくことが大切である。

（里見喜一）

[特別活動⑱]

69 国旗・国歌の指導

Question: 文部科学省や教育委員会が，小・中・高校における入学式や卒業式などにおいて，国旗掲揚や国歌斉唱の指導の徹底を図ろうとしている根拠はどのようなものでしょうか。

A ▷学習指導要領改訂の方針と国旗・国歌の指導

　今回の学習指導要領改訂に当たって，「ゆとり」のなかで自ら考える力などの「生きる力」の育成を基本的なねらいとし，4点の方針が提言されている。

　その1点に「豊かな人間性や社会性，国際社会に生きる日本人としての自覚を育成する」とある。また，「学習指導要領第1章総則」のなかで，学校における道徳教育の充実を図ることを重視して，「…民主的な社会及び国家の発展に努め，進んで平和的な国際社会に貢献し未来を拓く主体性のある日本人を育成する…」と，国際社会に生き国際社会に貢献できる日本人の育成をめざした教育の推進を期待している。まさに児童・生徒一人ひとりに「日本人としての誇りと自覚」をもたせることが指導上の重要事項の一つであるといえる。国旗・国歌の指導もその指導の一環として重視され，自他の国の国旗・国歌についての理解を深め，尊敬と親愛の気持ちをもって接していくことのできる児童・生徒の育成を図ろうとすることをねらいとしているのである。国旗・国歌の指導は，「生きる力」をもった児童・生徒を育成しようとする学習指導要領のねらいを達成するための大切な指導の一端を担っているのである。

▷国旗・国歌の指導と国旗・国歌法及び学習指導要領との関係

　学校における国旗掲揚・国歌斉唱の指導徹底は，国旗・国歌法制定の1999年以降強力に文部科学省により進められている。国旗・国歌法は「第1条　国旗は，日章旗とする。2　日章旗の制式は，別記第1のとおりとする。第2条　国歌は，君が代とする。2　君が代の歌詞及び楽曲は，別記第2のとおりとする」という2箇条からなり，義務づけや罰則の規定はない。政府は国旗・国歌法の法案審議の時に「卒業式などで強制しない」という見解を示してきた。しかし文部科学省・教育委員会は，地方公務員法上の「職務命令」を校長に出して実施を求める例が増えている。

学校における「国旗・国歌の指導」の根拠は，法律化した「国旗・国歌法」にあるのではなく，学習指導要領にあるのである。学習指導要領は1958（昭和33）年改訂時に「告示」形式をとり法律に準じる扱いを受けることになった。すなわち，学習指導要領は，学校教育法第20条の規定に基づく学校教育法施行規則第25条の委任により制定されたものであり，つまりは法律を補充するという性質をもっている。その意味で学習指導要領も法規命令の性格をもつことができるとされる。しかも，国旗・国歌の指導に関する事項については，1989（平成元）年改訂時までは，特別活動儀式的行事において，「国民の祝日などにおいて儀式などを行う場合には，児童（生徒）に対し，これらの祝日の意義を理解させるとともに，国旗を掲揚するとともに，国歌を斉唱させることが望ましい」であった。しかし，前回・今回の改訂により，「入学式や卒業式などにおいては，その意義を踏まえ，国旗を掲揚するとともに，国歌を斉唱するよう指導するものとする」となった。

　改訂内容をみても明らかなように，指導の場を「入学式や卒業式など」と重点化し，さらに「〜指導することが望ましい」から「〜指導するものとする」と改め，入学式や卒業式などにおいて，指導することを義務づけたのである。

　「〜するものとする」は，法令用語の一種であり，一般的に「〜しなければならない」と同義に使用される。しかし，これに反したからといって，入学式や卒業式などが無効になったり，取消しの対象になったりはしない。とはいえ公務員がこれに反したときには，当然法令違反や義務違反となり，懲戒の対象となり得る。懲戒の対象となるに当たっては，学習指導要領違反が直接的に問題となるよりも，学習指導要領に基づく指導に関する教育委員会や校長の職務命令があって，それに従わないとき職務命令違反の形で責任が問われる。

▶公立学校での国旗掲揚・国歌斉唱の現状

　国旗・国歌法成立にともなって，文部科学省の「すべての学校で掲揚・斉唱が実施されるように」という教育委員会を通しての学校に対する指導の徹底が行われている。それによって，国旗の掲揚・国歌の斉唱率は各地域・各校種において軒並みに上昇し，全体の数値を押し上げた。国旗の掲揚については，小・中・高ともに入学式・卒業式を問わず99％を上回り，国歌斉唱率は94〜98％という高率を示すようになってきている。今後100％をめざして，文部科学省の指導が強化されることになると思われる。　　　　　（羽生隆英）

[特別活動⑲]

70 特別活動の評価

Question

> 望ましい集団活動を通して,「なすことによって学ぶ」という特質をもつ特別活動の評価について,どのように考えるとよいのでしょうか。

A 評価についての基本的な考え方については,学習指導要領に次のように示している。「児童・生徒のよい点や進歩の状況などを積極的に評価するとともに,指導の過程や成果を評価し,指導の改善を行い学習意欲の向上に生かすようにすること」。このことは,指導と評価の一体化を図り,児童・生徒の学習意欲の向上に生かすという評価の重要性を示唆している。

▷**特別活動の評価の基本的な考え方**

特別活動は,集団による実践活動を通して,好ましい人間関係を育て,集団への所属感を深めるとともに,自主性や社会性を養い,活動への積極的な意欲や態度を培うことをめざしている。そのため,特別活動の評価では,「知識・理解」という認知面よりも「関心・意欲・態度」という情意面の評価を重視することが重要である。換言すれば,人間形成の過程そのものの評価であるといえる。

▷**特別活動の評価の対象**

特別活動の評価の対象として,「指導計画」,「指導方法」,「集団の発達」,「個人の変容」の事項が考えられる。

「指導計画」の評価は,特別活動の全体計画や指導計画がどの程度に実施されたかを明らかにするものである。たとえば,「各種の指導計画では,生徒指導の機能が十分に生かされているか」という観点がある。

「指導方法」の評価は,特別活動の目標や活動内容のねらいを達成する上で指導方法が適切であったかどうかについて行われるものである。観点の例として,「児童・生徒の自主的,実践的な活動が十分に助長された指導方法や工夫があったか」などが考えられる。

「集団の発達」の評価では,各活動分野での集団活動の望ましさの程度や集団の過程の変容などが対象になる。観点として,「集団内の人間関係は望まし

いものになっているか」などがあげられる。

「個人の変容」の評価では，一人ひとりの児童・生徒が各活動に取り組むことへの関心・意欲・態度や思考・判断などについて，児童・生徒の状況や意識や行動の変容をとらえることが大切である。観点として，「児童・生徒は，自己理解を図り，各自の個性の伸長に努めているか」などがある（後掲，154ページ，表12参照）。

▶**評価の方法**

評価の方法は，次のような方法がある。

(1)　観察法

一定の目的と観点に基づき，個人の言動や集団内の成員相互の活動やコミュニケーションなどを教師の観察を通して評価する方法。

(2)　質問法

教師が児童・生徒に対して面談する方法と質問紙による方法。

(3)　テスト法

標準テスト，教師自作テストなどにより，指導計画や活動成果などを測る方法や集団内の人間関係を知るためのソシオメトリックスなどがある。

(4)　活動記録などによる方法

児童・生徒による活動記録，学級日記，感想文，作品などによる方法と教師の指導記録，日誌などによる方法がある。

(5)　自己評価・相互評価による方法

児童・生徒が主体的に自己の変容を知るための自己評価と児童・生徒が相互によさを見つけ合う相互評価の方法がある。（後掲，154ページ，表12参照）

▶**これからの特別活動の評価**

21世紀の学校教育では，「知識を教え込む教育」から，「児童・生徒自ら学び，自ら考える教育」へと指導観の転換が強く求められている。この考えに立って，特別活動の評価においても，児童・生徒の「生きる力」の育成の視点からの評価の観点の明確化や指導と評価の一体化を図ることが重要である。

（里見喜一）

[特別活動⑳]

71 指導要録の記入の仕方と扱い方

Question 指導要録には，どのような性格があるのでしょうか。また，その「特別活動の記録」の欄への記入の仕方はどのようにすればよいのでしょうか。

A ▷指導要録の性格

指導要録は，児童・生徒の学籍や指導の過程および結果を要約したものであり，それ以降の指導および外部に対する証明などに活用する原簿である。

▷「特別活動の記録」の記入

「特別活動の記録」の欄の記入に当たっては，学習指導要領に示されている特別活動の目標が達成されているかどうかを，各内容の趣旨をふまえて客観的に評価し，それを記録する必要がある。その際，児童・生徒の優れている点や長所などを積極的に見い出し，それを生かす方向から評価することが重要である。各内容の趣旨に照らし合わせて，活動が十分満足できる場合には，「○印」を記入する。

「学級活動」では，話し合いや係りなどの活動に取り組むことへの関心・意欲・態度などを的確にとらえるとともに，集団活動のなかで自己を生かし，学級や学校の生活の向上，充実をめざし，思考・判断・実践している児童・生徒の状況をとらえ評価する。観点として，「話し合い活動や係り活動などに進んで参加し，自分の考えを発表しているか」，「学級の生活の向上をめざし，自分の役割分担を自覚して活動しているか」などが考えられる。

「児童会・生徒会活動」では，委員会活動，集会活動などにおける児童・生徒が担っている役割を積極的に果たすことへの関心・意欲・態度などを的確に捉えるとともに，仲間と協力して活動に取り組む過程で，よりよく生きようとする思考・判断・実践などの活動状況も評価，記録する。観点として，「進んで仕事を引き受け，積極的に自分の役割を果たしているか」，「他の学年学級の仲間と協力して活動を進めているか」などがある。

「クラブ活動」（小学校）では，児童が共通の興味・関心を協力して追求することへの意欲・関心・態度などを的確にとらえるとともに，仲間と協力して活

動の過程で個性の伸長を図り、よりよく生きようとする思考・判断・実践する活動状況を評価・記録する。観点として、「自分の興味・関心を意欲的に追求しているか」、「他の学年や学級の仲間と協力して活動を進めているか」などがある。

「学校行事」では、学校生活を楽しく豊かなものにするために全校や学年の一員としての自覚をもって活動し、自分の役割の遂行への意欲・関心・態度などを的確にとらえる。そして、集団の規則を守り、望ましい集団活動のあり方について思考・判断・実践している状況を評価・記録する。観点として、「行事内容や自分の役割を理解し、意欲をもって参加しているか」、「規律ある行動がとられているか」、「集団の一員として望ましい態度を身につけているか」などが考えられる。

▷ 「総合所見及び指導上参考となる諸事項」の欄の記入

この欄には、特別活動全般に認められる児童・生徒の活動状況について、優れている点や長所を積極的に見い出し、取り上げる。また、努力を要する点や特に配慮を要する事項があれば、指導に生かす観点から記入する。事実については、所属する係、委員会、クラブなどの名称、任務、役割分担などを記入する。所見については、集団内でのリーダーシップのあり方や活動意欲、仲間との協調性など特別活動全般にわたって認められる個人の特徴や進歩の状況について記入する。

(里見喜一)

表10 特別活動 評価の内容及びその趣旨（小学校）

内　容	趣　旨
学級活動	話合いや係の活動などを進んで行い、学級生活の向上やよりよい生活を目指し、諸問題の解決に努めている。
児童会活動	委員会の活動を進んで行ったり集会などに進んで参加したりして、学校生活の向上や他のためを考え、自己の役割を果たしている。
クラブ活動	自己の興味・関心を意欲的に追求し、他と協力して課題に向けて創意工夫して活動している。
学校行事	全校や学年の一員としての自覚をもち、集団における自己の役割を考え、望ましい行動をしている。

（中・高等学校）

内　容	趣　旨
学級活動	話合いや係の活動などを進んで行い、学級生活の向上やよりよい生活を目指し、諸問題の解決に努めるとともに、現在及び将来の生き方を幅広く考え、積極的に自己を生かしている。
生徒会活動	委員会の活動などを進んで行い、全校的な視野に立って、学校生活の向上や他のためを考え、自己の役割を果たしている。
学校行事	全校や学年の一員としての自覚をもち、集団における自己の役割を考え、望ましい行動をしている。

表11　活動過程での支援・援助の例

活動過程	望ましい支援・援助の工夫
みつける （意識化） ひろめる （共通・共同化）	・こころのふれあう学級づくり ・学級ポスト・みんなの声 ・背面黒板等の学級活動コーナーの活用 ・朝の会・終わりの会の活用 ・計画委員会の機能 ・題材，議題の把握 ・学級活動ノートの活用
ふかめる （個別・集団化）	・学級の歌，クラスの歌 ・話合いへの期待と方向づけ ・（支援・援助が必要な時） 　○話合いが進展しない時 　○よいアイデアが出ない時 　○話合いが小人数に限られた時〔小グループの活用〕 　○個人攻撃になった時 　○実行不可能と思われる時 ・実践への見通しと，がんばった児童への称賛 ・自己評価
はたらく （実践化）	・満足感，充実感の体感 ・時間的な確保
いかす （生活化）	・活動状況を温かく見守る ・広く生活に生かす ・「実践カード」や「がんばりカード」などを活用 ・新しい課題の発見〔継続化〕

表12　観点別　自己評価の例

観　点	項　目	尺　度
自　主　性	自分の考えをすすんで発表したか	5 4 3 2 1
集団思考への参加	友だちの意見を尊重しながら，考えを深めることができたか	5 4 3 2 1
支援・協力	みんなと協力し合い活動できたか	5 4 3 2 1
自　律　性	自分たちの力で学級をよりよくしようと努力したか	5 4 3 2 1
実践への意欲	みんなで決めたことを実行できたか	5 4 3 2 1

[特別活動]
参考文献
教員養成基礎教養研究会編，高橋哲夫・原口盛次・井上裕吉『特別活動研究』教育出版，1998年。
文部省『小学校学習指導要領』大蔵省印刷局，1998年。
文部省『中学校学習指導要領解説　総則編』東京書籍，1999年。
文部省『小学校学習指導要領解説　特別活動編』東洋館出版社，1999年。
文部省『中学校学習指導要領解説　特別活動編』ぎょうせい，1999年。
文部省『高等学校学習指導要領解説　特別活動編』東山書房，1999年。
蜂屋慶『生活指導の本質』明治図書出版，1965年。
菱村幸彦『教育課程の法律常識』第一法規出版，1989年。
日本特別活動学会編『キーワードで拓く新しい特別活動』東洋館出版社，2000年。
宮川八岐・成田國英編『新しい教育課程と学習活動の実際――特別活動』東洋館出版社，1999年。

推薦図書
小川一郎編著『ホームルーム担任読本』文教書院，2000年。
日本特別活動学会編『キーワードで拓く新しい特別活動』東洋館出版社，2000年。
宮川八岐・成田國英編『新しい教育課程と学習活動の実際――特別活動』東洋館出版社，1999年。

[道徳教育①]
72 道徳教育の改訂

Question 学習指導要領において，道徳教育はどのように変遷してきたのでしょうか。また，今回の改訂により，どのように変わりますか。

A

▷「道徳の時間」の変遷

学習指導要領は，ほぼ10年ごとに改訂されているが，1958（昭和33）年に特設された「道徳の時間」の変遷を以下に述べる。1968（昭和43）年の改訂では，道徳教育の目標を，教育全般の目標と区別し，「道徳教育の時間においては，……各教科および特別活動における道徳教育と密接な関連を保ちながら，計画的，発展的な指導を通して，これを補完し，深化し，統合して，児童の道徳的判断力を高め，道徳的心情を豊かにし，道徳的態度と実践意欲の向上を図るものとする」と明記した。

1977（昭和52）年の改訂では，「目標」で，「道徳的実践力を育成するものとする」を加え，1989（平成元）年の改訂では，「目標」に「生命に対する畏敬の念」が加えられ，「主体性のある日本人」，「道徳的心情を豊かにする」ことが強調されている。

▷1997年の改訂について

まず「総則」では，「道徳教育は，教育基本法及び学校教育法に定められた教育の根本精神に基づき，人間尊重の精神と生命に対する畏敬の念を家庭，学校その他社会における具体的な生活の中に生かし，豊かな心をもち，個性豊かな文化の創造と民主的な社会及び日本の発展に努め，進んで平和的な国際社会に貢献し未来を拓く主体性をもつ日本人を育成するため，その基盤としての道徳性を養う」となっており，新たに「豊かな心」と「未来を拓く」が付け加えられている。これは，現在の殺伐とした若者の心に豊かな感性をもたせるようにするとともに，将来に批判的な世相に対し，未来をより積極的にうけとめようとしている。また目標では，「道徳の時間においては，……各教科，特別活動及び総合的な学習の時間における道徳教育と密接な関連を図りながら，計画的，発展的な指導によってこれを補完，深化，統合し，道徳的価値の自覚を深め，道徳的実践力を完成するものとする」とし，「道徳的価値の自覚を深め

る」社会が求められており，人間としてどのように生きるかを考えさせることに力点がおかれていることがわかる。

内容は，「主として自分自身に関すること」，「主として他の人とのかかわりに関すること」，「主として自然や崇高なものとのかかわりに関すること」，「主として集団や社会とのかかわりに関すること」の4つの柱に分類してのべられている。小学校第1学年および第2学年では，第1の視点（主として自分自身に関すること）で「よいことと悪いことの区別をし」を加えており，善悪の判断が第2の視点（主として他の人とのかかわりに関すること）では，あいさつ，言葉遣い動作などに心掛けると共に，幼い人や高齢者に深い心で接することが第3の視点（主として自然や崇高なものとのかかわりに関すること）では，「生きることを喜び」を加え，他人の生命だけでなく，自己の生命をも大切にすることを求めている。第4の視点（主として集団や社会とのかかわりに関すること）では，父母，祖父母，先生を敬愛し，郷土の文化に親しみ，愛着をもつことがそれぞれ求められ，さらに「家族の役に立つ喜びを知る」が加えられており，家族の絆を強化する大切さが認識されている。

同様に第3学年および第4学年では，「感動し」や「感じ取り」が加えられて感性の豊かさが必要であるとしている。第4の視点では，「外国の人々や文化に関心をもつ」を加え，国際理解，異文化理解を求め，日本以外の文化に目を向け，国際社会の中での日本が果たす役割の意義を理解させようとしている。第5学年および第6学年では第1の視点では「真理を大切にし」を新たに加えて，真実を見る眼を培うことを求めている。

さらに中学校では，第1の視点では，「節度を守り節制と心掛け」が加えられ，第2の視点では「互いに異性についての正しい理解を深め」が加えられている。さらに，第4の視点では新たな文言が加えられているか，または大幅に改正されている。それらは「2．法や決まりの意義を理解し，遵守するとともに，自他の権利を重んじ義務を確実に果たして，社会の秩序と規律を高めるように努める」「3．公徳心及び社会連帯の自覚を高め，よりよい社会の実践に努める」「4．正義を重んじ，だれに対しても公正，公平にし，差別や偏見のない社会の実現に努める」とあり，法やきまりの遵守，公徳心を高め，正義を重んじることが求められる。これらから共通していえることは生きる力を培い公共心を高めることにより，良き公民，市民としての自覚を求めているのである。　　　（田中圭治郎）

[道徳教育②]

73 道徳教育の考え方

Question

道徳教育はなぜ必要なのでしょうか。その基本的な考え方と現代的意義は，どのようなものでしょうか。

A ▷人間とは何か

　人間は高度に発達した哺乳動物である。しかしながら，他の哺乳動物とは異なる成長過程をたどる。すなわち，高度に発達した哺乳動物の多くは出産後，直ちに自らの足で歩むことができる。牛や馬は，出産後30分以内に歩くことができるというように，離巣型の動物なのである。しかし，ウサギやネズミのように多産の動物は，出産後も親の巣に長くとどまるといった留巣型の動物である。人間の子どもはほぼ1年を経過しないと1人歩きができない。ポルトマン（Poltman, A.）に，人間は1年間早産といわしめた所以である。しかしながら，未熟なまま生まれた人間は，未熟さ故に他の哺乳動物以上に発達の可能性を秘めている。

　人間は誕生以来，人との接触のなかで人間となる。その意味では，人間は社会的動物ということができる。パスカル（Pascal, J.）は，その著『パンセ』のなかで「人間は考える葦である」といっているが，これは正に的を射た言葉であろう。人間は動物としては弱小であるが，真理を探究することができる動物故に，万物の霊長となりえたのである。人間は，人々と接することにより，またある世代から次の世代に思想を伝達することにより，生き方の本質を知ることができ，より真理へと近づくことが可能となるのである。

　マスロー（Maslow, A. H.）は，欲求階層論について以下のように述べている。人間の欲求は，食べる，寝るなどの初歩的な段階から，年齢段階が上がるにつれて，より社会性をもった欲求になっていく。現に集団のなかで，自己を認められたい，また自己の役割を認識したいといった段階に入り，さらに自己完成の欲求へとより高められていくとする。このように人間がなぜ存在するかという根源的な問題を考え，どのように生きるべきかを探究することが道徳なのである。このような道徳を教えるということは，たいそう困難な作業である。しかしながら，少年や青年に「いかに生きるべきか」を教えることは，人間の社

会形成には欠かさざるものである。往々にして，社会規範を否定しがちな，少年，青年に自律的に社会規範に従うようにさせるには，彼らに道徳律の存在を教えることが必要となってくる。

最近，トレランスという言葉が使用されている。翻訳すれば，教育学では寛容，心理学では忍耐と訳されているが，じっと我慢して相手を受け入れるということを意味している。トレランスが可能になるためには，何が正しくて何が間違っているかを明確にし，自己を確立する必要があろう。自分を知り，自律的な人間こそがトレランスの心をもった人間，すなわち相手を受け入れることができる人間となりうるのである。

▶**道徳教育はいかにあるべきか**

「人間とは何か」「人間はどのように生きるべきか」の問題を，学校や家庭で，教師や親たちがいかに教えればよいのかが問われてくる。彼らは，知識を強制的に押しつけがちになる。しかしながら，少年や青年は，絶えず物事に不満を持っており，強制的方法は，敵意，恐怖，失望，絶望を生じさせがちである。教師は学校の全教育活動のなかで，親は家庭での日常生活のなかで，言葉だけでなく行動で示すことにより，つまり知識だけでなく，経験，体験を通して，人間としての生き方を学ばせることが必要なのである。

現在，学校現場において，いじめ，不登校，学級崩壊等々さまざまな問題が山積している。人間性の喪失が学校現場にまで及んできたといえる。しかしながら，多くの教員たちは苦悩しながらもそれらの問題の解決に意欲的に取り組み，学校においてすべての子どもたちのそれぞれ個性を尊重し，彼らの可能性を最大限生かすことを願っている。

▶**望ましい人間関係**

哲学者ブーバー（Buber, M.）は，人間関係には，「私とあなたとの関係」と「私と物との関係」の2つがあると述べている。両者とも人間同士の関係であるが，前者は心と心が通じ合う関係，後者は相手は人間であるが心が通じ合わなく相手が単なる物体にすぎない関係を意味している。最近の学校での出来事は，児童・生徒と教員の関係，児童・生徒同士の関係が，この「私と物との関係」に時として陥る危険性があることを物語っている。人間は一人ひとりが尊厳をもった存在であり，お互いに基本的人権を認め合わねばならないのであり，そのために人間教育が今ほど求められる時はない。　　　　　（田中圭治郎）

[道徳教育③]

74 道徳教育の特設

Question

「道徳の時間」が設けられていますが，道徳教育はなぜ「特設」となっているのでしょうか，またその目標は何でしょうか。

A

▶道徳教育の変遷

　戦前の修身科は軍国主義的であるという点から，1945（昭和20）年の「修身，日本歴史及び地理停止ニ関スル件」により授業が停止させられ，最初の学習指導要領（1947年）でも再開させられなかった。この理由としては，アメリカの教育のように，教育活動全体を通じて行うという精神の下に，独立した教科として取り扱わないことが求められた。歴代文部大臣，政治家の修身復活の声にもかかわらず，1951年の第1次改訂では，教科設置が受け入れられなかったのである。

　1958年3月15日に出された教育課程審議会の答申では，「道徳教育の撤廃については学校教育全体を通じて行うという従来の方針は変更しないが，さらにその徹底を期するために，新たに『道徳』の時間を設け，毎学年，毎週継続して，まとまった指導を行うこと」を掲げ，道徳の時間を設置する提案を行った。この結果，学習指導要領の第2次改訂（1958［昭和33］年）では，小学校，中学校に「道徳の時間」が特設された。これらの学校での教育課程は，「教科」，「道徳」，「特別教育活動」，「学校行事」の4領域で構成され，教科とは独立した1領域を形成している。これは，学校教育全体を通じて道徳教育を行うという精神は維持しつつ，道徳の時間では「道徳的実践力の向上を図る」ために設けられている。しかしながら，道徳教育の出現は決して戦前の修身科の復活ではない。つまり教育基本法の精神の下に行い，子どもたちの自主的，主体的活動を積極的に取り入れるものであった。「道徳の時間」は全教育活動をより積極的に活性化するための方策となる授業内容なのである。

　道徳教育の目標について，1997年改訂の学習指導要領より説明をする。まず，「総則」から述べてみる。「教育課程編成の一般方針」では，「学校における道徳教育は，学校の教育活動全体を通じて行うものであり，道徳の時間を初めとして各教科，特別活動及び総合的な学習の時間のそれぞれの特性に応じて，適

切な授業が行われなければならない」と述べられ，新しく導入された総合的な学習の時間においても道徳教育が行われなければならないとしている。

▶道徳教育の目標

　道徳教育の目標は，まず第一に「人間尊重の精神と生命に対する畏敬の念を家庭，学校，その他社会における具体的な生活の中に生かす」ことである。人間尊重の精神，生命に対する畏敬の念が日常生活の場のなかで生かされることが求められ，第二に「豊かな心を持ち，個性豊かな文化の創造と民主的な社会及び国家の発展に努める」ように，ここでは豊かな心と個性豊かな文化というような，人間味ある生き方が強調されている。第三に「平和的な国際社会に貢献し未来を拓く主体性のある日本人を育成する」ことである。平和主義で世界に貢献するとともに，自立的，自律的な生き方が個々には必要であるとしている。第四に「教師と児童及び児童相互の人間関係を深め，……家庭や地域社会との連携を図る」ことが求められている。人間関係が希薄になった現在，学校，家庭，地域社会との連携の下で，新たな人間関係の構築が必要となってくる。第五に「ボランティア活動や自然体験活動などの豊かな体験を通して児童（生徒）の内面に根ざした道徳科の育成」をめざしている。ボランティア活動，自然体験活動などのようなさまざまな学外活動においても，道徳性を強調するとしている。

　また，道徳の項の目標では，「学校の教育活動全体を通じて，道徳的な心情，判断力，実践意欲と態度などの道徳性を養う」としており，自分で道徳的価値判断ができる力を養うことが求められている。目標内容の項で取りあげられる諸項目から，各年齢段階での目標を分析してみる。第1学年および第2学年では，「身の回りを整え」，「友達と仲良くし」，「普段世話になっている人々に感謝する」など，身のまわりから道徳教育がはじめられていることがわかる。さらに，第3学年および第4学年，第5学年および第6学年では，「郷土や自分の国の文化と伝統を大切にし」や「外国の人々を大切にし」というように，より空間的な広がりをもつようになっていく。さらに，中学校になると，「真理を愛し，真実を求め，理論の実践を目指して自己の人生を切り拓いていく」というように，より人間としての深まりを求め，「いかに自律的な人間になるか」が道徳教育の目標となっている。

（田中圭治郎）

[道徳教育④]

75 道徳教育の内容

Question　道徳教育の内容をどのようにとらえればよいのでしょうか，また内容構成はどのようにすればよいでしょうか。

A

▶道徳教育の徳目主義と人物主義

　道徳教育の内容は，道徳教育の目標を達成するために，児童・生徒にどのような道徳的価値を身につけさせればよいのかということである。道徳教育を教える際，徳目主義か人物主義かが問題になってくる。徳目主義とは「正直たれ」「質素・倹約」といった題目をめざして努力することであり，人物主義はナイティンゲールのようなナース（看護婦〔師〕）になれといった理想的な人物をめざす教育である。徳目主義，人物主義ともに一長一短がある。徳目主義は，内容を説明するのには容易であるが，時には内容が伴わず，スローガンのように明確であるだけで満足する場合がある。また人物主義は，生きた人間がモデルであるため，具体的でわかりやすいが，その人物を現実よりも美化・理想化する場合が多々あり，現実の人間との乖離がはなはだしい場合，かえって逆効果になってしまう。

▶道徳教育の内容

　現行の道徳の「教師用指導書」を中心にどのように内容が児童に教えられるかについて述べる。

　道徳の教科のなかで取り上げられている資料（主題）の類型としては，(1)文学資料，(2)伝記資料，(3)実話資料，(4)論説資料の４つがある。これらを小学校１年および４年の教科書を例にとると，(1)の文学資料は，１年では「おおかみがきた」である。これは「イソップ寓話集」からの引用であり，「うそをつくと他人に信頼されなくなることを理解し，うそをつかないようにしようとする心情を育てる」ことを意図している。４年では，「歩いてくる時計」が取り上げられている。これは，ドイツの哲学者カントが時刻通り正しく散歩することを取りあげている「神戸淳吉の作品」である。「時間を大切にし，規則正しい生活をしようとする態度を養う」ことを目標としている。(2)の伝記は，１年では「なんべんもなんべんも」で小野道風の努力した姿を紹介し，「やらなけれ

ばならないこと，一生懸命に努力しようとする心情を育てる」ことを目標としている。4年では「女医を目指して」で，東京女子医科大学を作った吉岡弥生の伝記を紹介している。これは「自分が立てた目標に向かって励み，希望を持って努力しようとする心情を育てる」ことを目標としている。

　(3)の実話資料は日常生活の具体的な事例を取り上げたものである。現在の道徳の資料は，戦前の修身科の資料とは異なる子どもたちの具体的日常生活の場の出来事を紹介することが特徴である。1年では，「あいさつ」，「あぶない，あぶない」，「おてつだい」，「ごめんなさい，おとうさん」というように躾の面が多い資料が多々使用されている。4年生では，「小さな心づかいで」，「わたしたちの手で」，「わたしのたからもの」といった，日常的な行為を紹介することのなかで，友人との関係を中心とした生活，両親・祖父母との関係における家庭・学校生活はどうあるべきかを考えさせる内容となっている。

　(4)の論説資料とは，筆者がある問題について訴えたいこと，さらには考えを述べたものであり，この資料を手がかりにして，より広い視野に立って，筋の通ったものの見方，考え方をさせようとするものである。1年では「こんどからは」が取りあげられている。「はんかち」を忘れたたかおは，いつもハンカチを用意してくれた母親の心遣いに気づき，自分のことは自分でしなければならないことに気づかせる内容となっている。「身の回りの整理整とんをするなど，自分でできることは自分でしようとする態度を養う」ことを目標としている。4年では，「やくそくの本」をとりあげている。入院している真理子に友人の守が雨の中，「ヘレン・ケラーの伝記」を約束通りに学校の図書館から借りて持っていこうかどうか迷っている話である。この話のなかでは，話は途中までで終わり，結末を皆に考えさせる内容となっている。この目標は，「約束を守り，誠実で明るさのある生活をしようとする態度を養う」ことである。

　小学校1年では，具体的な物事，身のまわりの出来事を教えることに力点が置かれているのに対し，4年になると問を投げかけ，自分で考える力を培うことがうかがわれるのである。以上述べてきたように，現在の道徳教育の資料は，徳目主義，人物主義をうまく織り混ぜて，年齢に応じ，児童・生徒に自分の問題として「生き方」を考えさせる題材を適切に用意している。特に最近では，相手の立場に立って人権問題を考えることの必要性が強調されている。

　　　　　　　　　　　　　　　　　　　　　　　　　　　（田中圭治郎）

[道徳教育⑤]

76 道徳教育の指導計画と内容

Question 学校における道徳教育は，全領域において有機的に関連しあって進められるものといわれていますが，その指導計画の作成と内容の取り扱いはどのようになっているのですか。

A ▷**道徳教育の全体計画は，全教師の総意をもって作成する**

　学校教育は，その目標を達成するための全教職員による意図的，計画的，組織的な共同の営みである。したがって，一貫性のある教育活動を展開するためには，地域や学校の実態に即し，全教員の総意によって指導計画が作成されなければならない。殊に，道徳教育の場合は教科のそれとは異なり，全領域において行われる教育活動であるから，その基本的な方針と，それを具体的，総合的に示す全体計画が必要である。

　その構成と内容は，憲法と教育基本法の理念や学習指導要領に示された道徳の目標と内容をふまえ，学校の実態を把握し，保護者の願いを汲み上げて道徳教育の目標を設定しなければならない。そして，それを具現するために各学年の重点目標を定め，さらに道徳性の育成をめざした他領域での教育活動と道徳の時間との関連と役割を明らかにし，家庭や地域との連携をどのように図るかを示すことが必要である。

　このような全体計画が作成されてこそ，児童・生徒が道徳的諸価値を身につけていくための指導基盤ができるのであるが，その中核となる道徳の時間の指導方針を明らかにすることが重要である。道徳の時間は，教科，特活，総合学習などで学んで得た成長の喜びや自らの生き方を自覚するなど，道徳のかなめの時間として，それらを補充，深化，統合する場であるからである。

▷**道徳の時間の年間計画は，全学年を見通し，発達段階に即して作成する**

　道徳指導の効果を高めるためには，全学年を見通し，内容項目間の相互的関連性をふまえ，発達段階を考慮しながら必要に応じて他学年の内容項目を加えるなど，内容の選択と重点化を図ることが必要である。そのうえで，主題の構成と年間を見通しての月別の配列と時間の配当を行う。その際，学校行事や体験活動などの特別活動や総合学習の時間と関連させ，総合的見地からの学習が展開できるよう配慮することによって，道徳の時間を充実させることができる。

この年間指導計画は，個々の担任教員が行う「学級における指導計画」や「道徳の時間の学習指導案」を作成するよりどころとなるものである。したがって，その構成要素としては全体計画に基づく各学年の指導方針，前年度の反省からの重点課題，月別主題配列表，指導目標，主題の構成理由，学習過程の大要，指導資料，他領域との関連，評価の観点，および指導上の留意点などの年間にわたる指導の概要が示されることが必要である。

　計画の作成にあたっては，年間授業時数の確保と児童・生徒の興味・関心に着目して，時期や時数などの変更を可能にする弾力的な取り扱いができるよう配慮することが大切である。また，児童・生徒自らが成長を実感し，新しい目標に向かって歩むためには，常に計画の改善をはかり，多様な指導方法と資料を開発したり，TT（ティーム・ティーチング）を導入するなどの工夫が必要である。

▶学級の指導計画は，全体計画の具体化と指導の充実をめざして作成する

　道徳教育の成果は，学級における道徳の時間の指導に負うところが大きい。児童・生徒にとって，学級は学校生活の基礎となる場であり，そこでの教員と児童・生徒，生徒相互間の対人関係のあり方が学習活動の展開過程において決定的な意味をもっている。学校における生徒の行動や振る舞いの基礎は，学級での心理的関係条件にあることが多く，そのあり方は教育（学習）活動の成否に大きく関わっているからである。日常の学級における生活の指導を通して，生徒の道徳性が育成される面はきわめて大きく，学級における指導計画は重要な意味をもっている。それは担任の個性を生かした指導の指針である。

　この指導計画の内容は，道徳の時間における学年の重点目標と方針，および学級の児童・生徒の道徳性の実態と保護者の願いをふまえた，学級における道徳教育の方針が明記されなければならない。また，生徒指導に関わる問題や体験活動との関連，および基本的な生活習慣の形成に関する指導内容との関連づけをも考慮して計画することが必要である。このほか，学年や家庭・地域社会との連携をどのように進めるか，たとえば授業への参加と協力を求めるなどの具体的な計画が期待される。

　これらの計画は学級経営の基礎となるもので，指導の成果は児童・生徒の日常に反映されることから，担任教員にとっての生きがいの基礎を固めるものである。このことは，指導者と学習者の相互に響き合う情感的関係とあいまって，教育活動を支え，教育を成功させる基本的な前提である。　　　（上坂一二）

[道徳教育⑥]

77 道徳の時間の指導方針と内容

Question 道徳の時間は，道徳教育のかなめであるといわれていますが，その時間の学習指導の方針と指導内容にはどんなものがありますか。また，その取り扱いについて，留意すべきことはどんなことですか。

A ▷**年間指導計画と道徳の時間の特質に基づいて，基本方針を確立する**

　道徳の時間は学校における道徳教育を進める上でのかなめであり，この時間の成果に期待するところが大きい。なぜなら，他領域での道徳指導との関連をはかりながら，年間計画に沿った計画的，発展的な指導によって児童・生徒一人ひとりの道徳的価値への自覚を促し，人間としてよりよく生きていく道徳的実践力を育成することが目標であるからである。このことは，今日の社会状況のなかでとくに重視されなければならない課題であり，その達成をはかるためには道徳の基本的諸価値の全体をふまえて，発達段階に即して意図的に指導することが必要である。

　この視点に立って，道徳の時間の基本方針を明確にすることが重要であるが，その指導は学級を単位として，教師と児童・生徒との相互交流と信頼関係によって成るものである。したがって，日常の生活を通して人間関係の調整に努め，互いの差異性への理解と承認による温かな思いやりのある学級づくりを進めることが基盤となる。中学校などで見られる「学校は一つ」などのスローガンには，その凝集性を高めようとする教師の願いを感じるが，同時に異質なものの排除と離反の潜んでいることを忘れてはならない。

　道徳の時間の指導は，道徳的価値についての理解を深め，それを自分と関わらせて自己理解に資するとともに，さらに生き方の指導へと発展させなければならない。日常のなかで生ずる生活上の諸問題の処理に終わらせることなく，また，単なる内容項目の解説や知識の伝達に終わることなく，さまざまな体験を考慮しながら指導の方法に創意と工夫を必要とする。たとえば，集団活動やボランティア活動での個と集団の関係をふまえ，そこでの体験や感動を共有して自己に問いかけ，価値の自覚を深めるよう指導しなければならない。

▷**指導すべき内容項目を把握し，その関連性から重点化をはかる**

　道徳教育の目標を達成するために指導すべき内容は，小・中学校ともに学習

指導要領「第3章，道徳，第2」に掲載されている。その内容は，「主として自分自身に関すること，他人とのかかわりに関すること，自然や崇高なものとのかかわりに関すること，集団や社会とのかかわりに関すること」から成っており，これは「児童・生徒の道徳性を四つの視点からとらえたものである」としている。この四つの視点は小・中学校において共通であり，それぞれについて具体的な内容項目が発達段階に応じて示されている。計画と指導に当たっては，それを関連づけ，重点化をはかりながら主題を設定して月別に配列すればよい。それが後に例示する「内容項目と主題の設定・構成と配列表」である（表13参照）。

▶**指導の内容は児童・生徒の学習と実践の指針であり，課題である**

指導すべき内容は，道徳教育の基本事項であり，児童・生徒自らが道徳性を育むことによって身につくものである。したがって，指導の内容は同時に生徒自らの学習と実践の指針であり，課題である。その意味において，常に課題意識をもち，その達成に向けて生活するよう指導することが大切である。そのためには，日常の生活のなかで現状を正しく把握し，課題状況を分析したり，それらを互いに関係づけ，改めるべきことがらを明らかにすることや，そのための一定の方法・順序など，目標との関連から現状行動を規制する自律のための指導が必要である。自分の考え方，行動，および態度についてどのように認識しているかを自覚することが，自己統制への基礎的条件である。

たとえば，作文やグループ日記の指導のなかで，その記述内容を傾聴し，受容し，かつ共感的に理解して励まし，あるいは矛盾や不一致点を指摘して問題を自分自身のものとして受け止めさせるなど，生き方についての自覚を深めさせ，人間としてよりよく成長しようとする態度の形成に資することが重要である。このような指導法は，生徒理解に基づく道徳性の評価にも通じるものであり，教師からの励ましや賞賛の言葉を添え書きすることによって，互いの心の交流を深め，意欲をも喚起することとなる。人間の知・情・意としての心は，言葉と結びつくことにおいて初めて確かなものとなるのである。言葉は人間自身の内奥にあってはその認識と思考を支え，人と人との間にあっては互いの心に呼応してひびき合い，共感や感動を呼んで新しい世界をも開示する。そうして，相互の理解と啓発を促進させ，創造的人間関係ができるのである。

（上坂一二）

表13 内容項目と主題の設定・構成と配列表

学年		Ⅰ									Ⅱ									Ⅲ										備考
月		4	5	6	7	9	10	11	12	1	2	3	4	5	6	7	9	10	11	12	1	2	3	4	5	6	7	9	10	11	12	1	2	3	
主題名 内容項目		私達は○○中学生	きまりを学ぶ	よりよい学習習慣	美しい学校	国際理解と平和	生命の尊重	仲間と高め合う	感謝と思いやり	新年の抱負	勤労の喜び	みんなのために	自律と独立	権利と義務	信頼と友情	理想を抱く	国際理解と平和	生命の尊重	伝統文化の尊重	謙虚な心	よい校風	強い意志	生きる喜び	最上級生になって	男女の敬愛	自然を愛する	家族を思う	国際理解と平和	生命の尊重	法を守る	国民としての自覚	個性を伸ばす	新しい出発	
(1)主として自分自身に関すること	①望ましい生活習慣	○																																
	②勇気と強い意志	◎																				◎												
	③自律心と責任												◎	○																				
	④真理愛と理想実現												◎			◎													◎					
	⑤自己回顧と個性伸長							○																								◎		
(2)主として他の人とのかかわりに関すること	①礼儀ある言動			◎																														
	②感謝と思いやり								◎	◎										○														
	③友情と信頼														◎	◎																		
	④健全な異性観																								◎	○								
	⑤謙虚と広い心				○															◎														
(3)主として自然や崇高なものとのかかわりに関すること	①自然愛と美的感動																										○							
	②生命の尊重						◎											◎					○						◎					
	③生きることの喜び																						○											
(4)主として集団や社会とのかかわりに関すること	①遵法の精神			○				○																							○	○		
	②公徳心と社会連帯	◎	◎																															
	③公正・公平な社会		○								○																							
	④公共の福祉																													○	○			
	⑤家族愛																										○							
	⑥愛校心			○															○					○										
	⑦郷土愛				○														◎															
	⑧愛国心																		◎													○		
	⑨世界平和と幸福					◎											◎											◎				○		

◎密接関連 ○関連 （筆者作成による試案）

[道徳教育⑦]

78 道徳の時間の内容と指導（小学校）

Question 道徳の授業を行うにあたり，どんな内容を，どのような順序と方法で展開すれば効果的なのか，また学習指導案の形式と内容について，そのポイントを示してください。

A

▷重点的な指導を工夫する

　小学校の道徳の時間に指導すべき内容は，学習指導要領に提示されており，4つの視点と55の内容項目（1－2年で15，3－4年で18，5－6年で22の項目）から構成されている。これらの全体を指導することが基本であるが，すべてを網羅することはない。子どもの実態に応じて2学年を見通して重視する内容項目を選択し，重点的な指導を工夫することが必要である。その際，当該学年における子どもたちの内容項目に対する自覚の状況と程度を評価し，焦点化を図った指導の展開を考えることが重要である。

▷心に響く指導方法を工夫して，指導案を作成する

　道徳の時間は，子どもたちの内面に根ざした道徳的実践力の育成をめざしている。したがって，集団活動や日常のなかでの感動体験を生かし，作文指導での取材，選材との関連をはかるなどの工夫が必要である。また，役割演技法やグループ・エンカウンターの手法を用いるなど，効果的な指導法を考えたい。

　学習指導案の構成としては，主題名，主題設定の理由，目標，学習指導過程と留意点，他領域との関連，およびその他（評価の観点，他教師との協力連携など）から成るのが一般的である。作成にあたっては，まず目標を検討し，指導のポイントをおさえ，資料を吟味してどのように展開するかを構想することが重要である。指導段階としては，主題への興味と関心を高める動機づけのための「導入」，道徳的価値についての自覚を高める「展開」，およびこの時間のまとめと次時への発展へつなぐための「整理」とするのが通常である。

▷指導資料の選択，開発と効果的な活用に努める

　道徳の資料は，子どもたちの心に響き，心を揺さぶるものが期待される。それは道徳性を育むための原点である。子どもにとって，感動性が豊かであり，生きる喜びや勇気が与えられ，人間としてよりよく生きていくことの意味を考えさせる資料の開発と活用にこそ意を用いなければならない。

学習指導案の事例

第4学年〇組　道徳学習指導案

1．主題名「かけがえのない生命」3-(2)1-(1)，資料「お母さん，泣かないで」（第一法規）

2．主題設定の理由

　生命の尊重は人間の存在を支える根幹であり，道徳性の基盤である。このかけがえのない生命の大切さを追求することは，改めて生きることの喜びを自覚し，かつ生と死の人間の真実と尊厳に気づき，よりよく生きていくための道徳性育成のかなめである。ところが，いじめをはじめとする生命軽視の風潮が今もなお存在しており，身近なところからの自他の生命の尊さを実感させることは教育の重要な課題である。

3．目　標

　人の誕生や人の死を通して生命の尊さを感得し，自他の生命を大切にする心情を育てるとともに，健康と安全に気をつけて，節度ある生活態度を身につけさせる。

4．計　画

　1時間（総合学習と関連づけて行う場合は，前後各1時間をそれにあて，計3時間とする）

5．学習指導過程

〈備　考〉

　学習（授業）過程を次頁の通り，「導入・展開・整理」としたが，たとえば教科の場合，「課題をつかむ－課題を追求する－課題を解決する」など，課題解決学習型の過程を組み立てることもある。

　大切なことは，講義方式の指導ではなく，子どもたちの道徳学習が成立することであり，道徳的価値への自覚を確かなものとし，価値実現（行為）への意志と身構えを形成させる構成とすることである。

段階	学習過程	主な発問と助言	留意点
導入 ・動機付け ・目標，課題の把握	1. 総合の時間の活動で取材した家族や周囲の人たちの自分への期待や思いやりのことばから，自分が大事にされてきたことを出し合う。 ・誕生前後の家族や親戚の人たちの期待，喜び ・誕生時から今日までの身体的成長の記録 ・病気やケガの時の看病や心配	○家族や周囲の人たちが自分のことについて心配したり，喜んでくれたりしたことはどんな時のどんなことであったか。 ・病気やケガの時の看病や心配 ・誕生日や入学のお祝い ・口うるさいと思うときもあったが ・夜遅くまで勉強したとき	○生命尊重と家族愛の価値覚醒への方向づけを行う。
展開 ・道徳的価値への自覚	2. 資料「お母さん，泣かないで」を読んで，人物の気持ちについて話し合う。 ・正子の代わりにモンちゃんを座らせたときのみんなはどんなことを思っていたか。 ・「お母さん，泣かないで」と言った正子の気持ちはどんなものであったか。また，なぜそう言ったのか。 ・ぬいぐるみと手紙を見たときの私の気持ちを考える。 ・正子のお母さんと家族の人たちの気持ちはどんなであったか。 ・正子の死は多くの人たちにどんな思いをさせたのだろうか。 ・写真の前で「まあちゃん」と言ったときの私の気持ちを考える。	○登場人物の正子の死に対する思いはどんなものであったか。 ・誕生会に集まった友だち ・正子のお母さん ・家族の人たち ○正子の死は，大勢の人たちにどのような悲しみを与えたか。 ○「せいいっぱい正子の分まで」の意味はどんなことか。 ・正子の願いや気持ちを受けとめてほしい。 ・正子のような事故を起こさないでほしい。	○深い悲しみの中にある主人公と家族の思いに共感させる。 ○友の死を深く見つめさせる。 ○「わたし」の気持ちを考えることを通して，友人の死から学んだことは何かを明らかにする。
整理 ・価値実現への意志と身構え	3. 「モンちゃんを大切にしよう」という作者のことばの意味を考える。そして，その気持ちを共有する。 ・発表する。 ・教師によって補説する。 ・これからの生活にどのように生かしていくのかを課題とする。	○「モンちゃんをいつまでも大事にする」ということばに托された作者の願いは何か。 ○1人の死がどれだけ多くの人を悲しませるか，生命というものがいかにかけがえのないものであるかを補説する。 ○自分の生活をふり返り，これからの課題をつかませる。	○実践への意欲を高める。

※**事前の扱い**
　総合の時間に，家族や周囲の人たちから受けた期待や思いやりのことば，幼少の頃のことなどを聞きとってメモする（家族や前担任へその旨と協力を依頼しておく）。
※**事後の扱い**
　これからの目標や決意などを作文にする。自分史作成へ発展させることも考えられる。

（上坂一二）

[道徳教育⑧]

79 道徳の時間の内容と指導(中学校)

Question
道徳の授業は、どんな内容を、どのような順序と方法で展開すれば、道徳教育のかなめとしての役割を果たすことができるのでしょうか。指導案の作成に当たって、留意すべきことはどんなことですか。

A

▶生徒や学校の実態をふまえ、特色を生かして重点的に指導する

中学校の道徳の時間の内容は、小学校と同じ4つの視点から構成されており、23の項目から成っている。しかし、中学校の学習指導要領では、特に「規律ある生活ができ、自分の将来を考え、国際社会に生きる日本人としての自覚が身につくこと」を重点とし、すべての内容項目が「人間としての生き方の自覚とかかわり、主体的に道徳的実践力を身につけるよう配慮すること」を求めている。

したがって、全項目を網羅し、羅列的に取り上げることなく、学校の実情や特色を生かし、項目間の関連性を密にして柔軟に構想し、主題を設定することが必要である。そのためには、年間指導計画の作成時において、他領域での指導内容や重点的指導を必要とする内容項目を関連づけ、ねらいに沿った主題の構成と配列を工夫しなければならない。この作業は担任教員の恣意によることなく、校内研究会等で学年の重点目標や課題をふまえて行うことが大切である。

▶道徳的価値の自覚を深め、実践力を育てるかなめとなる展開を工夫する

道徳の授業は、他領域での道徳教育を補充、深化、統合して「かなめ」の時間としての役割を果たさなければならない。そのためには、教員は生徒とともに道徳的価値の実現をめざす同行者としての姿勢をもって臨み、他領域での活動や体験的活動等との関連をはかり、また他教師の参加や協力を求めるなど、多様な展開を工夫することが重要である。

学習指導案の構成と形式については前頁に例示したが、授業の成否は「導入」段階での動機づけによるところが大きい。教材や主題に対する学習者の「関心」は、その意欲の源泉であり、その行動と方向性を決定づけるばかりでなく、展開過程への持続と発展へのエネルギーとなり、原動力となるからである。ここでの「関心」とは、教材や主題を学ぶことの対象の吟味であり、これからの学習がどのように展開されるかの見通しであって、いわば個体と環境と

の調節・統御の結果である。いいかえれば，個々の生徒の視野から見た「善さと願い」の獲得要求といってもよい（図9参照）。

　したがって，指導に当たっては，対象の確かな認知と目標達成に自我を関与させるとともに，学習過程における交流への期待感情と結果の承認欲求に応えることが重要である。このことは，生徒が「なぜ，これを学ぶのか」の教師への問いかけでもあり，学ぶに値する主題の設定を求める要求でもある。

　主題のねらいを達成する中心的な段階が「展開」である。それは道徳的価値の自覚を深める段階であるから，そのための資料の吟味と扱い方，および発問構成を工夫しなければならない。発問の適否は人間としての生き方を追及し，メタ認知的思考を促す鍵となる。授業の形態や話し合いの形式は指導の効果を左右する。したがって，画一的な解説授業に終わることなく，ロールプレイ，対話や話し合い，あるいは作文による指導など多様な方法を取り入れることが大切である。資料の提示においてもOHP，VTRなど活用したい。

　授業の「終末」段階は1時間のまとめであり，次時への発展の準備である。その方法は，教師の板書によるもの，生徒の価値への思いや考えをノートにまとめるなどが一般的であるが，授業の目標との関連で行うことが必要である。

▷**多様な資料の開発と効果的な活用を工夫する**

　教育の基本は，教師と生徒が一緒に暮らして時間と空間を共有するところにあり，両者の情感的関係において成るものである。したがって，その媒体となる教材資料は，心に響く感動的なものが期待される。その内容は生と死の人間の真実と尊厳に気づき，生きることの喜びと勇気をもって未来へ向かって人生を切り拓いていく実践力を育むものが望まれる。そのためには，文学作品に限ることなく，論説，新聞記事，およびボランティア活動や自然体験活動の生徒作文を教材化するなど，その幅広い開発が期待される。

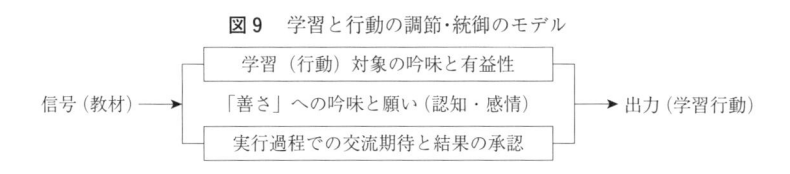

図9　学習と行動の調節・統御のモデル

信号（教材）　→　| 学習（行動）対象の吟味と有益性 |
　　　　　　　　| 「善さ」への吟味と願い（認知・感情） |　→　出力（学習行動）
　　　　　　　　| 実行過程での交流期待と結果の承認 |

（上坂一二）

[道徳教育⑨]
80 道徳教育の評価の内容と方法

Question: 教育における指導と評価は一体であるといわれていますが、道徳の場合どんな評価がどのように行われているのですか。その観点や方法にはどんなものがありますか。

A

▷**到達目標の実現状況を評価し、学習意欲の向上と指導の改善に資する**

　教育における評価は、到達目標の実現状況を把握することによって、児童・生徒にとっては自分の成長を振り返り、新たな課題へ向かってよりよく生きる契機を与え、教師にとっては計画や指導の反省と改善に資するものである。したがって、日常の指導に即して子どもの状況を把握し、目標や内容に照らしてどのように成長したか、その到達度を明らかにすることが評価の基本である。

▷**道徳性を理解し、受容と共感による心のふれあいのなかで評価する**

　道徳性とは、善悪の価値基準に対して主体的に関わっていく個人の傾向性と理解するのが一般的であるが、文部省の道徳の指導書によれば、その諸様相を凡そ次のように説明している。「道徳性とは道徳的行為を可能にする人格的特性であり、人格の基礎をなすもので、道徳的心情、道徳的判断力、道徳的実践意欲と態度によって構成されている」としている。

　また、「道徳的心情は、善行を喜び、悪を憎む感情で道徳的行為への動機として作用するもので、これを養うことは道徳性を高める基礎的要件である。道徳的判断力は、善悪を判断する能力であり、これによってそれぞれの場において道徳的行為を可能にする。また、実践意欲と態度は、道徳的心情や道徳的判断力によって価値ある行動をとろうとする傾向性を意味する。実践意欲は心情や判断を基礎として、道徳的価値実現への意志の働きであり、態度はそれらに裏付けられた具体的な道徳的行為の構えである」と分析している。

　さらに、「道徳的実践力とは、道徳的価値を内面から自覚し、それを実現するための行為を主体的に選択し、実践できる内面的資質である」としている。評価にあたってはこれを参考とし、児童・生徒が善悪の行為に対してどんな感情を抱き、どんな価値観をもって判断しているか、またよりよく生きようとする構えや行動がどのように現れているかを把握することが重要である。

その方法は，日常の態度と行動やその背景にある心の動きを理解しながら計画的に観察し，記録をとるもの，その過程で受容と共感的なカウンセリングマインドをもって面接し，心情や態度を評価するなどが効果的である。また，日記や作文などは児童・生徒の内面理解に役立つばかりでなく，教師の励ましや問いかけを添え書きすることによって，自分の生活行動を振り返り，問題や課題を認識して自らを改めるメタ認知的思考を促すことができる。

▷指導計画のそれぞれについて評価する

　指導計画の評価は，3つの計画のそれぞれについて，全教師の参加と協力のもとに行うことが必要である。そのために，指導の後で気づいた改善事項とその理由を記録し，校内研究会などで検討することが大切である。全体計画の評価にあたっては，他領域での活動が道徳の時間と有機的に関連し，道徳性を育てるために効果的であったか，重点目標は家庭や地域との連帯と協力のもとに指導がなされたかなど，定期的に評価し，改善することが重要である。

　年間指導計画の場合は，35時間の指導時数が確保され，学年段階を通し，また1年間を通して体験活動などと関連させながら計画的，発展的に重点的な指導がなされたか，主題の配列は適切であったか，また他教師や保護者と地域の参加，協力を得たかなど，多様な展開がなされたかを評価するものである。

　学級における指導計画については，道徳の時間をかなめとして，他領域での活動と関連をもたせた指導が学年内の協力のもとに展開できたか，生徒が自発的に道徳性を高め，実践するよう工夫できたかなど，指導実践をふまえて評価しなければならない。

▷道徳の時間の指導過程や指導方法について多面的に評価する

　生徒の一人ひとりの道徳性がどのように成長したかを理解し，指導の過程や方法を改善するためには，かれらの発言や行動を分析，検討して多面的な評価の方法を心がけることが必要である。また，生徒が互いの成長を実感できる自己評価や相互評価を取り入れたり，授業への感想やアンケートを求めたりして，学習と指導の両面から検討することが望まれる。その基本的な観点は，かれらの直面している心の揺れ動きや葛藤を感得し，価値の実現をめざす同行者としての姿勢をもっているか，自らを問うことである。なお，学習指導要領では，道徳の時間に関する道徳性の評価は，数値などによらないとしている。

（上坂一二）

[道徳教育⑩]

81 教科指導と道徳教育

> 教科指導を行うなかでの道徳教育とはどのようなものでしょうか。

A ▷豊かな人格形成

　教科指導は、それぞれの教科固有の目標や内容にしたがってなされるものであり、それらはすべて、児童・生徒の豊かな人格形成をめざして行われるものである。また、道徳教育でめざされるものの一つに「道徳性の涵養」がある。その「道徳性」については、「人間としての本来の在り方やよりよい生き方をめざしてなされる道徳的行為を可能にする人格的特性であり、人格の基礎をなすものである」（小学校学習指導要領解説道徳編）と示されている。教科指導も道徳教育も人間的発達を促すものであり、豊かな人格形成をめざすものである。したがって、各教科の目標や内容に徹することは、道徳教育にも関わってくるということになる。

　たとえば、一見道徳と無縁のように思われる算数（数学）や理科という教科にあっても、真理の探求や真実の究明などの訓練が大切にされる。このことは、道徳教育における合理的な判断や探求心と深く関わっていくことになる。直観、類推、帰納、演繹などの数学的思考力は、科学的、合理的な生活態度の育成にもなるのである。

▷人間としての在り方・生き方

　道徳教育では、道徳的価値の内面化や道徳的実践力の育成が重視される。この道徳的実践力とは、道徳的心情、道徳的判断力、道徳的実践意欲と態度を包括するものであり、人間としてよりよく生きていく力である。この力の基は、各教科でも培われるものである。国語科における「思考力や想像力及び言語感覚を養う」という目標は、道徳的心情や道徳的判断力を養う基本となるものである。また、「国語を尊重する態度を育てる」ことは、わが国の文化や伝統を大切にする心につながっている。さらに物語や小説などの教材を通して、人間愛や誠実な生き方など、人間としての在り方・生き方を学ぶことができる。社会科や宗教科の場合は、教科の内容そのものが道徳と深い関連を有している。

社会科の目標である「公民としての基礎的教養を培い，国際社会に生きる民主的，平和的な国家・社会の形成者として必要な公民的資質を養う」は道徳教育のねらいにも通ずるものである。理科にあっても，自然の事物・事象について学び，自然と人間の関わりについて考えたり，自然と共存する生き方を考えたりすることができる。自然を愛する心情は，そのまま道徳教育の内容に含まれるものである。また，生活科の目標である「具体的な活動や体験を通して身につける基本的生活習慣や自立の基礎を養う」こともよりよい生き方をめざすものである。

▷人間関係の充実

児童・生徒の道徳性は，日々の人間関係のなかで培われる。家庭や地域のなかにおける人間関係もあるが，学校や学級における人間環境が大きな影響を与える。この環境は，主に教員と児童・生徒および児童・生徒相互の関わりにおいて形成される。道徳教育では「主として他の人とのかかわりに関すること」として，その内容が示されているが，教科指導にあっては，教師と学び手との関係が重要になってくる。

教員と児童・生徒との人間関係においては，教師に対する尊敬と相互の信頼が基本になる。そのためには，教師自身が，己に厳しく，よりよく生きようとする姿勢と深い学識を有するとともに，学び手である児童・生徒を尊重し受容する態度およびよりよい成長を願う教育愛がなければならない。教科指導においては，「何でこんなことがわからないのか，何でこんなことができないのか」と思うのではなく，「何でこんなことも私はきちんと教えられないのか」と自らの指導の在り方厳しく問い直す指導者でなければならない。

児童・生徒相互の人間関係を豊かにするためには，相互の交流を深め，互いが伸び伸びと生活できる状況をつくることが大切である。児童・生徒が，互いに認め合い，助け合い，励まし合い，学び合う雰囲気が醸成されていなければならない。そのような学び合いの場と機会を積極的に設けていくのである。教師と児童・生徒，児童・生徒相互の関係，この個性と個性のふれあいの雰囲気が「校風」や「級風」そのものを生み出し，一体感のなかで「教化」（化すること）が成立し，真の「知育」（教えること）が可能となるのである。

（寺尾滋明）

[道徳教育⑪]

82 特別活動と道徳教育

Question　特別活動と道徳教育の関連，特別活動を通しての道徳教育とはどのようなものですか。

A

▷**主体的な判断と行動**

　道徳教育では，人との関わり，自然との関わり，集団や社会との関わりを通して，道徳的な心情，判断力，実践意欲と態度などの道徳性を養うことがねらいとしてあげられている。つまり，主体的な関わりと活動によって培われる力の重視であり，自らの考え，主体的に判断して行動することのできる人間の育成である。特別活動のねらいも，自主的，実践的な態度の育成にある。

　特別活動の特質としては，第一に，さまざまな集団的な活動を通して実施するものであること，第二に，児童・生徒の自主的，自発的な活動を促すものであること，第三に，実践的な活動を中心とするものであることの3つがあげられる。これらの活動を通して，豊かな人間性や社会生活に必要とされる資質（集団や社会の一員としてよりよい生活を築こうとする態度および実践力）を身につけさせるのである。特別活動の内容である児童活動・生徒活動（学級活動，児童会活動，生徒会活動，クラブ活動），学校行事における諸活動を通して，人や自然との関わりを深め，主体的に判断して行動する力，道徳的実践力を身につけることができる。

▷**自他の尊重と責任感**

　学級活動における話し合いや係りの活動を通して，話し合いのルールや方法などを身につけるとともに，自他の尊重の感情や意識，ものごとを合理的に考えようとする態度や実践力を育てることができる。また，児童会活動・生徒会活動などの組織的な活動を通して，役割や機能を自覚するとともに，児童・生徒が学校の一員であるという自覚を高め，相互信頼と尊重の念および扶助の精神や責任感を養うことができる。

▷**集団への所属感と生きる力の育成**

　学校行事には，儀式的，学芸的，健康安全・体育的，旅行・集団宿泊的，勤

労生産・奉仕的の5種類の行事がある。いずれの学校行事においても，日常の学習や活動の経験を総合的に発揮させる場であり機会である。また，「学校生活に秩序と変化を与え，集団への所属感を深め，学校生活の充実と発展に資する体験的な活動」(学習指導要領)なのである。したがって，各行事における計画や事前指導及び評価や事後指導の過程において，次のような「生きる力」の核となる豊かな人間性を培うことができる。(小学校学習指導要領道徳編)

① 美しいものや自然に感動する心などの柔らかな感性
② 正義感や公正さを重んじる心
③ 生命を大切にし，人権を尊重する心などの基本的な倫理観
④ 他人を思いやる心や社会貢献の精神
⑤ 自立心，自己抑制力，責任感
⑥ 他者との共生や異質なものへの寛容

たとえば，「旅行・集団宿泊的行事」の一つに，5泊6日の自然学校がある。この自然学校は，豊かな自然のなかへ学習環境・生活環境を移すことによって，学校とは違ったさまざまな体験（自然体験，社会体験，身体的・感性的体験）を通して主体的な実践力や上記の豊かな人間性および基本的な生活習慣を身につけることができる。この事業推進委員会のまとめには，次のような成果が述べられている。(兵庫県教育委員会『生きる力をはぐくむ体験活動』による)

(1) 自然の美しさや神秘性，厳しさなどに触れ，自然に対して興味・関心を抱くとともに，豊かな感性や知的好奇心，探求心を育んでいる。
(2) 自分のことは自分で行うなど自主的に物事を行う態度やわがままを抑え他と協調するなど，社会性の発達に必要な態度が生まれている。
(3) これまで気づかなかった自分や他者の長所や能力を発見したり，日ごろ世話になっている親や周りの人に対する感謝の心を育んでいる。
(4) 活動を通して得た成就感や達成感を味わうことによって，忍耐力や問題解決能力を培うとともに自立心を育んでいる。
(5) 健康や安全に留意する態度や能力を育てるとともに，規則正しい生活を通して基本的な生活習慣を大切にする意識や態度を育てている。
(6) 自然や地域社会を対象にした体験活動は，人間としての在り方・生き方を考えさせる機会になっている。

(寺尾滋明)

[道徳教育⑫]

83 総合的な学習の時間と道徳教育

Question 総合的な学習と道徳教育の関連，総合的な学習を通しての道徳教育とはどのようなものですか。

A ▷「生きる力」を育てる

中央教育審議会は，第一次答申（1996〔平成8〕年7月）で「生きる力」の内容を次のように示している。「自分で課題を見つけ，自ら学び，自ら考え，主体的に判断し，行動し，よりよく問題を解決する能力（知育）。自らを律しつつ，他人と協調し，他人を思いやる心や感動する心など豊かな人間性（徳育）。そして，たくましく生きるための健康や体力（体育）。」である。この「生きる力」は，全教育活動のなかで育てられるものであるが，とりわけ総合的な学習においては，次のねらいにも示されているとおり，よりよく問題を解決する資質や能力はこの時間の活動のなかで培われていくことになるのである。

(1) 自ら課題を見つけ，自ら学び，自ら考え，主体的に判断し，よりよく問題を解決する資質や能力を育てること。

(2) 学び方やものの考え方を身につけ，問題の解決や探求活動に主体的，創造的に取り組む態度を育て，自己の生き方を考えることができるようにすること。

道徳教育においても，「生きる力」の核となる豊かな人間性や社会性の培いが重視される。豊かな人間性や社会性とは，「人間として，社会の一員として主体的に生きるための基本となる資質や能力であり，豊かな道徳性を意味する」と説明されている。（小学校学習指導要領道徳編）

▷かかわりのなかで育つ道徳性

総合的な学習の時間は，上記のねらいに示されている資質や能力などを児童生徒に身につけさせなければならない。そのためには，一定の知識を覚え込ませるのではなく，児童・生徒が直接体験したり，問題解決に取り組む学習を積極的に取り入れていく必要がある。学習活動の展開に当たっての配慮事項として，①体験的な学習，問題解決的な学習を積極的に取り入れること，②学習形

態，指導体制，地域の教材や学習環境の積極的な活用などについて工夫することの2つがあげられている（学習指導要領総則第4の5）。

　児童・生徒は，具体的な体験（自然体験やボランティア活動などの社会体験，視察・実験，見学や調査，発表や討論，ものづくりや生産活動など）で人や事物と関わり，そのなかでさまざまなことを考え，その思考を深め，学んでいく。さらに，関わりを通して，人間としての在り方を自覚し，よりよい生き方を求めていく態度が育つ。自分自身，他の人，自然や崇高なものおよび集団や社会等と関わることで生きる力の基盤は培われ，道徳性，自立心，自己責任などが育っていくのである。

▶課題研究で培われる力

　総合的な学習の時間の学習活動は，「学習指導要領総則第4の3」に示されているとおり，課題については次のようなものが考えられる。

① 国際理解，情報，環境，福祉・健康等の横断的・総合的な課題
② 生徒の興味・関心に基づく課題
③ 地域や学校の特色に応じた課題

　いずれにしても，取り上げる課題は，児童・生徒の問題意識や興味・関心に基づく選択・設定が大切で，この主体的な選択が研究の第一歩となる。

　たとえば，「環境について考える」というテーマを設定した小学校高学年の一人は，次のような取り組みをしている。まず初めに，「地域の河川の状況を調べる」ために，河川に住む魚や水鳥と植物（水草）について，その種類や大きさなどを調べるとともに，水質についても検知管などを使って汚濁度を調べている。そして，その調査結果をホームページに表しインターネットによる交流を図ることを考え，ホームページに表すものを次のように整理している。

ア　住んでいる魚や水鳥と住んでいる場所
イ　水質調査の結果と河川の様子
ウ　河川に生息している水草

　同じ河川の上流・中流・下流に住む子どもたちと交流して河川の環境を考えたり，県下および日本中の河川に関する情報を得たりして，「環境について考える」というテーマについてのまとめを行い，環境保護への意欲を示している。

（寺尾滋明）

[道徳教育⑬]

84 家庭,地域社会との連携

Question

家庭,地域社会との連携と,それによる道徳教育とはどのようなものですか。

A

▶健全育成

　児童・生徒の健全育成を図るためには,家庭や地域との連携は不可欠なことである。とくに家庭は,情意の面で陶冶や望ましい習慣形成の面でも重要な役割を担っている。最初に人間としてのしつけや生き方を身につけるのが家庭である。家庭のなかで身につける基本的な生活習慣や価値観は,学校生活や社会への適応などにも大きな影響を与える。いってみれば,望ましい人格形成の第一歩は家庭における道徳教育に始まっているということになる。家庭は人格形成の源であり,礼儀,感謝,思いやりなど人間生活に必要な基本的な道徳的価値を身につけていく場である。これに対して,社会という多様な集団のもつ教育的機能は,地域や風土のなかでつくられた慣習や文化・歴史のなかに息づくものであり,文化のもつ論理や職業のもつルールの陶冶のなかで道徳的実践力が身につけられるのである。子どもたちは,学校生活や地域での生活を通して,社会性や協調性,社会生活上のルールや基本的モラルなど,道徳的価値や道徳的実践力を身につけていくことになる。

　急激な社会変化や価値観の多様化が進む現代にあっては,学校が家庭や地域と連携し,相互補完しながら児童生徒の健全育成を図ることが重要である。

▶秩序の確立

　人間は社会の一員として生きている。このことは,社会としての一定の秩序のなかに身を置いて生きているということであり,生きているかぎり社会の一定のルールに従わねばならないのである。したがって,社会の秩序を守り,秩序を確立する実践者になることが必要となる。しかし,今は人間の生き方としてのルールが乱れ,秩序の確立がなされていないと思われる異常な状況も見られる。新しい時代を築いていく人間として,地域社会の生活に内在する道徳的自浄作用を取り戻すとともに,社会秩序の確立を図る推進者としての役割を果たさねばならない。そのような自覚を深めるとともに地域の活動に積極的に参

加して多くの人々や文化と触れ合い，社会性を身につけたり地域を愛する心を育てたりすることが大切である。

▶ボランティアなど豊かな体験活動

　子どもたちの体験の不足が身勝手な行動などさまざまな問題を招いている現状から，地域社会において豊かな体験の機会を増やしていくことを考えなければならない。地域の行事に参加してみると，それまで気づかなかった地域のよさを発見したり，地域の人々のと交わりを通して地域理解が深まったりするものである。そのような活動の中で道徳性は育ち，豊かな人間性が培われていく。

　1995（平成7）年1月阪神・淡路大震災が起こった後，全国からたくさんの人が被災者の救援活動を展開するために集まった。そのボランティア活動は，被災者に生きる勇気と癒しを与えた。当時は，中学生や高校生も家族や地域のために懸命に活動した。その後も地域の人たちと一緒になってボランティア活動を展開している生徒も多い。被災して独り住まいになった老人のところへクッキーやケーキを作って訪問したり，地域の行事に参加して祭りの準備を手伝ったり清掃活動を行ったりしている。また，病院での看護体験や施設での介護体験等を通して，多くの人と心の交流を深めている。

▶関わりと育ち

　家庭・地域の教育力の基底にあるのは人間関係である。人と人との結びつきのネットワークが教育力を生み出していく。子どもたちは，しっかり張られた人間関係の綱の上に乗っかってその関わりのなかで育っていくのである。いろいろな年齢や役割をもった人たちに囲まれた子どもたちは，それだけで豊かな人間関係，人間形成空間をもつことができるといわれる。昔は，どこでもそのような空間がしつらえられていたが，いまの子どもたちにはない。今は，子どもたちを取り巻く人間関係は驚くほど貧しくなっている。友だち関係，仲間関係も希薄なものになっている。この関係の希薄さが，いじめなどの行動に現れている。家庭・地域の教育力の復権を図るためのボランタリーな努力を始めるとともに，体験学習の機会と場を設定し，その体験活動を通して他者理解・自己理解を深め，人間関係を密にしながら豊かな人間性を育てることが必要である。

　　　　　　　　　　　　　　　　　　　　　　　　　　（寺尾滋明）

[総合的な学習の時間①]

85 総合的な学習の時間の創設の経緯と趣旨

「総合的な学習の時間」が新設された経緯や意義および趣旨は、どのようなところにあるのでしょうか。

A　総合的な学習の時間の創設が提言されたのは、1996（平成8）年7月19日の第15期中央教育審議会第1次答申「21世紀を展望した我が国の教育の在り方について」においてである。その創設趣旨は、ほぼ以下の4点に集約される。

(1)「生きる力」を育むためには、各教科等の指導においてさまざまな工夫を凝らした活動を展開したり、各教科等の間の連携を図った指導を行うなどの試みを進めることが重要であること。(2)「生きる力」が全人的な力であることを踏まえて、横断的・総合的な指導を一層推進し得るような手立てが有効であること。(3)国際理解教育、情報教育、環境教育などを学校教育で行う社会的要請が強まり、全ての教科等にも関わる内容をもった教育であることからも、横断的・総合的な指導を推進していく必要性があること。(4)教育内容の厳選と基礎・基本の徹底に伴い、生み出された時間をまとめて「総合的な学習の時間（仮称）」を設け、横断的・総合的な指導を行うこと。

この提言を受けて、1998（平成10）年7月29日の教育課程審議会答申においても、小学校、中学校、高等学校並びに、盲学校、聾学校および養護学校小学部・中学部・高等部の教育課程に、「総合的な学習の時間（仮称）」を設置することが提言された。その趣旨は、次のような内容であった。(1)各学校が地域や学校の実態等に応じて、創意工夫を生かした特色ある教育活動を展開できるような時間を確保すること。(2)また、自ら学び自ら考える力などの「生きる力」は全人的な力であることを踏まえて、国際化や情報化をはじめ社会の変化に主体的に対応できる資質や能力を育成するために教科等の枠を越えた横断的・総合的な学習をより円滑に実施するための時間を確保すること。(3)この時間が、自ら学び自ら考える力などの「生きる力」を育むことをめざす今回の教育課程の改善の趣旨を実現する極めて重要な役割を担うものであること。

上で述べた2つの答申を踏まえて、文部省（当時）は1998（平成10）年12月に

学校教育法施行規則の一部改正と小学校ならびに中学校の学習指導要領の改訂を行い，新しい教育課程がともに2002（平成14）年度から実施されることとなった。翌年の1999（平成11）年3月には，高等学校学習指導要領が学校教育法施行規則の一部改正と併せて改訂され，平成15年度より新教育課程が実施されることとなった。

これら一連の教育課程基準の改訂によって，小学校，中学校，高等学校，盲学校，聾学校および養護学校の教育課程に「総合的な学習の時間」が登場することとなった。その趣旨は，「各学校は，地域や学校，児童（生徒）の実態等に応じて，横断的・総合的な学習や児童（生徒）の興味・関心等に基づく学習など創意工夫を生かした教育活動を行うもの」とされている。

教育課程におけるその位置づけについては，教育課程審議会答申のなかで述べられているように，「各学校において創意工夫を生かした学習活動であること，この時間の学習活動が各教科等にまたがるものであること等から考えて，国が目標・内容等を示す各教科等と同様なものとして位置づけることは適当ではない」とされている。このため，「国が，その基準を示すに当たっては，この時間のねらい，この時間を各学校における教育課程上必置とすることを定めるとともに，それに充てる授業時間数などを示すにとどめ，各教科等のように内容を規定することはしないことが適当である」と明示された。

これらの答申を受けて，1998（平成10）年12月14日付けの学校教育法施行規則第24条で，「小学校の教育課程は，国語，社会，算数，理科，生活，音楽，図画工作，家庭及び体育の各教科，道徳，特別活動並びに総合的な学習の時間によって編成するもの」とされた。また，同第53条でも，「中学校の教育課程は，必修教科，選択教科，道徳，特別活動並びに総合的な学習の時間によって編成するもの」とされた。授業時間数は，小学校では第3・4学年が105時数，第5・6学年が110時数となり，中学校では，第1学年が70～100時数，第2学年が70～105時数，第3学年が70～130時数となっている。中学校の場合は，選択科目との関連で各学校にて決定されることとなった。

これらの時数は，あくまで年間の標準授業時間数として示されており，毎週同程度の時数を実施することを義務づけるものではない。学習内容の特質に応じて効果があると判断される場合には，特定の時間に適宜集中して実施することもできるとされている。

（前原健三）

[総合的な学習の時間②]

86 総合的な学習の時間の
ねらいと課題と評価

Question

総合的な学習の時間の「ねらい」や，これを実践する際の「課題」および「評価」については，どのように理解したらよいのでしょうか。

A ▶総合的な学習の時間の「ねらい」

　新しい学習指導要領は，その総則において2つのねらいを明記している。

　第一のねらいは，「自ら課題を見つけ，自ら学び，自ら考え，主体的に判断し，よりよく問題を解決する資質や能力を育てること」にある。

　このねらいに従えば，「総合的な学習の時間」は，児童・生徒がさまざまな学習課題に主体的に取り組む形で進行することが期待される。ここで重要なことは，この時間の学習のねらいを，課題そのものを実際的に解決することに求めたり，また，その課題について新しい知識を習得することに求めたりしないことである。具体的な課題の探究過程を通して，課題の発見方法・解決の方法や，自ら考え，判断する力を育んでいくこと自体に，「ねらい」は潜在している。まさに，このような探究過程を通して，子どもたちは「生きる力」を発揮し，発揮することでさらなる「生きる力」を形成していくことが期待されている。

　第二のねらいは，「学び方やものの考え方を身につけ，問題の解決や探究活動に主体的，創造的に取り組む態度を育て，自己の生き方を考えることができるようにすること」にある。

　つまり具体的な課題を設定したり，追究したり，まとめたり，表現したりする活動を積み重ねていく学習活動が，児童・生徒の「学び方やものの見方・考え方そのものを身につけ」ていくことに繋がり，またたとえ児童・生徒が学校や教師の手を離れた場合でも，彼らに関わる諸「問題の解決や探究活動に主体的，創造的に取り組む」ことを可能とするような態度の育成が期待されている。さらにはこのような活動を通して，児童・生徒自身が「自己の生き方」という課題性に気づき，これを継続的に探究していく力を育てたいとしている。

　このようなねらいのなかには，高度に情報化され地球的規模でグローバリ

ゼーションが進むことが予想される不透明な「21世紀社会を主体的に生きるための諸力の育成」が，生涯学習論的観点からも企図されているといえよう。

▷**総合的な学習の時間の「課題」**

「総合的な学習の時間」を実践する際の「学習課題」については，先に示したねらいを踏まえることが重要である。つまり，児童・生徒が取り組む横断的・総合的な課題や，児童・生徒の興味・関心などに基づく課題などについての理解や知識の獲得，あるいはその課題の解決そのものに主たる目的があるのではなく，具体的な学習過程を通して，資質・能力を育んだり，生き方を考えたりすることこそが主眼であることをよく理解することである。

具体的な学習課題としては，(1)国際理解，情報，環境，福祉・健康などの横断的・総合的な課題 (2)児童・生徒の興味・関心に基づく課題 (3)地域や学校の特色に応じた課題の3つが例示されている。これらは，あくまでも例示であり，各学校で判断・決定することを奨励している。したがって，その実践において個性的で多様であることが期待されている総合的な学習の時間の運営が，広く画一化され模倣化されれば，その開設の本来的趣旨は消滅することとなろう。

▷**総合的な学習の時間の「評価」**

総合的な学習の時間の評価については，新学習指導要領総則の「総合的な学習の時間の取り扱い」のなかでは特記されていない。総則の配慮事項の一つに，「児童(生徒)のよい点や進歩の状況などを積極的に評価するとともに，指導の過程や成果を評価し，指導の改善を行い，学習意欲の向上に生かすようにすること」とある。これは，新しい評価の考え方を総合的な学習の時間にだけでなく，各教科，道徳，特別活動をも含めて全教育活動を通して浸透させたいとの意向とも解することができる。

また教育課程審議会答申では，「各教科のように試験成績によって数値的に評価することはせず，活動や学習の過程，報告書や作品，発表や討論などに見られる学習の状況や成果などについて，児童生徒のよい点，また学習に対する意欲や態度，進歩の状況などを踏まえて適切に評価すること」とされている。さらに，たとえば「指導要録の記載においては，いわゆる評定は行わず，所見等を記述することが適当である」ことが指摘されている。ポートフォリオ評価(portfolio assessment)などの新しい評価法の研究が求められる所以でもある。

(前原健三)

[総合的な学習の時間③]

87 総合的な学習の時間の実践例(1)

Question: 横断的・総合的課題（国際理解，情報，環境，福祉・健康）からの「総合的な学習の時間」の実践は，どのように行えばよいのでしょうか。

A: 横断的・総合的な課題に応じた具体的な学習活動の実践例としては，以下のような例をあげることができる。

▷横断的・総合的課題への実践例

国際理解に関する活動：(1)諸外国の生活や文化について書物や視聴覚教材，インターネット，身近な外国人へのインタビューなどによって調べたりまとめたりする。(2)外国の民族衣装について調べ，実際に作って，ファッションショウを自分たちで企画し，実行する。(3)外国の料理について調べ，実際に料理し，家族や地域の人々とともに試食会を開く。(4)外国の民族舞踊について調べ，実際にこれを演じ，校内等で公演する。

環境に関する活動：(1)身近な川の汚れや町のゴミについて，その実態や原因を調べたり，対策を考えて提案したりする。(2)身近な川や池などを清掃して，ホタルやトンボなどを呼び戻す。(3)コンビニエンス・ストアやマーケットでの食料品の売れ残り，レストランや家庭，学校給食などでの食べ残しの問題についてインタビューやアンケートで調べ，人々の意識と背景の問題等を探究する。(4)河川流域圏の文化的経済的総合研究の推進。

福祉に関する活動：(1)身近な障害者や高齢者との直接交流やその人たちの生活や福祉問題について書物や視聴覚教材，インターネットなどで調べたりまとめたりする。(2)障害者や高齢者と一緒にゲームをしたり歌を歌う。(3)学校や身近な地域におけるバリアの実態を観察や車椅子体験により調べる。(4)高齢者から昔の話を聞いたり，昔の遊びを教えてもらう。

健康に関する活動：(1)食事と健康，睡眠と健康，住まいと健康などの体と健康について，調べたりまとめたりする。(2)日常生活における自らのストレスの実態を把握し，その解消方法を調べ，実際に試してみることによって，自分にあったストレス解消法を探る。

上記で例示した横断的・総合的な課題群は，これらを内容的に吟味すれば，

まさしく相互に横断的・総合的であることが明らかである。たとえば，環境問題として酸性雨やゴミ投棄のことを追究すれば，必然的に国際間の問題に発展する。国際理解の位置づけで，「世界の食文化」について追究した場合にも，環境や健康の問題に接近してくる。諸外国のゴミ処理との違いを比較する学習では，国際理解と環境とが，また諸外国の福祉事業との違いを比較する学習では，国際理解と福祉とが相互に関連してくることもあろう。

▷**外国語会話等の実践上の留意点**

なおここで，国際理解に関する学習の一環として外国語会話等を行うときの留意点について簡単に言及しておこう。小学校での外国語に関する学習は，従来クラブ活動の時間などで行われてきた。総合的な学習の時間の創設にともない，地域や学校の実態等に応じて，この時間に外国語会話等を行う場合は，中学校の外国語教育の早期実践ではなく，あくまでも国際理解教育の一環として，児童が外国語に触れたり外国の生活や文化に慣れ親しむことができるような体験的な学習となるよう工夫することが求められている。

具体的な学習活動としては，(1)小学校段階にふさわしい歌，ゲーム，簡単な挨拶やスキット，ごっこ遊びなど音声を使った体験的活動，(2)作品交換や姉妹校交流など外国の子どもたちとの交流活動，(3)ネイティブスピーカーなどとのふれあいなどを積極的に取り入れ，外国語に慣れ親しませることや外国の生活・文化に触れ，興味・関心をもたせるようにすることなどが考えられる。

▷**実践的力量形式の可能性**

教師の立場からすると，一般的に例示されるすべての課題について完璧に対応することのできる専門的力量を求められても，それは明らかに不可能である。しかし，教師自身が興味・関心を有している課題については，その準備や指導・支援上の見通しの実効性も高い。

したがって，現職教員の研修においても，また新しい教職課程においても，さまざまな研究の機会をとらえて，総合的な学習の時間に豊かに対応できる実践的力量の形成を可能ならしめるような研修・養成プログラムの創造と実践が求められている。特に現職教員の場合は，教員養成系大学院修士課程に開設されつつある総合学習関連講座で研修したり，各学校のより優れた教育実践に学びつつ，自らの実践力量を高めていく必要があろう。

（前原健三）

[総合的な学習の時間④]

88 総合的な学習の時間の実践例(2)

Question

児童・生徒の興味・関心に基づく課題からの実践は，具体的にどのように行えばよいのでしょうか。

A 児童・生徒の興味・関心に基づく具体的な学習活動の事例としては，以下のような例をあげることができる。

① 児童・生徒から取り組みたい課題を発表させ，児童・生徒と教師との協議を通して，学級としての共通課題を決定し，学級で分担・協力して追究する。学級での共通的統一課題を分割し，分割課題をグループごとに探究し，全体との調整を図りつつ，最終的に学級（学年）としてまとめ発表を行う。

② 個人またはグループにおいて事前に調べてきた課題について，修学旅行や移動教室（転地学習），宿泊体験などで現地調査研究を行い，その成果をまとめて発表する。

③ 各教科での学習課題や各教科を超えた学習課題，また児童・生徒の固有な生活体験などから個々人が取り組みたい課題を設定し，個別に探究する。

新しい学習指導要領では，総合的な学習の時間においては，児童・生徒が自ら課題を見つけ，自ら学び自ら考え，問題を解決する資質や能力，学び方やものの考え方などを身につけることなどがねらいとされている。このような資質・能力などを児童・生徒が身につけるには，一定の知識をただ機械的に覚え込ませるのではなく，これらの学習者が直接的に体験したり，その固有の問題解決に取り組む形態の学習を教師が積極的に取り入れていくことが必要となる。

いわゆる新しい学力観のもとでは，学校教育全般を通して，児童・生徒が，具体的な体験や事物との関わりを拠り所として，感動したり，驚いたりしながら，さまざまなことを考え，それを深める中で，実際の生活や社会，自然の在り方を学んでいくことが期待されている。そして，このようにして得た知識や考え方をもとに実生活のさまざまな課題に取り組むことを通じて，自己を高め，よりよい生活を創り出していくことができるものと考えられている。

このような考えを踏まえて，とくに総合的な学習の時間においては，(1)自然

体験, (2)ボランティア活動などの社会体験, (3)観察・実験, (4)見学や調査, (5)発表や討論, (6)ものづくりや生産活動などに例示される体験的な学習，また問題解決的な学習を積極的に取り入れる必要があるとされている。

　では，児童・生徒のさまざまな興味・関心や多様な学習活動に応えるためには，どのような具体的な教育方法が考えられるだろうか。学習指導要領は，(1)グループ学習や異年齢集団での学習などの多様な学習形態，(2)地域の人々の協力も得つつ全教師が一体となって指導に当たるなどの指導体制，(3)地域の教材や学習環境の積極的な活用などについて，工夫することとしている。

　たとえば，興味・関心別のグループ，表現方法別のグループ，調査対象別のグループなど多様なグループ編成などの方法が例示されている。また，学級を超えた学年全体での活動はもとより，さらには同年齢とは異なる人間関係を結び，互いの教え合いや学び合いの態度を育むため，異年齢の児童・生徒たちが一緒に活動する方法なども示されている。学級や学年を超えてこのような取り組みを進めることで，より児童・生徒の興味・関心や学習経験などの多様性を生かすことができるし，多くの教師の特性等を生かしつつ，その多様性に対応することも可能となる。

　最後に，総合的な学習の時間の全体の年間指導計画は，学校や教師が定めるものとされているが，各学習単元や課題ごとの具体的な学習テーマなどは，児童・生徒自らの課題意識や興味・関心に基づき選択・設定できるようにすることが望ましいとされていることに注意しておこう。

　つまり，児童・生徒の興味・関心に基づく課題を探究するといっても，これは何らかの前提や条件もなく，学習者の興味・関心から全く自由に出発しなければならないということではない。むしろ，それまでの子どもたちの学習経験などを考慮のうえ，たとえば，教師が包括的な複数の具体的な学習テーマを示し，それらのテーマのなかから児童・生徒が選択し，同じテーマを選択した児童・生徒がグループで学習活動を展開したり，また，児童・生徒一人ひとりがそれぞれ自分の追究したいテーマを設定し，学習活動に取り組んだりするなどの工夫の必要性が認められていると解される。

（前原健三）

[総合的な学習の時間⑤]

89 総合的な学習の時間の実践例(3)

Question

地域や学校の特色に応じた課題からの実践は、具体的にどのように行えばよいのでしょうか。

A 地域や学校の特色に応じた具体的な学習活動の実践例としては、以下のような例をあげることができる。

▶**地域や学校の特色に応じた実践例**

① 児童・生徒が生活している地域や市町村等に固有の伝統文化や出来事・事件・自然災害などに着目して、そこから具体的な学習プログラムを学校で考案し、実践する。たとえば、震災によって甚大な被害を被った神戸市では、防災教育を重視し、義務教育9年間のカリキュラムや副読本が作成されている。

② 児童・生徒が生活している市町村等で進められている再開発計画の現状と問題点について、保護者や地域の人々、市役所・役場の職員などへインタビューやアンケートなどによって調査し、子どもたち自身の考えや解決策などを発信する。

③ 児童・生徒が生活している市町村等の政治、経済、産業、文化、教育や福祉等の現状と課題について調査する。また、他の地域の取り組みを調査したり比較したりして、それらの問題点を明らかにすることによって、子どもたちが考える「わたしたちの町の未来像」を提案する。

④ 姉妹都市の国の生活や文化、言語などを調べることによって、児童・生徒が生活していない都市・地域や学校の個性を発見し、自分たちが生活している都市・地域や学校の特色・個性に気づく。さらに、このような学習を続けることによって、姉妹都市との相互理解が継続的に深まることが期待される。

▶**実践上の留意点**

ここで例示したような「地域や学校の特色に応じた課題」に基づく総合的な学習の時間を展開する際には、その方法論上の特性に鑑みて、保護者をはじめ地域の専門家や在日外国人や留学生など地域社会や学校外部の多様な人々との

協力連携が必要となる。また，その地域に設置されている公共図書館や博物館などの社会教育的学習機関，さまざまな企業や工場，団体などを積極的に利用したり，これらと連携したりすることが効果的であろう。さらには，川や山などの自然環境や文化財，伝統的な行事や産業などの活用も忘れてはならない。つまり，「地域や学校の特色に応じた課題」に基づく総合的な学習の時間の展開は，学校という個性的な教育空間とこれを包摂する地域社会の自然や歴史，地理，文化，産業等々のさまざまな環境要因とが多様な形で結びつくことによってはじめて可能となる実践といえよう。

　また，総合的な学習の時間にはいわゆる教科書は作成されておらず，「総合学習」などという専門的科目の教員免許の種類も創設されてはいない。したがって，この時間は特定の教員が担当するものではなく，校長，教頭はもとより，養護教諭，学校栄養職員，講師などを含め全教職員が一体となって指導するなど学校全体としての取り組みが不可欠とされている。

　しかし，とくに中学校および高等学校の場合は，教科担任制であるため，総合的な学習の時間の課題の定め方によっては，従来の伝統的思考法からすれば，その課題に最も近い内容を有する特定教科の教員のみが担当することになりがちである。ところが，総合的な学習の時間においては，すでに述べたように，特定の課題の具体的な解決そのものに主たる目的があるのではない。どのような課題を探究する場合でも，児童・生徒の課題に取り組む学習の過程を通じて，自ら課題を見つけ，自ら学び自ら考え，問題を解決する資質や能力，学び方やものの考え方を身につけさせることをねらいとしている。

　このような意味において，教師には，総合的な学習の機会を児童・生徒にいかに提供するかという点で，いわば方法論上の専門性が要請されるものの，特定の課題についての内容的専門性は不可欠なものとはされていない。しかしそれ故にこそ，地域社会や学校の特色そのものが希薄であれば，方法論優位の傾向が強まり，内容の創造性に乏しい形式的実践に陥る危険性も高い。

　なお，地域の人々の協力や地域の教材，学習環境の活用などに当たっては，小学校では生活科での実践があり，多くの学校で生活科マップなどを作成している。このようなノウハウを生かして，総合的な学習の時間の活動に協力可能な人材や施設などに関するリストを作成したり，地域の有識者との協議の場などを設けたりすることも必要となるであろう。　　　　　　　　　　　（前原健三）

[最近のトピックス①]

90 子どものストレスと非行・問題行動

Question

最近の子どもたちのストレス状況は、どのようなものなのでしょうか。そして、子どもたちの「荒れ」は、ストレスとどういったかたちで結びついているのでしょうか。

A

▶**子どもたちのストレス**

　いまの子どもたちは、とても疲れている。そして、ストレスがたまっている。筆者の研究室で実施した調査によれば、ストレスがとてもたまっているという小学生（5・6年生）は12.2％、ややたまっているという割合が35.3％、あわせると47.5％になる。中学生（全学年）では、それぞれ22.3％と42.2％、あわせて64.5％に達する。この数値をみただけでも、いまやストレスは大人だけのものではないことがわかる。最近の子どもたちがよく使う「ムカつく」という言葉、そして「キレる」という状態は、こうした実態を象徴しているともいえる。

　しかも、ストレスがたまっている子どもたちは、明らかに増えてきている。いま紹介したデータは、1999年11月～2000年3月に調査したものである。これとまったく同様の調査を1992年にも行っているが、この数値と比べてみると増加傾向がよくわかる。1992年時点の小学生の場合、ストレスがとてもたまっているという割合が9.5％、ややたまっている21.9％、あわせると31.4％であった。中学生は10.1％と33.6％を数えており、あわせて43.7％といった具合。これをさきほどの数値と比べてみると、ここ7～8年のあいだに、小学生では15ポイントほど、中学生になると20ポイントも、ストレスを感じている子どもたちの割合が増加している。

▶**ストレスによる症状**

　しかも、多くの子どもたちはたんにストレスがたまっているというだけではない。さまざまな症状が生じている。たとえば、イライラするということでは、小学生の場合、よくある23.4％、ときどきある29.4％、あわせると52.8％を数えている。中学生になると、それぞれ36.1％と37.7％で、あわせて73.8％である。腹が立つということでは、小学生が順に20.3％と27.2％で47.5％、中学生は34.6％と35.4％で70.0％になる。

以下，いくつかの症状について，よくある，ときどきあるという2つの割合をあわせた数値を紹介しておくと，つぎのような具合である。よく眠れないということが，小学生31.3％，中学生は33.0％である。食欲がないということでは，小学生が21.5％，中学生は22.7％である。やる気がでないは，小学生から順に42.8％と62.0％，病気ではないのに頭がいたい32.2％と33.2％，同じく病気ではないのにおなかがいたい25.6％と33.0％である。
　いずれの症状も，かなり高い割合を数えている。このことは，それだけストレスの状態が厳しいということである。そのうえ，ストレスを感じている子どもの割合が増加しているという状況からすれば当然の結果ともいえるが，こうした症状の割合もここ7～8年のあいだにかなり高くなってきている。

▶厳しいストレス状況

　そのうえ，なかには極端な身体的不調，病的な症状，あるいは異常行動ともいえる症状まで，かなりの子どもたちに生じている。そして，その1つのパターンとして，非行・問題行動に結びついていくケースも少なくない。これに関する小・中学校教師の指摘をみると，つぎのようなものがあがっている。
　深夜徘徊をする。登校拒否傾向にある。学校を抜けだす。授業を抜けだす。怠学傾向にある。エスケープする。欠席，遅刻，早退が多い。さらには，机やイスを壊す。校舎の壁に落書きをする。スピーカーでどなる。万引などに行って気をまぎらす。タバコ，シンナーを吸う。ほかにも，家出，家庭内暴力，無断外泊といった指摘もみられる。こうした，極端ともいえる症状，ないしは行動はともかく，ストレスによって数々の，しかも深刻な問題状況が，多くの小・中学生に生じていることはまちがいない。　事実，ストレスがたまっている子どもほど，いじめ，不登校，校内暴力，授業妨害に対する願望が強いだけではなく，現実にそうした行為を経験している割合が明らかに高い。
　最近，子どもたちの規範意識や善悪の判断に，大きな崩れが生じてきているといわれる。そして，「なんとなく」という感覚のなかで，非行行為に走る子どもも少なくない。こうした状況も，考えてみると厳しいストレスに支配された結果ともいえる。その意味では，ストレスというかたちで，子どもたちをここまで追い詰めている原因や背景を，もっと問題にすべきである。それは，いうまでもなくストレスという立場から，子どもたちの生活を再点検してみることである。

　　　　　　　　　　　　　　　　　　　　　　　　　　　（秦　政春）

[最近のトピックス②]

91 最近のいじめ行為の特徴といじめの構造

Question　最近の子どもたちのいじめ行為には，どんな特徴があるのでしょうか。そして，いじめにはどんな構造がみられますか。

A　▷最近のいじめ行為の特徴

　いじめは，むかしからあった。しかし，最近のいじめは以前とどこかちがう。最近のいじめを，一言でいうなら「集団による弱者いじめ」である。みんなで，よってたかってある特定の子どもをいじめる。それを，だれもとめることなく，長期化していく。これに関連して，いじめの大半は，教室のなかで生じているという重大な事実もある。

　この事実だけをみても，子どもたちのいじめ行為が単独で行われているのではないことがわかる。実際に手をくだしている数人の子どもたちとともに，無視したり，みてみないふりをしている多数の傍観者を巻き込んで，いじめが成立している。そして，なかにははやし立てたり，いじめに加わったりする子どもたちもいるにちがいない。よくいじめが生じる場所が教室ということからすれば，この行為はたんに「いじめっ子」と「いじめられっ子」だけの問題ではなく，「観衆」，そして「傍観者」がきわめて重要な意味をもった存在であることが予想できる。

▷いじめという行為

　いじめという行為を，ごく一般的に考えてみたい。いじめでなくとも，やつあたりでもよい。たとえば，自分の子どもにやつあたりをしてしまったという状況を考えてみよう。むろん，子どもにまったく問題がなかったというわけではないだろう。しかし，必要以上に叱りつけてしまった，あるいはどなってしまった，なかには体罰ということもあるかもしれない。こんな場合，その子どもの問題というより，叱るほうの気分に左右されることのほうが多い。機嫌が悪かった，イライラしていた，むしゃくしゃしていたといった具合である。このことを考えても，いじめの原因は，いじめられるほうにあるのではなく，いじめるほうにあるといってよい。

　いじめややつあたりは，まちがいなく気分や機嫌，そしてストレスの問題で

ある。このことは，子どもたちに関してもまったく同様である。いや，それどころかストレスがたまっているという子どもたちが多数をしめている現状からすれば，いじめが生じないほうがむしろ不思議なくらいである。事実，筆者の研究室で実施した調査（1999年11月～2000年3月）のなかで，ほかの子をいじめたという子どもにその理由を聞いたところ，「相手が自分にいやなことをした」という正当化とも受け取れる理由があるいっぽうで，「なんとなく」，「見ているとムカつくから」という意見とともに，「おもしろいから」，「イライラのはけ口にいいと思った」といったものが，かなり高い割合を数えている。まるで，いじめによってストレスを解消しているかのような印象をうける。

▶いじめの「観衆」と「傍観者」

　いじめの発端に関するかぎり，どんな些細なことでもいじめの原因になる。しかし，ほんの些細なことではじまったいじめであっても，これが長期化する可能性はかならずある。そして，長期化すればするほど，いじめ行為そのものが悪質になり過激になる。いじめが長期化するということも，じつは最近のいじめの特徴のひとつである。そして，いじめが長期化していくことの背景に，「観衆」や「傍観者」の存在がある。あるひとつのいじめが，長期化し，どんどん悪質で過激になっていくのも，こうした存在があってこそである。したがって，「観衆」や「傍観者」は，一般にいわれる以上に重要な存在と考えてよい。

　なかでも，とくに「傍観者」である。あえて指摘するまでもなく，いじめが長期化するのはだれもとめないからである。これに関する一般的な解釈は，いじめをとめることによって，自分が標的になるのがこわいからというものである。しかし，「傍観者」といわれる子どもたちを調査してみると，それだけではない。たしかに，いやだ，またか，ひどい，かわいそう，助けてあげたいといったような回答が高い割合をしめている。ところが，そのいっぽうで，おもしろい，もっとやれ，すっきりした，そしてなにも思わなかったという回答もけっして少なくない割合を数えている。

　いじめの本質にせまろうとすれば，直接的に加担した「いじめっ子」だけを問題にしても，あまり意味がない。いまのいじめは，「みんなで，だれかを阻害し，排除する」というものである。したがって，実際に手をくだしたかどうかの問題ではない。直接的な「加害者」だけではなく，そのいじめに加担したすべての子どもたちを問題にしていくべきである。　　　　　　（秦　政春）

[最近のトピックス③]

92 不登校問題と心の居場所づくり

Question

> 不登校児童・生徒にとって「学校」はどんな存在であり，どんな意味をもつのでしょうか。学校における「心の居場所」づくりはどのように進められているのでしょうか。

A

▶「学校ばなれ」現象としての不登校

　平成12年度学校基本調査によれば，年間30日以上欠席した不登校児童・生徒は13万4282人（小学校2万6372人，中学校10万7910人）を数え，中学生に至っては38人に1人の割合という。前年度からの伸び率も3.1％を示し，不登校児童・生徒数はこの10年間で倍増している。近年，スクールカウンセラー導入や適応指導教室等のさまざまな居場所づくり対策が講じられており，対策に関する一定の効果を訴える見解は多く認められるものの，それらの成果を上回る新たな不登校児が顕在化しているものと推察される。このように児童・生徒の「学校ばなれ」現象がますます深刻な問題となっている背景には，欠席はしていないが登校回避感情をもつ「グレイゾーン」の児童・生徒の存在が大きい。このような学校のもつ誘因性をあまり感じない潜在的不登校群の児童・生徒は，秦（1993）が指摘するように，日常の些細な葛藤や不満感をきっかけとし，登校を「拒否」するかたちで学校から「退行」していく。

　それでは，学校は児童・生徒にとってどのような空間として存在しているのだろうか。深谷ら（2001）は，中学生の24.4％が学校において「自分の居場所が見つからない」という疎外感を感じていると指摘する。学校における居場所のなさは，①学級の雰囲気（生徒の集団状況），②担任への気持ち（担任の指導力），③学校全体の雰囲気によって規定されるとし，学校生活単位としての学級経営のあり方と学級間の交流を図る学校運営の重要性を提起している。文部科学省委託研究グループ（森田洋司代表，2001）は，平成5年度に中学校を卒業した不登校経験者に対する追跡調査を実施した結果，従来の学校恐怖症，学校嫌い，怠学といった枠組みではとらえきれないケースが大部分を占めることを指摘しており，自身の不登校や学校に対する認知がさまざまなかたちで存在することを明らかにしている。さらに同調査では，不登校のきっかけや継続理由として，友人関係をめぐる問題，学業不振，教師との関係をめぐる問題に着目している。

学校は心の居場所となりうるのか，居場所の構成要件は何か，居場所喪失感を醸成する学校生活要因は何か，学校組織文化論的なアプローチが求められる。

▷「心の居場所」の制度化

　不登校問題を論じるにあたり，「心の居場所」という用語が一般的に用いられるようになったのは学校不適応対策調査研究協力者会議（1992）においてである。同会議では，不登校は「どの子どもにも起こりうる」というパラダイムが明示され，学校や学級が児童・生徒にとって「自己の存在を実感でき，精神的に安心できる場所＝心の居場所」となるための教育的対応が緊要であると提起された。第15期中央教育審議会第一次答申（1996）においても，「学校が子供たち一人一人を大切にし，子供たちのよさを見いだし，それを伸ばし，存在感や自己実現の喜びを実感できる学校であること」が強調された。これを受け，スクールカウンセラー活用調査研究委託事業（1995）や心の教室整備事業（1999）などの心の居場所づくりを目的とした学校改善方策が講じられている。加えて，「保健室における相談活動の手引」（1995）では，「保健室登校」の意義が確認され，養護教諭の相談活動・指導の指針，学校組織の相談体制，生徒と教師とのカウンセリング・マインドの確立が求められている。

　同時に中教審では，学校だけの対応に固執しない「開かれた学校」の重要性を指摘し，家庭や関連施設・機関との連携のなかに心の居場所を保障していく不登校対応の指針を示している。これより，適応指導教室や一定の要件を満たすフリースクール等での指導日数の指導要録上の出席扱い，通学定期券の学割使用，中学校卒業程度認定試験の受験資格の緩和などの制度的改革が行われた。

　しかしながら，「不登校経験ははたしてマイナスなのか」といった不登校経験の意味や「居場所にはどんな意味があるのか」といった制度化の意義や効果について具体的に論じた研究は少ない。先述の森田らの調査では，不登校児童・生徒の54％が病院や教育センター等の支援施設を利用しており，特に適応指導教室や教育センター等の公的施設における教育的効果が高いと指摘している。これらの施設での信頼できる仲間や支援者との出会いが自分の居場所の発見と自立を促す契機となっている。いずれにしても，児童・生徒の心の居場所は学校内外を問わず，教育的な出会いの場として，人間形成や学習指導，進路・心理相談などの場として，公教育の責任において学びと自立の場として保障されなければならない。

〔鈴木邦治〕

[最近のトピックス④]

93 ボランティア教育と心の教育

Question

教育改革国民会議および学校教育法の一部改正により，奉仕活動の制度化が進められていますが，そのねらいは何でしょうか。心の教育に役立つのでしょうか。

A

▶社会奉仕体験活動の制度化とその目的

2000年12月教育改革国民会議は「教育を変える17の提案」において，共同生活等を通じて小・中学校において2週間，高等学校において1カ月間の「奉仕活動を全員が行うようにする」方策を打ち出した。同会議のねらいは，奉仕活動のプロセスにおいて個人の自立と発見を体験することにより，周囲の他者に対応する自然なスタイルでの献身や奉仕を可能にし，さらには人々の幸福を願う公的でグローバルな視野を身につけることにある。このような思いやりの心や個としての自立，共生社会における社会性の育成を目的として「奉仕学習」の推進が要請されたのである。このような教育改革の動きは，従来の「求める」ことに主眼をおいた教育から，「与える－与えられる」相互関係を構築する教育へのパラダイム・シフトともいえる。

教育改革国民会議の提言を受け，文部科学省は社会奉仕体験活動および自然体験活動等の充実・促進をめざし，2001年6月学校教育法の一部改正を行っている。児童・生徒の「体験的な学習活動，特にボランティア活動などの社会奉仕体験活動，自然体験活動その他の体験活動の充実に努めるものとする。この場合において，社会教育関係団体その他の関係団体及び関係機関との連携に十分配慮しなければならない」という条文を新設している（第18条の2）。これに関連して，社会教育法においても教育委員会の事務に，「青少年に対して社会奉仕体験活動，自然体験活動等の体験活動の機会を提供する事業の実施及びその奨励に関すること」（第5条の12）の内容を盛り込んでいる。さらに2002年度より，情報提供および相談，学校と奉仕・体験先機関との調整，コーディネーターの養成等を目的として，都道府県・市町村に「体験活動ボランティア活動支援センター」を設置する事業が計画されている。

▶ボランティア教育は「心の教育」か

本来的な意味において，社会的契約や制度的制約のもとで行われる「奉仕活

動」と活動者の主体性・自発性に基づく「ボランティア活動」とは異なるものであることは周知の通りである。学校教育においても「自ら学び自ら考える」教育へのパラダイム転換が求められている今日，総合的・問題解決的な学習を通じて自律的な学習者と主体的な学びを確立するための学習の場として，社会体験的な学習やボランティア学習が有用であることは疑いようもない。このように共生的な関係や相互扶助および相互学習が強調される時代に，なぜ強制的で自己犠牲的な意味合いを含む「奉仕活動」なのか。奉仕活動の「準義務化」に対して，学習者の自律性や主体性の育成，個性を尊重し合うこと，他者や社会との関係を積極的に結ぶ市民性の育成などといった「心の教育」を基軸とする教育課程そのものの目的を阻害するといった観点からの批判的見解も多い（伊藤，2001；興梠，2001；佐藤，2001）。

　このような批判があるものの，社会奉仕体験活動の導入の目的はあくまでも人間性教育にあり，中教審等でも謳われている道徳強化やしつけ重視といった理念を実現していくための理論的な「方策」としてのインパクトが期待されている（森，2001）。この意味において奉仕活動は，「心の教育」をめざしてカンフル剤的に導入された体験的な教育活動・指導，つまりボランティア教育＝学習であると理解できる。2002年度実施の学習指導要領においてもボランティア活動は，「豊かな体験」または「社会体験」というように自然体験活動と並ぶ体験的学習の一つとして，総則，総合的な学習の時間，特別活動の領域に盛り込まれている。このことは，ボランティア活動に内在する教育力（精神的，道徳的，社会的，文化的成長を導く力）を「ボランティア学習」として教育課程に明確に位置づけるものである。したがって，単なるボランティアではなく，活動を通じてボランティアを実践することの意義やモラルあるいは自律した学習者としてのスキル（技法）やツール（手段）の獲得が目的であり，児童・生徒の主体性や市民性をどのように育むかといった教育的な視点が不可欠となる。

　新富（2001）は，主体的・自律的に行動することができるスキルやツールを保持した「トラベラー（旅人）」としてのボランティア学習の重要性を説いている。ボランティア学習は，「知る（知識理解）」ことから，「あなた（対象）の心にふれあいたい（もっと理解したい）」という「識る（共感的理解）」ことへの「知」のパラダイム転換であるという。ここにボランティア教育と「心の教育」との基点を見いだすことができよう。　　　　　　　　　（鈴木邦治）

[最近のトピックス⑤]

94 「開かれた学校」と学校開放をめぐる問題

Question

なぜ，学校は開かれなければならないのでしょうか。「開かれた学校」と「学校開放」をめぐる学校の安全管理の問題は両立できるのでしょうか。

A

▶なぜ，いま「開かれた学校」なのか

「開かれた学校」という用語が明確に提起されたのは臨時教育審議会第三次答申（1987）による。答申では，学校施設レベルの開放（学校開放）を超えた「学校施設の社会教育事業等への開放，学校管理・運営への地域・保護者の意見の反映をはじめとする開かれた学校経営への努力」と定義される。この答申を契機として，学習者の学習内容や方法に応じて教室空間等の学習環境を変えるフレキシビリティ性能の高い開放型のオープン・スペース・スクールの推進，地域社会の学習情報・資源のネットワーク化をめざすインテリジェント・スクール構想，福祉施設やコミュニティ施設との複合的学校施設の建築などといった学校施設・環境面からの学校改善が急速に展開した。また，地域に根ざした教育活動を展開していくためのゲスト・ティーチャー等の人的資源や文化的資源の積極的活用，学校評議員制の導入など，カリキュラム開発や学校経営過程における「開かれた協働」が積極的に論じられている。「学び」と「協働」を主体とした参加・協働型のコミュニティ・スクールに向けての学校パラダイムの創造といえる。

「開かれた学校」づくりは，学校教育の「かたち」をオープン・システム化することにより，学校と家庭や地域社会との子育てをめぐる協働を確立するのみならず，これまでの学校観，学級観，学力観，授業観，評価観，子ども観などの学校教育の枠組みや学校知を問い直し，子どもと地域社会の実態に即した学校知を創造するものである。社会環境の変化に適応できる自立した学習者としての生きる力が問われる今日，系統的・体系的な知識・技能などの「内容知」の効率的な伝達に価値を置いた自己完結性の高い「閉ざされた学校」システムに替わり，変わりゆく社会事象・事物を認識する上での「方法知」の獲得を目的とした環境適応型・開放系の学校モデルとして「開かれた学校」づくりが求められているのである。そこでの「開かれた学校」の核心は，子どもたち

の主体的な学び＝「開かれた学び」をどのように保障し創造するのかということにある。

▶学校開放をめぐる学校の安全管理の問題

2001年6月大阪教育大学附属池田小学校児童殺傷事件後の「学校安全神話」の問い直しを契機として，「開かれた学校」の推進と子どもの安全管理とのジレンマをどう解消し，どう両立させるかが学校経営の重要課題となっている。

学校の安全管理として，毎学期1回以上の安全点検が義務づけられているが（学校保健法施行規則第22条の5），その内容は学校施設・設備および通学路の安全点検等に留まり，不審者の侵入や犯罪の防止・対応といった危機管理の側面については想定外に置かれている。学校の危機管理が立ち後れている要因として，次の2つの学校安全管理における「神話」が存在する。1つは，「校門開放」を「学校開放」（学校・家庭・地域社会の連携）のシンボルのようにとらえる学校文化イメージの問題である。もう1つは，子どもの安全を期するが故に外部から「視えない」ように囲い込む安全管理体制自体の死角の問題である。実際に，外周の塀や植栽，プール目隠し，体育館外壁など，学校周辺の空間や通学路が子どもにとって犯罪危険性の高い空間となっていることも指摘されている。

学校を「開く」ことの目的は，学校が地域社会との「開かれた関係」を構築することであり，新たな学校知の創造に対して地域社会が積極的に参加することにある。したがって，学校の安全管理においても地域社会の学校参加の質が問われる。地域開放型のオープンスクールを実践している福岡県の都市部の博多小学校と農村部の下山田小学校では地域社会環境は異なるものの，いずれも子どもとの共有空間に地域住民や保護者が集うスペースを恒常的に確保し，不審者を排除・抑止する住民の「視線」を有効に活用している。博多小学校では各学年ごとに教師コーナーを設置し，休み時間も子どもの近くに常駐できるシステムを採用している。一方，下山田小学校では職員室から運動場や各教室などを一望できるよう子どもたちの動線を考慮し設計されている。このように，子どもたちの生活・学習空間が見渡せるオープンスペースの特性を生かし，教師や地域住民による複数の「視線」によって子どもを守る＝育てることを学校経営の基本としている。加えて，子どもの危機管理能力の育成＝エンパワーメントにも力を注いでおり，ハード面とソフト面が結合する形での「開かれた学校」の実現をめざしている。

（鈴木邦治）

[最近のトピックス⑥]

95 ジェンダー・フリー教育

Question

ジェンダー・フリー教育とはどのような教育でしょうか。それが強調されるようになった背景，従来の男女平等教育との違いは何ですか。また，その理念は教育にどのような課題を提示しているのでしょうか。

A

▶**男女の平等とジェンダー**

ジェンダー（gender）とは，男性存在と女性存在の生物学的側面を指すセックス（sex）と区別され，女性と男性の違いの社会的・文化的側面を意味する。元来，文法上の性を表わす言葉であったジェンダーがこのような意味合いで使用されるようになったのは，1960年代後半から70年代初頭に隆盛した第二期フェミニズム運動以降のことである。この運動は，性差に関する一般的な認識は，性器や性行動等の生物学的な区別以外，社会的・文化的に構築されたものとする新しい考え方を育んだ。すなわち，男女の不平等を，参政権や教育を受ける機会等の法制上の問題としてのみならず，社会的に形成され共有されている「男らしさ」「女らしさ」の観念や性別役割分業観（＝ジェンダー・ステレオタイプ）といった価値＝文化の問題としてとらえ直そうとした。

近年，男女のライフスタイルの変化や性に関する価値観の多様化などいわゆる性革命が進行するなかで，ますますジェンダー概念が注目されるようになり，伝統的なジェンダー・ステレオタイプからの解放＝「ジェンダー・フリー」を基底に据えた価値，文化の再構築という視点から男女の平等が探求されている。

▶**学校における男女の平等――男女平等教育とジェンダー・フリー教育**

こうした社会的動向を背景に，学校教育においてもジェンダーの視点から性の不平等を見直し，男女平等な教育を推進しようとする動きが活発化してくる。

ところで，教育基本法にも謳われているように，戦後の民主的改革を経た我が国の学校教育において男女平等は自明のこととされてきた。実際，男女の教育機会の平等，男女共学の実施等，法制上の課題はかなりの程度達成され，学校は他の生活領域に比べて最も平等な場だと長く信じられてきた。ところが，1970年代後半頃から，その内実にジェンダーの視点からさまざまな批判が加えられ始める。たとえば，高校家庭科の女子のみ必修といった教育課程の不平等，

教科書や教材の記述等にみられる男性中心性，男女別の出席簿や座席の配列等学校慣行に潜む差別など，学校教育に内在する男女の不平等性が問われた。また，従来の男女平等教育は，男女の違いないし特性に適合した教育を平等とする「特性教育論」に依拠するものであり，伝統的なジェンダー・ステレオタイプに呪縛されていること，そしてこれまで男女平等だと信じられてきた教育あるいは学校そのものが，実はジェンダー・ステレオタイプないし男女の不平等を再生産していることが指摘されるようになった。

　1990年代に入り，こうした議論の活性化とともに，従来のような法制度等の表層的な不平等の撤廃だけでなく，その基底にあり不平等の源泉となっている学校に既存のジェンダー・ステレオタイプの問い直しを明確に打ち出した「ジェンダー・フリー教育」が提起され，実践が進められている。

▷ジェンダー・フリー教育の展開と課題

　ジェンダー・フリー教育は，一般的には，子どもたちが既存のジェンダー・ステレオタイプを相対化し，自分自身を，さらには学校や社会をジェンダー・フリーに変革する力を獲得することをめざした教育ととらえられる。現在多くの学校で，そのためのカリキュラム整備や教材づくりが展開されている。また，その土台整備として，ジェンダー・フリー教育では，実際に教育実践を担う教師自身のジェンダー・バイアス（性差に関する偏見）の点検および学校慣行などの潜在的カリキュラムの見直しも進められている。つまり，ジェンダー・フリー教育は，カリキュラム等を含む構造の変革と，その基底にあって子どもや教師たちに自明のものとして共有されている性に関する価値・規範の変革とを連動させた，トータルな学校変革のプロセスとしてとらえることもできる。

　しかし，子どもたちの価値形成に影響を与えるのは学校や教師ばかりではない。潜在的カリキュラムは，家庭や地域社会など彼らが生活するあらゆる場所に散在している。したがって，親，地域の人々を巻き込みながらジェンダー・フリー教育を進展させていくことが今後の課題となるだろう。

　また，そうした教育の拡がりにともなって，「その先に我々は何を見ようとするのか」，両性の存在意義も含めて，人間として豊かに生きることの意味とその具体的なイメージをさらに検討していくことが不可欠となる。

（河口陽子）

96 [最近のトピックス⑦] 学級崩壊

Question 学級崩壊とはどのような現象なのでしょうか。それはどのように定義され，現在どのような実態が把握されていますか。また，その要因とそれが提起する問題は何でしょうか。

A

▶学級崩壊の実態と定義

「担任教員が教室に入ってもざわざわして私語が絶えず，注意しても聞かない。授業が始まっても席に着かない児童がおり，ひどい場合には半数近い児童が教室の外に出てしまう。教員に暴言を吐いたり，暴力を振るう子がいる。」これは，あるドキュメンタリー番組のなかで，小学生の「荒れ」とそれにともなう「教室のアノミー」状況について教員たちが語ったものだ（1997年4月6日放映，読売テレビ系「ドキュメント'97学級崩壊」）。「学級崩壊」という言葉はこれを契機に広まり，多くの学校が同様に直面し，深刻化している新たな教育問題としてクローズアップされるようになった。

さて，国立教育研究所の学校経営研究会では，学級崩壊を「学級がうまく機能しない状況」という表現を用いて，「子どもたちが教室内で勝手な行動をして教師の指導に従わず，授業が成立しないなど，集団教育という学校の機能が成立しない学級の状態が一定期間継続し，学級担任による通常の方法では問題解決ができない状態」と定義している。しかし，現在のところ，同様の現象を巡っては，子どもたちの新しい「荒れ」，「キレる」子どもたち，荒れる学級，授業崩壊，学校崩壊など多様な表現によって，さまざまな視点からの議論が行われている段階にあり，未だ明確な定義は確立していないのが現状といえる。

▶学級崩壊現象を取り巻く諸要因とその対策

学級崩壊が生じる背景については，さまざまな問題が指摘されているが，それらを整理すると主に3つのアプローチがある。一つは家族・親子関係に焦点を当てたものである。ここでは，核家族化，少子化，単親家族の増加，未成熟な母親の増加，母親の価値観の変化など，子どもたちの性格形成や問題行動に影響を及ぼすと考えられる家庭環境の問題が取り上げられている。二つは，教師および学校組織に焦点化したものである。これは，学級経営の柔軟性の欠如，授業内容・方法への不満，問題行動への対応のまずさ，などの教師の力量不足

の問題，また情報を交換し，問題を共有し合い，共に解決策を見い出していくような教師間の協働関係の喪失といった学校の組織風土，組織文化の問題を指す。三つは，地域・社会に焦点化したものであり，たとえば，私事化，利己主義的個人主義の蔓延，ストレスフルな社会状況など，先の2つの問題にも直接的，間接的に影響を与えるよりマクロな社会的要因が含まれる。

　以上の諸要因を鑑み，現在，わかる授業，楽しい授業の実施や暖かい学級づくり，学級担任制の改善，若い教員の採用，スクールカウンセラーや保護者との連携等々さまざまな対策が模索され，学級崩壊克服への努力が行われている。

▷**学級崩壊現象が問題提起するもの**

　ところで，前出の学校経営研究会が提出した報告書によれば，「学級がうまく機能しない状況」である学級崩壊は，特別な憂慮すべき状況というよりは，むしろどの学校どの学級でも当たり前に起こりうる現象だという。なぜなら「学級」は，人為的に学校内に編成された生活集団，学習集団であり，したがって相互信頼や協力関係も生まれるが，葛藤や対立も避けて通れない，という特質をもつからだ。つまり，学級とは，混沌とした状況のなかからお互いが成長するための契機をつかむ場であり，もともと「形」あるものではなく，授業等の活動を通して新しくつくられていくものである。とすれば，学級崩壊現象は，授業を含めた学級経営を，子どもを主体とした「秩序創造」のプロセスとしてとらえる「動態的」学級観へとパラダイム・シフトしていく必要性を示唆するものといえよう。

　また，もう一つそれが提起するのは，学校・教室で学ぶことの意味を失った子どもたちの問題である。教員が求める「今我慢して勉強に励めば将来きっと役に立つ」という従来の禁欲主義的で将来貯蓄型の学習観は，将来の見通しや保証が利かなくなった今日，子どもたちにとって「抑圧」となりつつある。また，高度に情報化された社会のなかで，子どもたちがそうした学校的な学びを相対化し，授業から，学級から，学校から離脱していっているのが現実である。

　そうした意味において，学級崩壊は，まさに，これまで自明視されてきた合理主義的・効率主義的な学校・教師モデルからの脱却とそれにかわる新たな価値の創造を迫るものといえるだろう。　　　　　　　　　　　　（河口陽子）

[最近のトピックス⑧]

97 少年非行

Question

少年による非行の増加，凶悪化が社会問題となり少年法も改正されましたが，非行の動向や処遇の流れはどうなっているのでしょうか。

A

▷**近年の非行の動向**

戦後の少年非行は，1951（昭和26）年をピークとする第一の波，1964（昭和39）年がピークの第二の波，1983（昭和58）年にピークの第三の波を経てそれ以降減少傾向にあったが，1995（平成7）年から増加に転じており，現在は第四のピークといわれている。事実，1999（平成11）年の少年院新収容人員は，過去10年で最も多い。非行別では，相変わらず窃盗の比率が最も高いものの低下する傾向にあり，その一方で強盗（強盗致死傷），恐喝，傷害（傷害致死）等の凶悪，粗暴な事件の増加が目立つ（法務総合研究所『犯罪白書　平成12年版』，2000年）。近年の特質としては，特に強盗，恐喝，傷害等で成人の同種犯罪に比べて共犯率が高いこと，非行歴のない少年による突発的な事件が増加していること，暴走族の凶悪化，等をあげることができる。

▷**少年法と処遇の流れ**

少年法は，国親思想を背景とする保護的・教育的側面と刑事的・司法的側面とをもち，「少年の健全な育成」（少年法第1条）を期している。

家庭裁判所に送致された非行少年は，家庭裁判所調査官の調査を受けるほか，必要に応じて少年鑑別所に収容され，資質鑑別を受ける。そして，家庭裁判所は，審判の結果，保護処分に付することを相当と認める場合には，保護観察，児童自立支援施設・児童養護施設送致，少年院送致のいずれかの決定を行う。

このうち，少年院は，家庭裁判所から保護処分として送致された者等を収容し，矯正教育を授ける施設であり，原則として14歳から20歳に達するまでの少年を対象としている。少年院には，少年の年齢，犯罪傾向の程度及び心身の状況に応じて，初等，中等，特別，医療の4種類があり，さらに短期処遇を実施する施設と長期処遇を実施する施設とに分けられる。

▷**処遇の基本**

児童の権利に関する条約第3条1項では，18歳未満の児童にはあらゆる場面

図10　少年刑法犯の検挙人員の推移

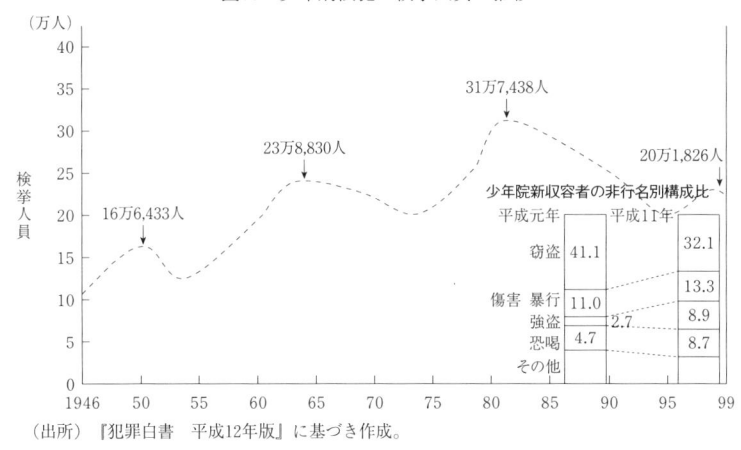

少年院新収容者の非行名別構成比		
	平成元年	平成11年
窃盗	41.1	32.1
傷害 暴行	11.0	13.3
強盗	2.7	8.9
恐喝	4.7	8.7
その他		

16万6,433人（1950年頃）、23万8,830人、31万7,438人、20万1,826人

（出所）『犯罪白書　平成12年版』に基づき作成。

において「児童の最善の利益（the best interests of the child）」が考慮されるべきであるとされている。このことは、学校の児童・生徒に限らず、非行少年に対しても同様に考慮されなければならないことである。

　少年院に送致される少年の場合、その問題性は、たとえば規範意識の低さ、耐性の欠如、対人スキルの欠如等多様である。また、その背景としても、親からの虐待、しつけや愛情の不足、過干渉・過期待、学校からのドロップアウト、その他さまざまな要因が考えられる。したがって、少年院の少年は、たとえば明るくはきはきとした少年・陰気な少年、学校や家庭でのいわゆる"良い子"・"悪い子"、いじめっ子・いじめられっ子、等実に多様である。

　こうした少年たちの多くは、年齢相応の判断力や自己表現力が十分に身についておらず、精神的に未熟である。しかし、彼らは、同時に、それを乗り越えて成長していく「可塑性」をもった存在でもある。当然、非行少年たちの大半が、大きく変わり、成長していく可能性をもっている。少年院は、こういった未熟な少年たちの追体験の場なのである。

　少年たちを理解するために大切なことは、行為の裏にある彼らの気持ちに目を向けること、一人の人間として彼らを認めることである。たとえば、窃盗をした少年に、「ダメな子」というレッテルを貼るのは簡単であるが、むしろ、窃盗という行為を目に見えるシグナルであるととらえ、その行為の背後にある親への不満、社会で生きていくことへの不安等の気持ちに対して適切に手当てをしていくことこそが肝要なのである。

（大津幸雄）

[教員採用試験①]
98 教科外教育の学習と受験準備

Question

教科外教育に関連して，教員採用試験で出題される問題については，どのような学習と準備を，どのように行えばよいのでしょうか。

A 　21世紀という新しい時代の始まりにおいて，わが国の教員養成の理念とシステムは大きく構造転換しつつあり，このような状況のなかで，養成－採用－研修の在り方や教員に求められる資質・能力観も変貌しつつある。したがって，このような変化を常に念頭に置きつつ，学習を進めていく必要がある。

▶**教科外教育領域と教職に関する科目**

　本著が対象としている教科外教育の領域からの出題内容は，狭義には，大学・短大にて平素開講されている教職課程科目のうち，教職に関する全科目群の授業内容と対応しているはずである。特に，教育職員免許法施行規則第6条の表に示されている第4欄の道徳の指導法（①），特別活動の指導法（②），生徒指導の理論及び方法（③），教育相談の理論及び方法（④）および進路指導の理論及び方法（⑤）の科目群の授業内容と密接に関連している。ただし，具体的な開講科目名称は，各大学において異なることに注意しよう。

　また広義には，同表の第6欄の教育実習にて実際に体験された実習内容とも関連してくるので，教育実習の事後指導等において，特に実習日誌等の教育実践記録に基づき関連事例を整理し，その分析と考察を深めることが重要となる。実習後の学習過程については，優れた教員としての資質・能力を形成するという教職課程に課されている本来的目的からすれば，教育学・心理学・各教科教育学等の教職に関連する諸科学の視点より，総合的に深化発展（たとえば卒業研究のテーマとして設定）されることが期待される。なぜなら，21世紀を生きる子どもたちを心豊かに教育することのできる実践的力量を有する教員への飛躍台が，教育実習とその後の学習過程に具体的に潜在しているからである。

　小学校・中学校・高等学校等の教育課程において，その第四の柱として新設され，平成14年度（高校は平成15年度）より全面実施予定の「総合的な学習の時間」については，すでに移行措置等により一部の学校では実施されてきた。

しかし，その理論および指導法に関する科目を教職課程科目として開講することを関連法は何ら義務づけてはいない。大学では，教育職員免許法施行規則第6条の表第5欄に定められている「総合演習」が科目名称上これに類似しているためか，両者は混同されたり同一視されている。またこれとは別に，「総合（的）学習の研究」などの名称の教職科目を特設している大学もある。

▶教科外教育に関する教員採用試験対策

そこで，教科外教育に関する教員採用試験対策としては，まず第一に，前ページ①〜⑤において述べたいわゆる教職課程科目を日常的に受講するなかで積極的に学習を進めることが基本である。なぜなら，教職課程の全科目は，当然のことながら，将来の教員としての資質・能力や実践的力量を発見し開発することを目的とする「教員を育てるためのカリキュラム」として，全体的かつ効果的に機能することを社会的使命としているからである。

第二に，そこでの学習内容を，さらに教育実習体験やボランティア体験あるいは自らの被教育体験などとも有機的に関連づけながら，教職課程の総合的履修成果として個々人の内部に結実させることが求められる。この成果の検証は，たとえば教員を志望する者の考え方〔人間観・社会観・教育観・学校観等〕とこれに基づく教科指導および教科外指導に関わる具体的実践力について，実際的指導場面〔模擬授業・スピーチ〕や話し言葉〔面接〕や書き言葉〔論作文〕を通して行われる。したがって，豊かな表現力や正確な伝達力をも，同時に身につけておくことがますます重要となる。

第三に，このような力を身につけるためには，大学内外のあらゆる機会をとらえて学習するとよい。たとえば，(1)少人数の演習形式による授業〔卒業研究など〕を活用して，(2)さまざまな学習課題を発見しこれを探究する過程，(3)その過程での学習成果を研究レポートとして作成し，(4)これを発表したりディスカッションしたりするなどの教育過程に積極的に参加することが効果的である。さらには，個別の授業に留まらず，(5)大学での学習全体において，新聞情報やインターネット情報などを積極的に活用し，これを新たな情報として創造加工したうえで，他者に発信する力を身につけることも重要である。

第四に，上記の学習をさらに発展させる方向で，過去出題された，あるいは出題が予想される問題事例について研究する必要がある。

（前原健三）

[教員採用試験②]

99 教科外教育と教員採用試験問題例

Question

> 教科外教育に関連して、教員採用試験では、具体的にどのような問題が、どのような形式で出題されるのでしょうか。

A　ここでは、教科外教育の分野を本著がその主な対象としている生徒指導、進路指導、教育相談、特別活動、道徳教育及び総合的な学習の時間等によって構成される教育活動領域として理解し、これらの領域に関連する教員採用試験の問題例を紹介する。なお、教員採用試験の実施方法および出題傾向等については、受験を希望する都道府県（市）ごとに個別具体的に研究することが必要である。

　試験問題の出題形式については、いわゆる一般・教職・専門教養等でそれらの基礎的専門的知識を問う筆記試験に見られるような選択方式や○×式のものから、個人面接等で行われる口頭試問方式、また集団面接等で行われるディスカッション方式、さらには論作文での論述方式など、多岐にわたっている。本著で扱われているQ&Aの各項目を参照しつつ、以下の論作文問題例に挑戦してみよう。

- 第15期中央教育審議会答申は、「ゆとり」の中で「生きる力」を育むことが重要であると述べている。このことについて、考えるところを述べよ。
- 中央教育審議会はその答申において、「教育は『自分さがしの旅』を扶ける営みである」と定義した。これはどういうことだと考えるか。
- 中央教育審議会答申に基づく「中高一貫教育」の導入の意義を論じ、それが「受験競争の低年齢化」につながらないための方策を具体的に挙げよ。
- 第16期中央教育審議会による「学校評議員」の設置の提言に関して、その意義と課題を述べよ。
- 家庭の教育力を高める上で、父親の役割が重要であるといわれている。父親が子育てや教育に積極的にかかわることのできる環境づくりを実現するための具体的方策について述べよ。
- スクールカウンセラーの導入の現状と課題について述べよ。

- 道徳教育の目標は,「道徳的実践力」であり,「道徳的実践」ではない。その違いを説明せよ。
- 自然体験やボランティア活動,ものづくりなど体験的な学習,問題解決的学習が重視されている。小学校や中学校・高等学校において,どのような学びの方法が考えられるか,簡潔に述べよ。
- 特別活動において,集団活動を行う上での留意点を3つ述べよ。
- 学級活動において,教師が配慮しなければならないことは何か。
- 生徒指導を行うときの留意点を述べよ。
- 近年,学校不適応の児童・生徒が増加してきている。学校はこのような児童・生徒を教育相談センターや学校教育相談センターを活用して適用できるよう指導することが重要である。このことについて次の問いに答えよ。
    (1) 学校不適応の児童・生徒を,あなたはどのように指導するか。
    (2) 教育相談を行うにあたって,どのようなことに配慮するか。
- 最近,覚醒剤などの薬物乱用により補導される青少年が増加しており,特に中・高校生の割合が高くなっている。中・高校生の間で「援助交際」とともに,こうした「薬物乱用」をファッション感覚でとらえ,罪悪感覚が薄い傾向が見られる。あなたは,このことについてどう考えるか,簡潔に述べよ。
- 生徒が人間の在り方,生き方を真剣に考え,主体的に自己決定を行い,進路選択ができるようにするためには,どのように指導すればよいか。具体的な指導内容と指導上の留意点を述べよ。
- いじめについて,次の各問いに答えよ。
    (1) いじめと判断する際の留意点について述べよ。
    (2) いじめを傍観している者に対してどのように指導すればよいか。
- 児童・生徒の不登校に関する次の問いに対して,考えを述べなさい。
    (1) 不登校の児童・生徒に対する指導
    (2) 不登校を未然に防ぐための学級への指導
- 学校教育法第11条では,懲戒としての体罰は禁止されているが,具体的にどのような行為が体罰に該当するか述べよ。

(前原健三)

[教員採用試験③]

教科外教育の論作文問題と解答例

100 Question

問題例：学校教育の今後の課題の一つとして，家庭・地域社会とのより密接な連携が指摘されている。このことについて，あなたの考えを述べなさい。

A この問題について，60〜100分間で800〜1600字（400字詰め原稿用紙2〜4枚程度）という設定で，小学校教員志望を想定した解答例を試みる。批判的に参照しよう。

〔解答例〕

　周知のように，平成14年度より完全学校週5日制が導入される。このため学校での児童の生活時間は縮減される一方，家庭や地域社会での生活時間の比重が従来より増加することになろう。つまり，学校のみならず家庭や地域社会に対しても，児童が健全に活動できる「多様な空間」やかれらにとって安心できる「心の居場所」をさらに提供するよう求められてくる。そして，児童を共に育てるという目的意識を三者が共有し，そのために相互に協力関係を構築することが，これからの重要な課題となる。

　この課題を達成するためには，学校と家庭・地域社会とがその連携を日常的に密にし，各々の生活の場における児童の様子を相互に伝え合うことが必要となる。私は，学級担任として，以下のような3つの考えに基づく実践を試みたい。

　① 保護者との積極的な情報交換を行い，共育関係を確認する

　まず，学級通信等を上手に活用して，学校での児童の日々の様子や学級経営の方針を伝える。また，個人的には連絡帳や家庭訪問で一人ひとりの児童の様子を伝え，保護者からは，家庭での様子などを聞く。その他，積極的に交流の機会を作り，共に子どもたちを育もうとする雰囲気を醸成したい。

　このような雰囲気の中で，具体的な連携と信頼関係が築かれ，児童一人ひとりの日々の生活の機微に触れつつ，相互に心が通い合う教育を実践する土壌も育まれる。また，日常的に培われた信頼関係に支えられてこそ，たとえば突発的で複雑な問題が児童あるいはその周辺に生じた場合においても，これに迅速に対応し，より善き解決へ導くことも可能となるであろう。

② 地域社会の中で学ぶ開かれた教育実践を創造する

つぎに、総合的な学習の時間や社会科の時間などの中で、地域社会のことに目を向けさせ、興味をもたせたい。その際、実際に学校の外へ出て地域の人々と触れ合い、自分と地域の関わりについて考えさせる。それは、地域に住む人々と児童がお互いを知り合う好機ともなり得よう。さらに、日常的に挨拶ができる関係が定着するようになれば嬉しいことである。

このような実践を通して、家庭や地域社会に「開かれた学級」を創造していきたい。信頼関係が結ばれ、オープンな雰囲気の中で、児童は伸び伸びと成長することができるであろう。しかし、その一方で「開かれた学校の危険性」についても留意しなければならない。学校と学級を開くということは、単にこれらを外へ向けて「物理的に開放すること」ではなく、真に信頼し合える「開かれた人間関係を創出する」という意味において理解したい。

③ 学校内では、教師間の協力関係を構築する

上で述べたように、学級担任として学級を家庭や地域に開いていくためには、その前提として学級を包括する学校総体が全校児童の家庭および地域社会に深く根ざし開かれていることが重要である。そのためにも、校長・教頭等の指導助言を踏まえながら、他の教職員との協力関係を構築することが要請される。

とかく学校という世界は、従来より権威主義的で閉鎖的な学級観、すなわち学級王国論に陥りがちであるといわれてきた。しかし、学級での児童との学習生活を起点に、学校内外の世界や人々と豊かな信頼関係を構築することが、従来型の学校学級観が有していた閉鎖性を打ち破ることに繋がるものと考えられる。

21世紀初頭の今日、総合的な学習の時間を含む新しい教育課程への実践的対応とともに、不登校・いじめ等の教育病理への対応が同時に提起されている。子どもたちの「生きる力」を育む教育が、〈家庭―学校―地域社会〉という連携の中で力強く創造されることが強く求められている所以でもある。

私は、上述した3つの考え方のもと、21世紀の新しい教師としてこれらの諸課題に挑戦していきたい。

(前原健三)

[道徳教育]
参考文献

『小学校学習指導要領解説　道徳編』文部科学省。
『中学校学習指導要領解説　道徳編』文部科学省。
『中学校学習指導要領解説　総則編』文部科学省。
村井実『ありの本・若い教師への訴え』あすなろ書房。

推薦図書

小原國芳『教育の根本問題としての道徳』玉川大学出版部。
小原國芳『道徳教育論』玉川大学出版部。
櫻井育夫『道徳的判断力をどう高める――コールバーグ理論における道徳教育の展開』北大路書房，1999年。
柴田義松編著『道徳の指導』学文社，2002年。
鈴木孝・正木義晴・船盛修『現代の道徳教育』酒井書房，1989年。
田井康雄『道徳教育の原理と指導法――「生きる力」を育てる「心の教育」』学術図書出版，1999年。
村井実・遠藤克弥編著『共に学ぶ道徳教育――その原理と展開』川島書店，1990年。

[総合的な学習の時間]
参考文献

児島邦宏・村川雅弘編『小学校　ウエビングによる総合的学習実践ガイド』教育出版，2001年。
村川雅弘「総合的な学習」（総合教育技術5月号『2001年版　最新教育基本用語』）小学館，2001年。
文部省『小学校学習指導要領解説　総則編』東京書籍，1999年。
文部省『中学校学習指導要領解説　総則編』東京書籍，1999年。
文部省『高等学校学習指導要領解説　総則編』東山書房，1999年。
文部省『盲学校，聾学校及び養護学校学習指導要領解説　総則等編（幼稚部・小学部・中学部・高等部）』海文堂，2000年。
文部省『特色ある教育活動の展開のための実践事例集――「総合的な学習の時間の学習活動の展開」（小学校編）』教育出版，1999年。
文部省『特色ある教育活動の展開のための実践事例集――「総合的な学習の時間の学習活動の展開」（中学校・高等学校編）』大日本図書，1999年。
文部科学省『小学校英語活動実践の手引き Practical Handbook for Elementary School English Activities』開隆堂，2001年。

推薦図書

片上宗二・木原俊行編著『新しい学びをひらく総合学習』ミネルヴァ書房，2001年
新堀通也『「生きる力」の探求――「生き方」と「心の教育」』小学館，1997年。
新堀通也『志の教育――「危機に立つ国家」と教育』教育開発研究所，2000年。

[最近のトピックス]
参考文献

伊藤隆二「奉仕活動は心の教育に役立つか」『悠』ぎょうせい，2001年3月号。
学級経営研究会『学級経営をめぐる問題の現状とその対応――関係者間の新来と連携による魅力有る学級づくり』文部省委託研究（平成10・11年度）学級経営の充実に関する調査研究最終報告，2000年。
北尾倫彦編『自ら学び考える力を育てる授業の実際』図書文化社，1999年。
木村涼子『学校文化とジェンダー』勁草書房，1999年。
九州教育学会編『九州教育経営学会研究集録（特集『開かれた学校づくり』の現状と課題）』第7号，2001年。
興梠寛「参画型市民社会の担い手を育むという視点を」『総合教育技術』小学館，2001年11月号。
佐伯胖・黒崎勲・佐藤学・田中孝彦・浜田寿美男・藤田英典『いじめと不登校』（岩波講座　現代の教育4），岩波書店，1998年。
坂本昇一編『「いじめ」と教師の意識変革の課題』明治図書出版，1996年。
佐藤一子「『青少年奉仕活動の義務化』批判」『教育』国土社，2001年6月号。
佐藤晴雄『地域社会・家庭と結ぶ学校経営――新しいコミュニティ・スクールの構図をどう描くか』（シリーズ「新しい学校」パラダイムの変換）東洋館出版社，1999年。
佐藤学「『学級崩壊』は子ども・教師関係の転換」『ひと』太郎次郎社，1999年，vol.2。
下村哲夫編『逐条解説　児童の権利条約』教育出版，1995年。
下村哲夫「安全管理と『開かれた学校』をどう両立するか」『学校経営』ぎょうせい，2001年6月号。
新富康央「『社会奉仕体験活動』への要請とこれからの特別活動」『総合教育技術』小学館，2001年11月号。
鈴木邦治「学級崩壊と教員」教職問題研究会編『教職論――教員を志すすべてのひとへ』（新装版）ミネルヴァ書房，2002年。
中村攻『子どもはどこで犯罪にあっているか――犯罪空間の実情・要因・対策』晶文社，2000年。
西日本新聞社社会学部「親と子」「少年問題」取材班『少年』西日本新聞社，2000年。
日本女性学会編『女性学〈特集〉教育の場からジェンダーを問う』新水社，1998年。

秦政春「『不登校』児童・生徒の実態――『教育ストレス』に関する調査研究（Ⅲ）」福岡教育大学紀要，第42号（第4分冊），1993年。
秦政春『生徒指導』放送大学教育振興会，1999年。
深谷昌志編『徹底解剖「学級の荒れ」』学文社，2000年。
深谷昌志編著『居場所としての学校――モノグラフ・中学校の世界』第69巻，ベネッセ・コーポレーション，2001年。
法務省矯正局編『現代の少年非行を考える』1998年。
法務省矯正局編『家族の絆を考える』1999年。
松浦善満・森田洋司編『学級から見た不登校』東洋館出版社，1991年。
森隆夫「『滅私奉公』から『立私奉公』へ――教育改革国民会議はなぜ『奉仕活動』を提言したのか」『総合教育技術』小学館，2001年11月号。
森田洋司他編『日本のいじめ』金子書房，1999年。
森田洋司監修『いじめの国際比較研究』金子書房，2001年。

[教員採用試験]
参考文献
秋山玄『教員試験対策 論作文の合格指南書』共同出版，2000年。
内外教育研究会編『教職教養の論述演習』時事通信社，2001年。
内外教育研究会編『論文合格答案例』時事通信社，2001年。
内外教育研究会編『教職教養の実施問題【全国版】』時事通信社，2001年。
月刊誌『教職課程』共同出版。
月刊誌『教員養成セミナー』時事通信社。

推薦図書
苅谷剛彦『教育改革の幻想』ちくま新書329，2002年。
文部科学省編『文部科学白書（平成13年度）――21世紀の教育改革』財務省印刷局，2002年。
山崎博敏『教員採用の過去と未来』玉川大学出版部，1998年。

資 料 編

小学校学習指導要領（平成10年12月）（抄）
中学校学習指導要領（平成10年12月）（抄）
高等学校学習指導要領（平成11年3月）（抄）

小学校学習指導要領（抄）
（平成10年12月）

○文部省告示第175号
　学校教育法施行規則（昭和22年文部省令第11号）第25条の規定に基づき，小学校学習指導要領（平成元年文部省告示第24号）の全部を次のように改正し，平成14年4月1日から施行する。平成12年4月1日から平成14年3月31日までの間における小学校学習指導要領の必要な特例については，別に定める。
　　　平成10年12月14日
　　　　　　　　文部大臣　有馬　朗人

第3章　道　徳

第1　目　標
　道徳教育の目標は，第1章総則の第1の2に示すところにより，学校の教育活動全体を通じて，道徳的な心情，判断力，実践意欲と態度などの道徳性を養うこととする。
　道徳の時間においては，以上の道徳教育の目標に基づき，各教科，特別活動及び総合的な学習の時間における道徳教育と密接な関連を図りながら，計画的，発展的な指導によってこれを補充，深化，統合し，道徳的価値の自覚を深め，道徳的実践力を育成するものとする。

第2　内　容
〔第1学年及び第2学年〕
　1　主として自分自身に関すること。
(1) 健康や安全に気を付け，物や金銭を大切にし，身の回りを整え，わがままをしないで，規則正しい生活をする。
(2) 自分がやらなければならない勉強や仕事は，しっかりと行う。
(3) よいことと悪いことの区別をし，よいと思うことを進んで行う。
(4) うそをついたりごまかしをしたりしないで，素直に伸び伸びと生活する。
　2　主として他の人とのかかわりに関すること。
(1) 気持ちのよいあいさつ，言葉遣い，動作などに心掛けて，明るく接する。
(2) 身近にいる幼い人や高齢者に温かい心で接し，親切にする。
(3) 友達と仲よくし，助け合う。
(4) 日ごろ世話になっている人々に感謝する。
　3　主として自然や崇高なものとのかかわりに関すること。
(1) 身近な自然に親しみ，動植物に優しい心で接する。
(2) 生きることを喜び，生命を大切にする心をもつ。
(3) 美しいものに触れ，すがすがしい心をもつ。
　4　主として集団や社会とのかかわりに関すること。
(1) みんなが使う物を大切にし，約束やきまりを守る。
(2) 父母，祖父母を敬愛し，進んで家の手伝いなどをして，家族の役に立つ喜びを知る。
(3) 先生を敬愛し，学校の人々に親しんで，学級や学校の生活を楽しくする。
(4) 郷土の文化や生活に親しみ，愛着をもつ。
〔第3学年及び第4学年〕
　1　主として自分自身に関すること。
(1) 自分でできることは自分でやり，節度のある生活をする。
(2) よく考えて行動し，過ちは素直に改める。
(3) 自分でやろうと決めたことは，粘り強くやり遂げる。
(4) 正しいと思うことは，勇気をもって行う。
(5) 正直に，明るい心で元気よく生活する。
　2　主として他の人とのかかわりに関すること。
(1) 礼儀の大切さを知り，だれに対しても真心をもって接する。
(2) 相手のことを思いやり，親切にする。
(3) 友達と互いに理解し，信頼し，助け合う。
(4) 生活を支えている人々や高齢者に，尊敬と感謝の気持ちをもって接する。
　3　主として自然や崇高なものとのかかわりに関すること。
(1) 自然のすばらしさや不思議さに感動し，自然や動植物を大切にする。
(2) 生命の尊さを感じ取り，生命あるものを大切にする。
(3) 美しいものや気高いものに感動する心をもつ。
　4　主として集団や社会とのかかわりに関すること。
(1) 約束や社会のきまりを守り，公徳心をもつ。
(2) 働くことの大切さを知り，進んで働く。
(3) 父母，祖父母を敬愛し，家族みんなで協力し合って楽しい家庭をつくる。
(4) 先生や学校の人々を敬愛し，みんなで協力

し合って楽しい学級をつくる。
(5) 郷土の文化と伝統を大切にし，郷土を愛する心をもつ。
(6) 我が国の文化と伝統に親しみ，国を愛する心をもつとともに，外国の人々や文化に関心をもつ。

〔第5学年及び第6学年〕
1 主として自分自身に関すること。
(1) 生活を振り返り，節度を守り節制に心掛ける。
(2) より高い目標を立て，希望と勇気をもってくじけないで努力する。
(3) 自由を大切にし，規律ある行動をする。
(4) 誠実に，明るい心で楽しく生活する。
(5) 真理を大切にし，進んで新しいものを求め，工夫して生活をよりよくする。
(6) 自分の特徴を知って，悪い所を改めよい所を積極的に伸ばす。
 2 主として他の人とのかかわりに関すること。
(1) 時と場をわきまえて，礼儀正しく真心をもって接する。
(2) だれに対しても思いやりの心をもち，相手の立場に立って親切にする。
(3) 互いに信頼し，学び合って友情を深め，男女仲よく協力し助け合う。
(4) 謙虚な心をもち，広い心で自分と異なる意見や立場を大切にする。
(5) 日々の生活が人々の支え合いや助け合いで成り立っていることに感謝し，それにこたえる。
 3 主として自然や崇高なものとのかかわりに関すること。
(1) 自然の偉大さを知り，自然環境を大切にする。
(2) 生命がかけがえのないものであることを知り，自他の生命を尊重する。
(3) 美しいものに感動する心や人間の力を超えたものに対する畏敬の念をもつ。
 4 主として集団や社会とのかかわりに関すること。
(1) 身近な集団に進んで参加し，自分の役割を自覚し，協力して主体的に責任を果たす。
(2) 公徳心をもって法やきまりを守り，自他の権利を大切にし進んで義務を果たす。
(3) だれに対しても差別をすることや偏見をもつことなく公正，公平にし，正義の実現に努める。
(4) 働くことの意義を理解し，社会に奉仕する喜びを知って公共のために役に立つことをする。
(5) 父母，祖父母を敬愛し，家族の幸せを求めて，進んで役に立つことをする。
(6) 先生や学校の人々への敬愛を深め，みんなで協力し合いよりよい校風をつくる。
(7) 郷土や我が国の文化と伝統を大切にし，先人の努力を知り，郷土や国を愛する心をもつ。
(8) 外国の人々や文化を大切にする心をもち，日本人としての自覚をもって世界の人々と親善に努める。

第3 指導計画の作成と各学年にわたる内容の取扱い

1 各学校においては，校長をはじめ全教師が協力して道徳教育を展開するため，次に示すところにより，道徳教育の全体計画と道徳の時間の年間指導計画を作成するものとする。
(1) 道徳教育の全体計画の作成に当たっては，学校における全教育活動との関連の下に，児童，学校及び地域の実態を考慮して，学校の道徳教育の重点目標を設定するとともに，第2に示す道徳の内容と各教科，特別活動及び総合的な学習の時間における指導との関連並びに家庭や地域社会との連携の方法を示す必要があること。
(2) 道徳の時間の年間指導計画の作成に当たっては，道徳教育の全体計画に基づき，各教科，特別活動及び総合的な学習の時間との関連を考慮しながら，計画的・発展的に授業がなされるよう工夫すること。その際，各学年段階の内容項目について，児童や学校の実態に応じ，2学年間を見通した重点的な指導や内容項目間の関連を密にした指導を行うよう工夫すること。なお，特に必要な場合には，他の学年段階の内容項目を加えることができること。
(3) 各学校においては，特に低学年では基本的な生活習慣や善悪の判断，社会生活上のルールを身に付けること，中学年では自主性，協力し助け合う態度を育てること，高学年では自立心，国家・社会の一員としての自覚を育てることなどに配慮し，児童や学校の実態に応じた指導を行うよう工夫すること。また，高学年においては，悩みや心の揺れ，葛藤等の課題を積極的に取り上げ，考えを深められ

るよう指導を工夫すること。
 2 第2の内容は，児童が自ら道徳性をはぐくむためのものであり，道徳の時間はもとより，各教科，特別活動及び総合的な学習の時間においてもそれぞれの特質に応じた適切な指導を行うものとする。その際，児童自らが成長を実感でき，これからの課題や目標が見付けられるよう工夫する必要がある。
 3 道徳の時間における指導に当たっては，次の事項に配慮するものとする。
(1) 校長や教頭の参加，他の教師との協力的な指導などについて工夫し指導体制を充実すること。
(2) ボランティア活動や自然体験活動などの体験活動を生かすなど多様な指導の工夫，魅力的な教材の開発や活用などを通して，児童の発達段階や特性を考慮した創意工夫ある指導を行うこと。
 4 道徳教育を進めるに当たっては，学校や学級内の人間関係や環境を整えるとともに，学校の道徳教育の指導内容が児童の日常生活に生かされるようにする必要がある。また，家庭や地域社会との共通理解を深め，授業の実施や地域教材の開発や活用などに，保護者や地域の人々の積極的な参加や協力を得るなど相互の連携を図るよう配慮する必要がある。
 5 児童の道徳性については，常にその実態を把握して指導に生かすよう努める必要がある。ただし，道徳の時間に関して数値などによる評価は行わないものとする。

第4章 特別活動

第1 目標

望ましい集団活動を通して，心身の調和のとれた発達と個性の伸長を図るとともに，集団の一員としての自覚を深め，協力してよりよい生活を築こうとする自主的，実践的な態度を育てる。

第2 内容

A 学級活動
 学級活動においては，学級を単位として，学級や学校の生活の充実と向上を図り，健全な生活態度の育成に資する活動を行うこと。
(1) 学級や学校の生活の充実と向上に関すること。
  学級や学校における生活上の諸問題の解決，学級内の組織づくりや仕事の分担処理など
(2) 日常の生活や学習への適応及び健康や安全に関すること。
  希望や目標をもって生きる態度の形成，基本的な生活習慣の形成，望ましい人間関係の育成，学校図書館の利用，心身ともに健康で安全な生活態度の形成，学校給食と望ましい食習慣の形成など
B 児童会活動
 児童会活動においては，学校の全児童をもって組織する児童会において，学校生活の充実と向上のために諸問題を話し合い，協力してその解決を図る活動を行うこと。
C クラブ活動
 クラブ活動においては，学年や学級の所属を離れ，主として第4学年以上の同好の児童をもって組織するクラブにおいて，共通の興味・関心を追求する活動を行うこと。
D 学校行事
 学校行事においては，全校又は学年を単位として，学校生活に秩序と変化を与え，集団への所属感を深め，学校生活の充実と発展に資する体験的な活動を行うこと。
(1) 儀式的行事
  学校生活に有意義な変化や折り目を付け，厳粛で清新な気分を味わい，新しい生活の展開への動機付けとなるような活動を行うこと。
(2) 学芸的行事
  平素の学習活動の成果を総合的に生かし，その向上の意欲を一層高めるような活動を行うこと。
(3) 健康安全・体育的行事
  心身の健全な発達や健康の保持増進などについての関心を高め，安全な行動や規律ある集団行動の体得，運動に親しむ態度の育成，責任感や連帯感の涵養，体力の向上などに資するような活動を行うこと。
(4) 遠足・集団宿泊的行事
  平素と異なる生活環境にあって，見聞を広め，自然や文化などに親しむとともに，集団生活の在り方や公衆道徳などについての望ましい体験を積むことができるような活動を行うこと。
(5) 勤労生産・奉仕的行事
  勤労の尊さや生産の喜びを体得するとともに，ボランティア活動など社会奉仕の精神を涵養する体験が得られるような活動を行うこと。

第3 指導計画の作成と内容の取扱い

1　指導計画の作成に当たっては，次の事項に配慮するものとする。
(1) 学校の創意工夫を生かすとともに，学校の実態や児童の発達段階などを考慮し，児童による自主的，実践的な活動が助長されるようにすること。また，家庭や地域の人々との連携，社会教育施設等の活用などを工夫すること。
(2) 学級活動などにおいて，児童が自ら現在及び将来の生き方を考えることができるよう工夫すること。
(3) クラブ活動については，学校や地域の実態等を考慮しつつ児童の興味・関心を踏まえて計画し実施できるようにすること。
2　第2の内容の取扱いについては，次の事項に配慮するものとする。
(1) 学級活動，児童会活動及びクラブ活動の指導については，指導内容の特質に応じて，教師の適切な指導の下に，児童の自発的，自治的な活動が効果的に展開されるようにするとともに，内容相互の関連を図るよう工夫すること。
(2) 学級活動については，学校や児童の実態に応じて取り上げる指導内容の重点化を図るようにすること。また，生徒指導との関連を図るようにすること。
(3) 児童会活動の運営は，主として高学年の児童が行うこと。
(4) 学校行事については，学校や地域及び児童の実態に応じて，各種類ごとに，行事及びその内容を重点化するとともに，行事間の関連や統合を図るなど精選して実施すること。また，実施に当たっては，幼児，高齢者，障害のある人々などとの触れ合い，自然体験や社会体験などを充実するよう工夫すること。
3　入学式や卒業式などにおいては，その意義を踏まえ，国旗を掲揚するとともに，国歌を斉唱するよう指導するものとする。

中学校学習指導要領（抄）
（平成10年12月）

○文部省告示第176号
　学校教育法施行規則（昭和22年文部省令第11号）第54の2及び別表第2の規定に基づき，中学校学習指導要領（平成元年文部省告示第25号）の全部を次のように改正し，平成14年4月1日から施行する。平成12年4月1日から平成14年3月31日までの間における中学校学習指導要領の必要な特例については，別に定める。
　　　　　平成10年12月14日
　　　　　　　　　　文部大臣　有馬　朗人

第3章　道　徳
第1　目　標
　道徳教育の目標は，第1章総則の第1の2に示すところにより，学校の教育活動全体を通じて，道徳的な心情，判断力，実践意欲と態度などの道徳性を養うこととする。道徳の時間においては，以上の道徳教育の目標に基づき，各教科，特別活動及び総合的な学習の時間における道徳教育と密接な関連を図りながら，計画的，発展的な指導によってこれを補充，深化，統合し，道徳的価値及び人間としての生き方についての自覚を深め，道徳的実践力を育成するものとする。

第2　内　容
1　主として自分自身に関すること。
(1) 望ましい生活習慣を身に付け，心身の健康の増進を図り，節度を守り節制に心掛け調和のある生活をする。
(2) より高い目標を目指し，希望と勇気をもって着実にやり抜く強い意志をもつ。
(3) 自律の精神を重んじ，自主的に考え，誠実に実行してその結果に責任をもつ。
(4) 真理を愛し，真実を求め，理想の実現を目指して自己の人生を切り拓いていく。
(5) 自己を見つめ，自己の向上を図るとともに，個性を伸ばして充実した生き方を追求する。
2　主として他の人とのかかわりに関すること。
(1) 礼儀の意義を理解し，時と場に応じた適切な言動をとる。
(2) 温かい人間愛の精神を深め，他の人々に対し感謝と思いやりの心をもつ。
(3) 友情の尊さを理解して心から信頼できる友達をもち，互いに励まし合い，高め合う。
(4) 男女は，互いに異性についての正しい理解を深め，相手の人格を尊重する。
(5) それぞれの個性や立場を尊重し，いろいろなものの見方や考え方があることを理解して，謙虚に他に学ぶ広い心をもつ。
3　主として自然や崇高なものとのかかわりに関すること。
(1) 自然を愛護し，美しいものに感動する豊か

な心をもち，人間の力を超えたものに対する畏敬の念を深める。
(2) 生命の尊さを理解し，かけがえのない自他の生命を尊重する。
(3) 人間には弱さや醜さを克服する強さや気高さがあることを信じて，人間として生きることに喜びを見いだすように努める。

4 主として集団や社会とのかかわりに関すること。

(1) 自己が属する様々な集団の意義についての理解を深め，役割と責任を自覚し集団生活の向上に努める。
(2) 法やきまりの意義を理解し，遵守するとともに，自他の権利を重んじ義務を確実に果たして，社会の秩序と規律を高めるように努める。
(3) 公徳心及び社会連帯の自覚を高め，よりよい社会の実現に努める。
(4) 正義を重んじ，だれに対しても公正，公平にし，差別や偏見のない社会の実現に努める。
(5) 勤労の尊さや意義を理解し，奉仕の精神をもって，公共の福祉と社会の発展に努める。
(6) 父母，祖父母に敬愛の念を深め，家族の一員としての自覚をもって充実した家庭生活を築く。
(7) 学級や学校の一員としての自覚をもち，教師や学校の人々に敬愛の念を深め，協力してよりよい校風を樹立する。
(8) 地域社会の一員としての自覚をもって郷土を愛し，社会に尽くした先人や高齢者に尊敬と感謝の念を深め，郷土の発展に努める。
(9) 日本人としての自覚をもって国を愛し，国家の発展に努めるとともに，優れた伝統の継承と新しい文化の創造に貢献する。
(10) 世界の中の日本人としての自覚をもち，国際的視野に立って，世界の平和と人類の幸福に貢献する。

第3 指導計画の作成と内容の取扱い

1 各学校においては，校長をはじめ全教師が協力して道徳教育を展開するため，次に示すところにより，道徳教育の全体計画と道徳の時間の年間指導計画を作成するものとする。

(1) 道徳教育の全体計画の作成に当たっては，学校における全教育活動との関連の下に，生徒，学校及び地域の実態を考慮して，学校の道徳教育の重点目標を設定するとともに，第2に示す道徳の内容と各教科，特別活動及び総合的な学習の時間における指導との関連並びに家庭や地域社会との連携の方法を示す必要があること。
(2) 道徳の時間の年間指導計画の作成に当たっては，道徳教育の全体計画に基づき，各教科，特別活動及び総合的な学習の時間との関連を考慮しながら，計画的・発展的に授業がなされるよう工夫すること。その際，各内容項目の指導の充実を図る中で，生徒や学校の実態に応じ，3学年間を見通した重点的な指導や内容項目間の関連を密にした指導を行うよう工夫すること。
(3) 各学校においては，特に，規律ある生活ができ，自分の将来を考え，国際社会に生きる日本人としての自覚が身に付くようにすることなどに配慮し，生徒や学校の実態に応じた指導を行うよう工夫すること。また，悩みや心の揺れ，葛藤等の課題を積極的に取り上げ，人間としての生き方について考えを深められるよう配慮すること。

2 第2の内容は，生徒が自ら道徳性をはぐくむためのものであり，道徳の時間はもとより，各教科，特別活動及び総合的な学習の時間においてもそれぞれの特質に応じた適切な指導を行うものとする。その際，生徒自らが成長を実感でき，これからの課題や目標が見付けられるよう工夫する必要がある。

3 道徳の時間における指導に当たっては，次の事項に配慮するものとする。

(1) 学級担任の教師が行うことを原則とするが，校長や教頭の参加，他の教師との協力的な指導などについて工夫し指導体制を充実すること。
(2) ボランティア活動や自然体験活動などの体験活動を生かすなど多様な指導の工夫，魅力的な教材の開発や活用などを通して，生徒の発達段階や特性等を考慮した創意工夫ある指導を行うこと。

4 道徳教育を進めるに当たっては，学校や学校内の人間関係や環境を整えるとともに，学校の道徳教育の指導内容が生徒の日常生活に生かされるようにする必要がある。また，家庭や地域社会との共通理解を深め，授業の実施や地域教材の開発や活用などに，保護者や地域の人々の積極的な参加や協力を得るなど相互の連携を図るよう配慮する必要がある。

5 生徒の道徳性については，常にその実態

を把握して指導に生かすよう努める必要がある。ただし，道徳の時間に関して数値などによる評価は行わないものとする。

第4章　特別活動

第1　目　標

望ましい集団活動を通して，心身の調和のとれた発達と個性の伸長を図り，集団や社会の一員としてよりよい生活を築こうとする自主的，実践的な態度を育てるとともに，人間としての生き方についての自覚を深め，自己を生かす能力を養う。

第2　内　容

　A　学級活動

学級活動においては，学級を単位として，学級や学校の生活への適応を図るとともに，その充実と向上，生徒が当面する諸課題への対応及び健全な生活態度の育成に資する活動を行うこと。

(1) 学級や学校の生活の充実と向上に関すること。

学級や学校における生活上の諸問題の解決，学級内の組織づくりや仕事の分担処理，学校における多様な集団の生活の向上など

(2) 個人及び社会の一員としての在り方，健康や安全に関すること。

ア　青年期の不安や悩みとその解決，自己及び他者の個性の理解と尊重，社会の一員としての自覚と責任，男女相互の理解と協力，望ましい人間関係の確立，ボランティア活動の意義の理解など

イ　心身ともに健康で安全な生活態度や習慣の形成，性的な発達への適応，学校給食と望ましい食習慣の形成など

(3) 学業生活の充実，将来の生き方と進路の適切な選択に関すること。

学ぶことの意義の理解，自主的な学習態度の形成と学校図書館の利用，選択教科等の適切な選択，進路適性の吟味と進路情報の活用，望ましい職業観・勤労観の形成，主体的な進路の選択と将来設計など

　B　生徒会活動

生徒会活動においては，学校の全生徒をもって組織する生徒会において，学校生活の充実や改善向上を図る活動，生徒の諸活動についての連絡調整に関する活動，学校行事への協力に関する活動，ボランティア活動などを行うこと。

　C　学校行事

学校行事においては，全校又は学年を単位として，学校生活に秩序と変化を与え，集団への所属感を深め，学校生活の充実と発展に資する体験的な活動を行うこと。

(1) 儀式的行事

学校生活に有意義な変化や折り目を付け，厳粛で清新な気分を味わい，新しい生活の展開への動機付けとなるような活動を行うこと。

(2) 学芸的行事

平素の学習活動の成果を総合的に生かし，その向上の意欲を一層高めるような活動を行うこと。

(3) 健康安全・体育的行事

心身の健全な発達や健康の保持増進などについての理解を深め，安全な行動や規律ある集団行動の体得，運動に親しむ態度の育成，責任感や連帯感の涵養，体力の向上などに資するような活動を行うこと。

(4) 旅行・集団宿泊的行事

平素と異なる生活環境にあって，見聞を広め，自然や文化などに親しむとともに，集団生活の在り方や公衆道徳などについての望ましい体験を積むことができるような活動を行うこと。

(5) 勤労生産・奉仕的行事

勤労の尊さや創造することの喜びを体得し，職業や進路にかかわる啓発的な体験が得られるようにするとともに，ボランティア活動など社会奉仕の精神を養う体験が得られるような活動を行うこと。

第3　指導計画の作成と内容の取扱い

1　指導計画の作成に当たっては，次の事項に配慮するものとする。

(1) 学校の創意工夫を生かすとともに，学校の実態や生徒の発達段階などを考慮し，教師の適切な指導の下に，生徒による自主的，実践的な活動が助長されるようにすること。また，家庭や地域の人々との連携，社会教育施設等の活用などを工夫すること。

(2) 生徒指導の機能を十分に生かすとともに，教育相談（進路相談を含む。）についても，生徒の家庭との連絡を密にし，適切に実施できるようにすること。

(3) 学校生活への適応や人間関係の形成，選択教科や進路の選択などの指導に当たっては，ガイダンスの機能を充実するよう学級活動等

の指導を工夫すること。
2 第2の内容の取扱いについては，次の事項に配慮するものとする。
(1) 学級活動については，学校や生徒の実態に応じて取り上げる指導内容の重点化を図るようにすること。また，個々の生徒についての理解を深め，信頼関係を基礎に指導を行うとともに，指導内容の特質に応じて，教師の適切な指導の下に，生徒の自発的，自治的な活動が助長されるようにすること。
(2) 生徒会活動については，教師の適切な指導の下に，生徒の自発的，自治的な活動が展開されるようにすること。
(3) 学校行事については，学校や地域及び生徒の実態に応じて，各種類ごとに，行事及びその内容を重点化するとともに，行事間の関連や統合を図るなど精選して実施すること。また，実施に当たっては，幼児，高齢者，障害のある人々などとの触れ合い，自然体験や社会体験などを充実するよう工夫すること。
3 入学式や卒業式などにおいては，その意義を踏まえ，国旗を掲揚するとともに，国歌を斉唱するよう指導するものとする。

高等学校学習指導要領（抄）
（平成11年3月）

第4章 特別活動

第1 目 標
望ましい集団活動を通して，心身の調和のとれた発達と個性の伸長を図り，集団や社会の一員としてよりよい生活を築こうとする自主的，実践的な態度を育てるとともに，人間としての在り方生き方についての自覚を深め，自己を生かす能力を養う。

第2 内 容
A ホームルーム活動
ホームルーム活動においては，学校における生徒の基礎的な生活集団として編成したホームルームを単位として，ホームルームや学校の生活への適応を図るとともに，その充実と向上，生徒が当面する諸課題への対応及び健全な生活態度の育成に資する活動を行うこと。
(1) ホームルームや学校の生活の充実と向上に関すること。
ホームルームや学校における生活上の諸問題の解決，ホームルーム内の組織づくりと自主的な活動，学校における多様な集団の生活の向上など
(2) 個人及び社会の一員としての在り方生き方，健康や安全に関すること。
ア 青年期の悩みや課題とその解決，自己及び他者の個性の理解と尊重，社会生活における役割の自覚と自己責任，男女相互の理解と協力，コミュニケーション能力の育成と人間関係の確立，ボランティア活動の意義の理解，国際理解と国際交流など
イ 心身の健康と健全な生活態度や習慣の確立，生命の尊重と安全な生活態度や習慣の確立など
(3) 学業生活の充実，将来の生き方と進路の適切な選択決定に関すること。
学ぶことの意義の理解，主体的な学習態度の確立と学校図書館の利用，教科・科目の適切な選択，進路適性の理解と進路情報の活用，望ましい職業観・勤労観の確立，主体的な進路の選択決定と将来設計など
B 生徒会活動
生徒会活動においては，学校の全生徒をもって組織する生徒会において，学校生活の充実や改善向上を図る活動，生徒の諸活動についての連絡調整に関する活動，学校行事への協力に関する活動，ボランティア活動などを行うこと。
C 学校行事
学校行事においては，全校若しくは学年又はそれらに準ずる集団を単位として，学校生活に秩序と変化を与え，集団への所属感を深め，学校生活の充実と発展に資する体験的な活動を行うこと。
(1) 儀式的行事
学校生活に有意義な変化や折り目を付け，厳粛で清新な気分を味わい，新しい生活の展開への動機付けとなるような活動を行うこと。
(2) 学芸的行事
平素の学習活動の成果を総合的に生かし，その向上の意欲を一層高めるような活動を行うこと。
(3) 健康安全・体育的行事
心身の健全な発達や健康の保持増進などについての理解を深め，安全な行動や規律ある集団行動の体得，運動に親しむ態度の育成，責任感や連帯感の涵（かん）養，体力の向上などに資するような活動を行うこと。
(4) 旅行・集団宿泊的行事

平素と異なる生活環境にあって，見聞を広め，自然や文化などに親しむとともに，集団生活の在り方や公衆道徳などについての望ましい体験を積むことができるような活動を行うこと。
(5) 勤労生産・奉仕的行事
　勤労の尊さや創造することの喜びを体得し，職業観の形成や進路の選択決定などに資する体験が得られるようにするとともに，ボランティア活動など社会奉仕の精神を養う体験が得られるような活動を行うこと。
第3 指導計画の作成と内容の取扱い
　1　指導計画の作成に当たっては，次の事項に配慮するものとする。
(1) 学校の創意工夫を生かすとともに，学校の実態や生徒の発達段階及び特性等を考慮し，教師の適切な指導の下に，生徒による自主的，実践的な活動が助長されるようにすること。その際，ボランティア活動や，就業体験など勤労にかかわる体験的な活動の機会をできるだけ取り入れるとともに，家庭や地域の人々との連携，社会教育施設等の活用などを工夫すること。
(2) 生徒指導の機能を十分に生かすとともに，教育相談（進路相談を含む。）についても，生徒の家庭との連絡を密にし，適切に実施できるようにすること。
(3) 学校生活への適応や人間関係の形成，教科・科目や進路の選択などの指導に当たっては，ガイダンスの機能を充実するようホームルーム活動等の指導を工夫すること。
(4) 人間としての在り方生き方の指導がホームルーム活動を中心として，特別活動の全体を通じて行われるようにすること。その際，他の教科，特に公民科との関連を図ること。
　2　内容の取扱いについては，次の事項に配慮するものとする。
(1) ホームルーム活動については，学校や生徒の実態に応じて取り上げる指導内容の重点化を図るようにすること。また，個々の生徒についての理解を深め，信頼関係を基礎に指導を行うとともに，指導内容の特質に応じて，教師の適切な指導の下に，生徒の自発的，自治的な活動が助長されるようにすること。
(2) 生徒会活動については，教師の適切な指導の下に，生徒の自発的，自治的な活動が展開されるようにすること。

(3) 学校行事については，学校や地域及び生徒の実態に応じて，各種類ごとに，行事及びその内容を重点化するとともに，行事間の関連や統合を図るなど精選して実施すること。また，実施に当たっては，幼児，高齢者，障害のある人々などとの触れ合い，自然体験や社会体験などを充実するよう工夫すること。
(4) 特別活動の一環として学校給食を実施する場合には，適切な指導を行うこと。
　3　入学式や卒業式などにおいては，その意義を踏まえ，国旗を掲揚するとともに，国歌を斉唱するよう指導するものとする。
　4　ホームルーム活動については，主としてホームルームごとにホームルーム担任の教師が指導することを原則とし，活動の内容によっては他の教師などの協力を得ることとする。

索　引

（＊は人名）

ア　行

アイデンティティ　95
新しい学力観　190
「新しい時代を拓く心を育てるために」　17
アメリカ教育使節団　12
生きる力　17, 113, 115, 180, 184
意思決定理論　61
いじめ　98, 195, 196
一般課程　66
一般職業適性検査　60
移動教室(転地学習)　190
インターンシップ　72
インテリジェント・スクール　202
＊エリクソン，E.　94
横断的・総合的な指導　184
オープン・スペース・スクール　202

カ　行

ガイダンス機能　120, 132, 142
開発的教育相談　80, 84
カウンセリング　13
カウンセリング・マインド　26, 81, 175
学業相談　80, 84, 87
学習指導案　172
学習指導要領　4, 8, 156, 185, 187
学習展開づくり　134
学級活動　113, 118, 126, 128, 142
学級経営　86, 214
学級集団　142
学級担任制　207
学級における指導計画　165
学級崩壊　206
学校忌避　37
学校教育の基本となる活動　130
学校教育法　40, 156
学校教育法施行規則　4
学校行事　118, 127, 129, 146, 160
　　学芸的行事　147

儀式的行事　146
勤労生産・奉仕的行事　147
健康・体育的行事　147
旅行（遠足）・集団宿泊的行事　147
家庭，地域との連携　182
観察・実験　191
観衆　196
＊カント，I.　162
危機管理能力の育成　203
議題化　134
「期待される人間像」　13
規範意識　195
基本的な生活習慣　165
キャリアカウンセラー　68
ギャング集団　94
教育課程　210
　　小学校の──　185
　　中学校の──　185
教育課程審議会　120, 184
教育基本法　40, 156
教育実習　210, 211
　　──の事前事後指導　210
教育職員免許法　41
教育職員免許法施行規則第6条　210, 211
教育相談　80-111, 132
教育勅語　12
教育分析　91
教員採用試験　212-217
　　──対策　211
教員養成　210
教科　160
教科教育と生活指導　101
教科担任制　193
共感　175
共感的理解　19
教育改革国民会議　200
教職課程　211
業績主義　74
共通(共同)の課題　124, 134

虞犯　103
　　——少年　42
クライエント中心療法（client-centered therapy）　91, 92
クラブ活動　114, 127, 145
グループ・エンカウンター　169
グループ学習　191
グローバリゼーション　186
芸術療法　90
月間授業計画　6
見学・調査　191
現職教員研修　189
高校階層構造　62
高等課程　66
校内暴力　195
校務分掌　86
合理的な組織づくりと協働　124
心の居場所　199
心の教育　201
国旗・国歌の指導　148, 149
国旗・国歌法　148
個別指導　13, 38
コミュニティ・スクール　202
雇用・能力開発機構法　58
コンサルテーション　104
　　学校の——　85

サ行

産業教育　57
　　——振興法　57
「産業社会と人間」　63
ジェネレーション・ギャップ　19
ジェンダー（gender）　204
　　——・バイアス　205
　　——・フリー　204
自己覚知　27
自己教育力　25, 27
自己実現　27
自己指導力　25, 83
自己治癒力　90, 92
自己の生き方　186
自己評価　175
自己表現理論　61
自己理解　52, 166

思春期　94, 98
自然学校　179
自然環境　193
自然体験　190
実業学校　57
実業教育　57
しつけ　24
実習日誌　210
実践意欲と態度　174
質素・倹約　162
児童会（生徒会）活動　118, 126, 129, 144
児童期　94
指導要録　152, 187
社会体験　191
社会奉仕体験活動　200
自由研究　114
修身科　160
集団指導　13, 38
集団面接　212
自由なコミュニケーション　125
授業妨害　37
受動的性格　24
守秘義務　105
受容　175
生涯学習論　187
情感的関係　165, 173
職業能力開発短期大学校　59
少年非行　42, 208
情報化　18
情報リテラシー　25
職業　54
職業教育　56
職業訓練施設　58
職業指導主事　50
職業適性　60
職業的同一理論　61
職業的発達理論　61
職業能力開発総合大学院　59
職業能力開発センター　59
職業能力開発大学校　59
職業レディネス・テスト　53
触法少年　42
自律的な人間　160
人格の陶冶　2

人格パーソナリティ理論 61
身体的不調 195
人物主義 162
進路指導 48-75, 80, 84, 132, 210
進路指導主事 50
進路指導部 86
進路保障 75
＊スーパー，D. E. 61
スクールカウンセラー 80, 83, 85, 198
スクールカウンセリング制度 100
スチューデント・アパシー 99
ストレス 188, 194, 196
　　——ス症状 194
生活科 193
　　——マップ 193
生活指導 14
生活綴方教育運動 12
生活の多様化 18
精神分析理論 61
精神疾患 103
生徒指導 10-47
生徒指導主事 28
『生徒指導の手びき』 22
性別役割分業観 204
専修学校 57, 66
専門学校 67
専門課程 66
専門高校（専門学校） 62
専門士 67
総合演習 211
総合高校（総合学科） 62
総合的な学習の時間 4, 36, 120, 180, 184, 186-195
相互評価 175
属性主義 74
組織文化 207

タ　行

体験的な学習 191
第二次性徴 94
第二次反抗期 95
単位制高校 64
短時間 HR 39
担任教員 86

知的文化遺産の伝達 2
中央教育審議会 7, 47, 63
調和と統一のある人間形成 112
治療的教育相談 80, 84
通信制高校 65
出会い系サイト 19
定時制高校 64
ディスカッション方式 212
＊ディマズエ 55
適応指導教室 106, 198
適応相談 84
＊デューイ，J. 11
統一用紙 75
動機づけ 173
到達目標の実現状況 174
道徳 160
道徳教育 156-183
道徳性 174, 176
道徳的実践力 166, 174
道徳的諸価値 164
道徳的心情 174
道徳的判断力 174
道徳の指導法 210
特性因子理論 60
特別活動 112-155, 178
特別教育活動 114, 160
徳目主義 162
閉じこもり 24
トレランス 159

ナ　行

内申書 25
＊ナイチンゲール 162
「21世紀を展望した我が国の教育の在り方について」 17
人間観 211
年間指導計画 165
年間授業計画 6
望ましい集団活動 123

ハ　行

＊パーソンズ，F. 60
箱庭療法 90
＊パスカル，J. 158

索　引

発信する力　211
発達加速現象　30
発達課題　31
発問構成　173
話合い活動　135
犯罪少年　42
『パンセ』　158
引きこもり　24
被教育体験　211
非行　99, 103, 195
非指示的療法（non-directive therapy）　91
評価　174, 187
開かれた学校　199, 202
＊ブーバー，M.　159
父性　96
普通高校（普通科）　62
普通教育　56
不登校　96, 102, 195
VPI 職業興味検査　53
フリーター　70
＊ヘルバルト，J. H.　11
傍観者　196
防災教育　192
＊ボーディン　61
ポートフォリオ評価　187
ホームルーム活動　118, 128
保健室　88
保健室登校　199
保護者　130
補充，深化，統合　164, 172
母性　96
ボランティア活動　121, 161, 191
ボランティア教育　201

ボランティア体験　211
＊ホランド，J. L.　61
＊ポルトマン，A.　158

マ　行

＊マカレンコ，A. C.　11
＊マスロー，A. H.　158
「自ら学ぶ」基本的学習態度　134
＊無着成恭　13
メタ認知的思考　173
メル友　19
面接　211
模擬授業　211
ものづくり　191
問題解決的な学習　191
問題行動　42, 195

ヤ・ラ行

役割演技　169
やつあたり　196
『やまびこ学校』　13
養護教諭　86, 88, 193
欲求階層論　158
欲求不満耐性　24
予防的教育相談　80, 85
ラポール　26
離巣型　158
留巣型　158
臨時教育審議会　47
＊ロー，A.　61
＊ロジャース，C. R.　11
＊ロジャーズ，C.　91, 92
論作文　211, 212

231

執筆者紹介（執筆順，執筆担当［Q番号］）

原　　清治　（はら・きよはる）佛教大学，1, 5, 6, 7, 8
伊藤　一雄　（いとう・かずお）元・高野山大学，2, 3, 4, 18, 19, 21, 25, 27, 28, 29, 30, 34, 37
今西　康裕　（いまにし・やすひろ）京都外国語短期大学（非常勤），9, 12, 13, 15, 22
高橋　一夫　（たかはし・かずお）常盤会短期大学，10, 11, 14, 16, 17, 20, 23
伊藤　彰茂　（いとう・あきしげ）愛知みずほ大学，24, 26, 35, 36
長須　正明　（ながす・まさあき）九州産業大学，31, 32, 33
杉浦　　健　（すぎうら・たけし）近畿大学，38, 39, 40, 41, 42
石谷　みつる（いしたに・みつる）京都光華女子大学，43, 44, 45, 46, 47
石田　陽彦　（いしだ・はるひこ）関西大学，48, 49, 50, 51
羽生　隆英　（はにう・たかえ）大阪大谷大学（非常勤），52, 57, 58, 59, 60, 69
臼井　英治　（うすい・えいじ）元・甲南大学，53, 54, 55, 56
千秋　一夫　（ちあき・かずお）関西学院大学，61, 62, 63, 64, 65
里見　喜一　（さとみ・きいち）東大阪大学，66, 67, 68, 70, 71
田中　圭治郎（たなか・けいじろう）元・佛教大学，72, 73, 74, 75
上坂　一二　（うえさか・いちじ）宝塚市国際交流協会会長，76, 77, 78, 79, 80
寺尾　滋明　（てらお・しげあき）元・親和中高校長，81, 82, 83, 84
前原　健三　（まえはら・けんぞう）武庫川女子大学，85, 86, 87, 88, 89, 98, 99, 100
秦　　政春　（はた・まさはる）元・大阪大学，90, 91
鈴木　邦治　（すずき・くにはる）福岡教育大学，92, 93, 94
河口　陽子　（かわぐち・ようこ）下関市立大学（非常勤），95, 96
大津　幸雄　（おおつ・さちお）中津少年学院，97

これからの教師と学校のための
教科外教育の理論と実践Q&A

2002年9月20日	初版第1刷発行	〈検印省略〉
2019年3月30日	初版第23刷発行	

定価はカバーに
表示しています

編　　者	教職問題研究会
発行者	杉　田　啓　三
印刷者	中　村　勝　弘

発行所　株式会社　ミネルヴァ書房
607-8494 京都市山科区日ノ岡堤谷町1
電話(075)581-5191／振替01020-0-8076

© 原 清治ほか, 2002　　　　　中村印刷・清水製本

ISBN978-4-623-03574-8
Printed in Japan

事例で学ぶ学校の安全と事故防止
　　　　　　　　　　　添田久美子・石井拓児編著　B5判　156頁　本体2400円

●「事故は起こるもの」と考えるべき。授業中，登下校時，部活の最中，給食で…，児童・生徒が巻き込まれる事故が起こったとき，あなたは――。学校の内外での多様な事故について，何をどのように考えるのか，防止のためのポイントは何か，指導者が配慮すべき点は何か，を具体的にわかりやすく，裁判例も用いながら解説する。学校関係者必携の一冊。

すぐ実践できる情報スキル50
――学校図書館を活用して育む基礎力
　　　　　　　　　　　　　　　塩谷京子編著　B5判　212頁　本体2200円

●小・中学校9年間を見通した各教科等に埋め込まれている情報スキル50を考案。学校図書館を活用することを通して育成したいスキルの内容を，読んで理解し，授業のすすめ方もイメージできる。子どもが主体的に学ぶための現場ですぐに役立つ一冊。

探究の過程における　すぐ実践できる情報活用スキル55
――単元シートを活用した授業づくり
　　　　　　　　　　　　　　　塩谷京子著　B5判　210頁　本体2400円

●小学校1年生から中学校3年生まで，学年ごとに配列し，情報活用スキル55を習得・活用している子どもの姿をレポート。教師をめざす人，小・中・高の教諭，学校司書，司書教諭にすぐに役立つ書。

教育実践研究の方法
――SPSSとAmosを用いた統計分析入門
　　　　　　　　　　　　　　　篠原正典著　A5判　220頁　本体2400円

●分析したい内容項目と分析手法のマッチングについて，知りたい内容や結果から，それを導き出すための分統計分析方法がわかるように構成した。統計に関する基礎知識がない人，SPSSやAmosを使ったことがない人でも理解できるよう，その考え方と手順を平易に解説した。

―― ミネルヴァ書房 ――

http://www.minervashobo.co.jp/